中学国語の基礎知識をひとつひとつわかりやすく。

[改訂版]

Gakken

はじめに

みなさんは、「国語は暗記で成績が伸びる。」と聞いたら意外に思うでしょうか。

文章読解の問題が多いと思われがちな国語には、実は暗記をすれば、すぐにテストの点につながる「基礎知識」がたくさんあるのです。「漢字」「ことわざ」「慣用句」「文学史」「古文単語」「文法」など……。

「基礎知識」を覚えておけば、テストに役立てられることはもちろんですが、日常生活や、大人になって社会に出てからも、役に立てることができます。

漢字をしっかり覚えていれば、たくさんの本・雑誌・新聞等を読むのが楽しくなります。

ことわざ・慣用句などを知っていれば、小説などを読むときに登場人物の気持ちなどを正確に読み取れて、物語の世界に浸ることができますね。

文学史を知っていれば、「芥川龍之介の小説は、『今昔物語集』のお話をもとにしているのか。じゃあ、今度は『今昔物語集』を読んでみよう。」となるかもしれません。

古文単語をたくさん知っていれば、「古文を読んでみようかな。」と思ったみなさんの気持ちを後押ししてくれます。

このように、国語の基礎知識は、みなさんの興味をだんだんと広げる可能性を秘めているのです。

この本を使って、国語が得意になるよう、心から応援しています。

学研プラス

もくじ

この本の使い方

本書では、中学で学習する国語の内容を6つの分野（「編」）と、資料に分けています。それぞれの分野は、学習の要点をまとめた「まとめページ」と、覚えておきたい用語をまとめた「暗記ページ」で構成されています。

まとめページ

「まとめページ」では、中学国語の学習の要点を、3つのステップでわかりやすく説明しています。

1 学習の要点

学習の要点を簡単な文章でわかりやすくまとめています。赤字が覚えておきたい重要な用語です。

2 くわしい解説

1で説明した内容を、わかりやすい例文、図解やイラストで説明しています。

3 +α（プラスアルファ）で覚えよう！

1・2で学習した内容に+αで覚えておきたい知識をまとめています。

学習する項目名

古文の敬語

1 古文には、現代語より敬語（尊敬語・謙譲語・丁寧語）が多く使われています。

2 敬語の種類

① **尊敬語**…相手を直接敬う言い方。

例 泣きたまふ。

訳 お泣きになる。

② **謙譲語**…自分がへりくだって、相手を高める言い方。

例 文にて申す。

訳 手紙にて申し上げる。

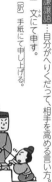

③ **丁寧語**…丁寧な気持ちを表す言い方。

例 言葉をかけはべりしを……。

訳 言葉をかけましたのを……。

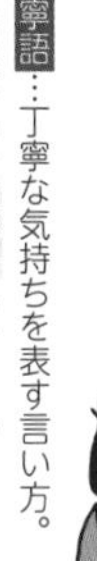

3 +αで覚えよう！ よく使われる敬語

種類	語句	意味	例文
尊敬語	おはす	いらっしゃる	・聖おはしけり。 訳 聖がいらっしゃった。
尊敬語	のたまふ	おっしゃる	・かくのたまふ。 訳 そうおっしゃる。
謙譲語	まゐる	参上する	・東宮にまゐる。 訳 東宮に参上する。
謙譲語	聞こゆ	（人名など）申し上げる お呼びする	・光る君と聞こゆ。 訳 光る君と申し上げる。
丁寧語	さぶらふ	～ます ～ございます	・恥を見さぶらふ。 訳 恥をかきます。
丁寧語	はべり	～ます ～ございます	・果たしはべりぬ。 訳 果たしました。

昔は厳しい身分制度があり、相手と自分との関係によって言葉が使い分けられていたため、多くの敬語表現が生まれました。

古文のポイント

85

古典

編名

暗記ページ

「暗記ページ」では、各分野で覚えておきたい用語の意味や例文をまとめています。また、暗記する際のポイントや注意点を解説しています。

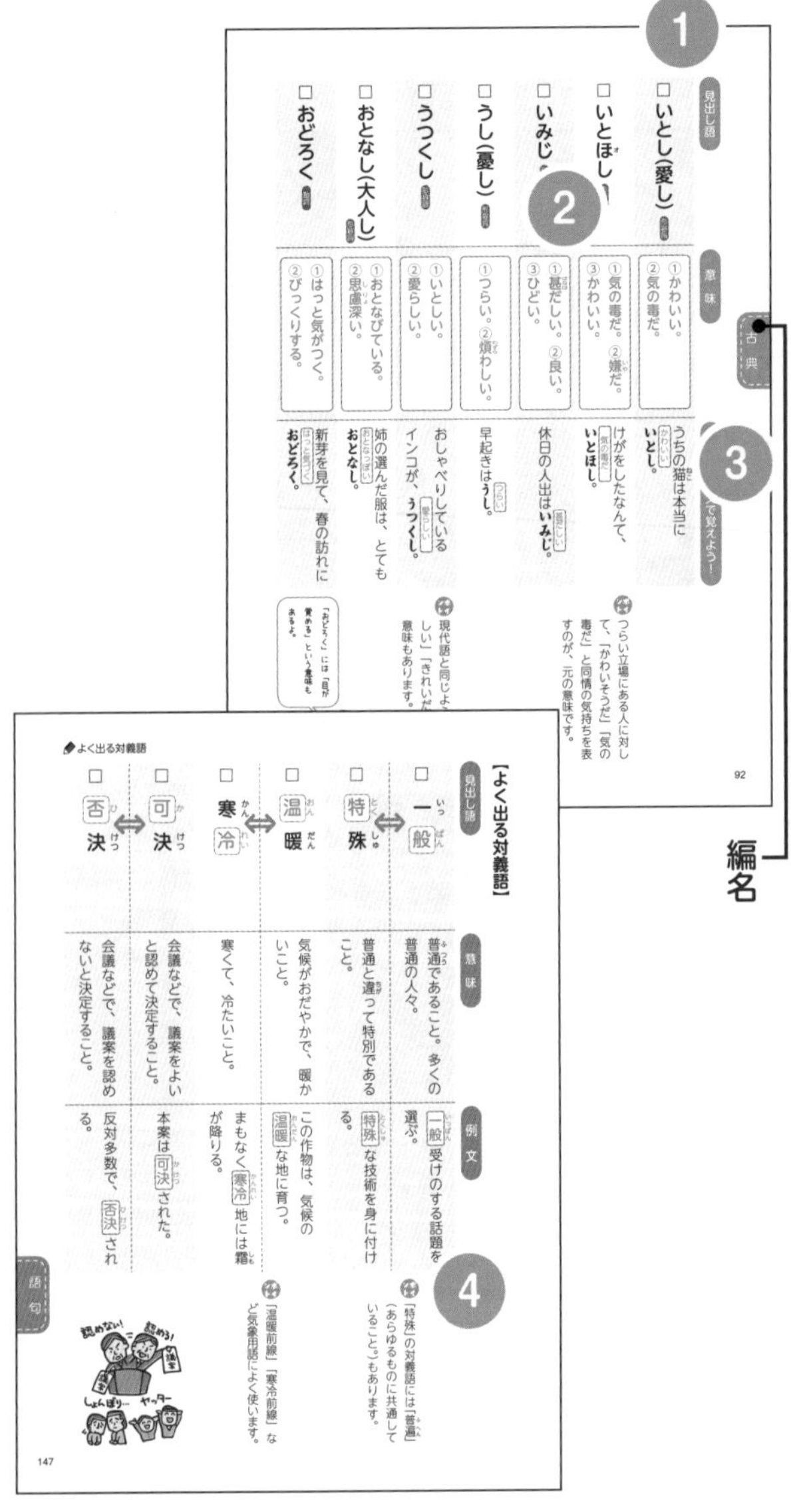

① 見出し語

各分野で覚えておきたい用語を【漢字編】【古典編】【語句編】では五十音順に、【読解編】では、重要度順に並べてあります。

② 意味

見出し語の意味をわかりやすくまとめてあります。意味を一緒（いっしょ）に覚えることで、用語がより身につきます。

③ 例文

見出し語を使った例文。【漢字編】・【古典編】・【語句編（慣用句・ことわざ・故事成語・熟語を除く。）】にあります。例文の中で用語がどのように使われているかを知ることで、用語を使う力が身につきます。

④ ポイント

用語を暗記するためのポイントや、注意点をわかりやすいイラストをまじえて解説しています。

資料ページ・さくいん

文学史ページ

奈良時代〜現代までの文学史をまとめた年表です。あらすじや概要（がいよう）ものっているので楽しく読むことができます。

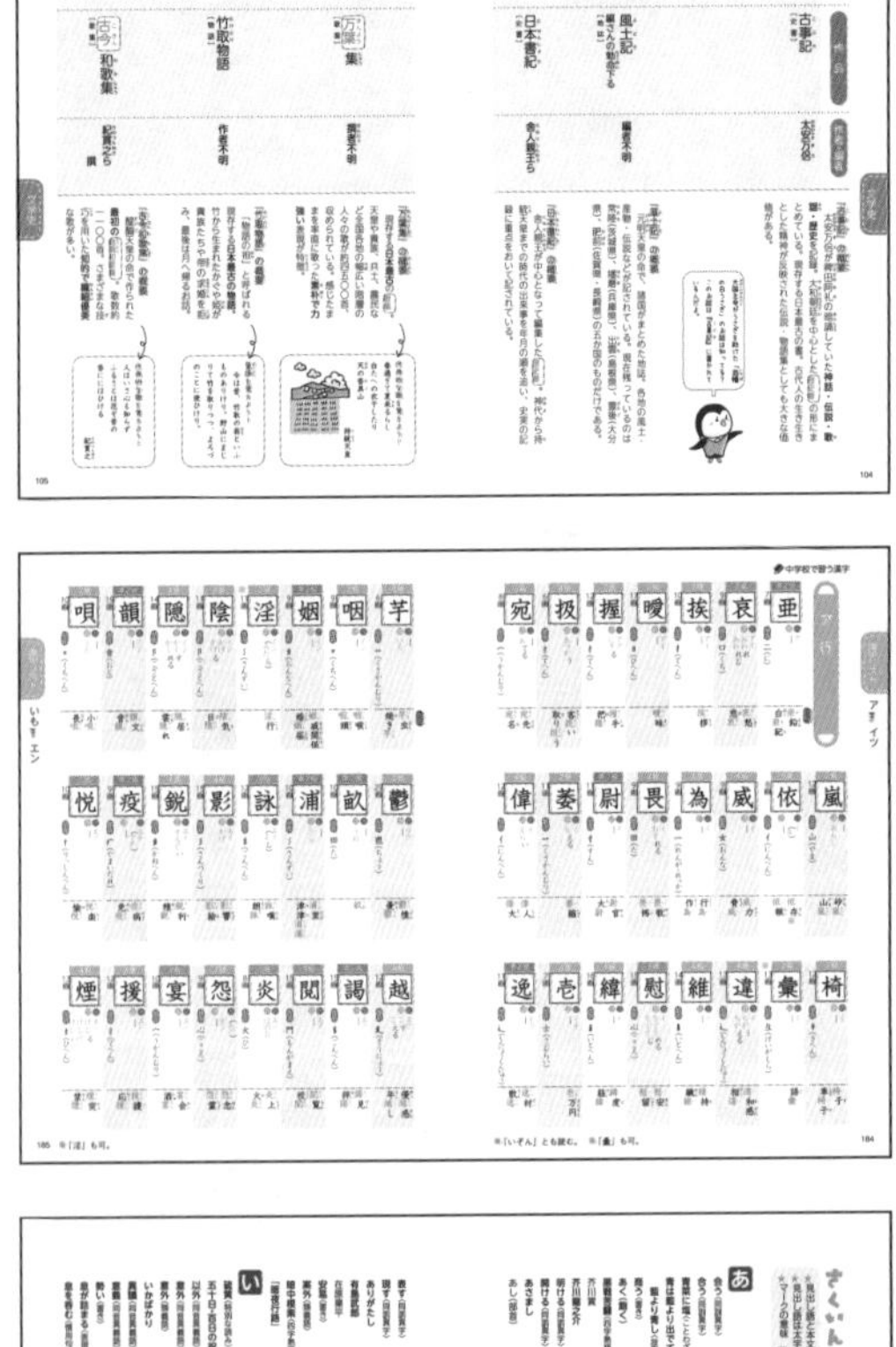

中学で習う全漢字リスト

中学校で習う全漢字の1110字をまとめてあります。読み・部首・画数・用例がのっています。

さくいん

本文の見出し語は太字で、解説中に出てきた重要用語は細い文字で示してあります。

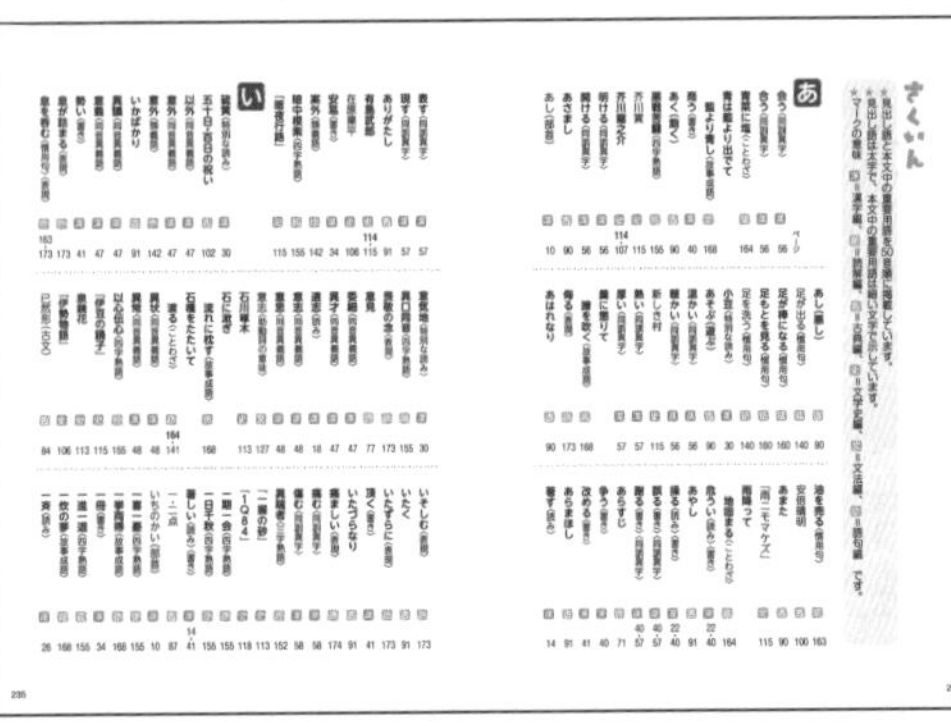

漢字編

〈漢字のポイント〉

部首

部首とは、漢字を形で分類するときの目印となる部分です。

部首の種類

部首は、漢字のどの部分にあるかで、次のように分けられます。

へん　つくり

かんむり　あし

たれ　にょう

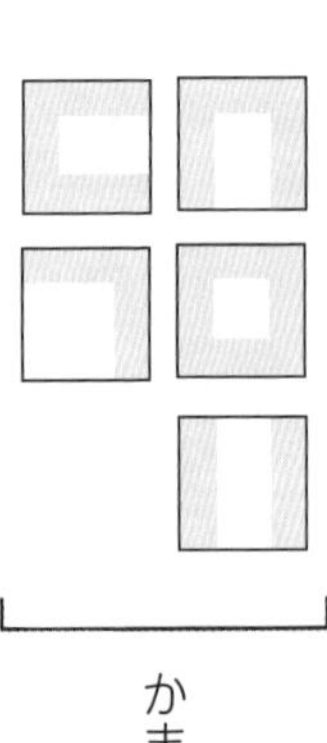

かまえ

＋α（プラスアルファ）で覚えよう！　覚えておきたい代表的な部首

次にあげる部首は、覚えておきたい代表的な部首です。部首の種類を確認して覚えましょう。

往　ぎょうにんべん

陸　こざとへん

頭　おおがい・いちのかい

都　おおざと

答　たけかんむり

草　くさかんむり

熱　れっか・れんが

広　まだれ

近　しんにょう・しんにゅう

間　もんがまえ・かどがまえ

国　くにがまえ

街　ぎょうがまえ・ゆきがまえ

筆順

筆順とは、漢字を書くときに筆の運びが滑らか（なめ）で、字の形も整えやすいという点から定まった筆の運びの順序です。

筆順の原則

漢字の筆順には、いくつかの原則があります。主な筆順の原則を理解して、一つ一つの漢字の筆順を覚えましょう。

①上から下へ書く。

例 三 → 一 二 三

②左から右へ書く。

例 川 → ノ 川 川

③外側の囲みは先に書く。

例 同 → 丨 冂 冂 冋 同 同

国 → 丨 冂 冂 冃 円 囯 国 国

④貫（つらぬ）く画は最後に書く。

例 中 → 丶 口 口 中

母 → 𠃋 𠂤 母 母 母

⑤左払（ばら）いが先、右払いがあと。

例 交 → 丶 亠 六 六 交 交

＋α（プラスアルファ）で覚えよう！ 誤りやすい筆順の漢字

次にあげる漢字の筆順は、特に誤りやすいものです。一つ一つ注意して覚えましょう。

長 → 一 ｒ 長
状 → 丨 丬 状
（縦画を一画目に書く。）

止 → 丨 ト 止
灰 → 一 厂 灰
（一画目と二画目の順に注意。）

感 → ノ 厂 感

飛 → ⺄ 乁 飛 **縦画を四画目に書く。**

●画数

画数(総画数)とは、漢字を書くときに、ひと続きに書く線や点の総数のことです。

漢字の画数

画数は、漢字を見ただけではわからないものが多いので、一つ一つ書いて確認しましょう。

収 → 四画

包 → 五画

糸 → 六画

卵 → 七画

延 → 八画

限 → 九画

留 → 十画

健 → 十一画

歯 → 十二画

蒸 → 十三画

+α(プラスアルファ)で覚えよう! 画数を誤りやすい部首

次にあげる部首は、画数を数え誤りやすい部首です。一つ一つ確認して覚えていきましょう。(赤の部分は一画で書きます。)

又 また…二画

口 くち…三画

女 おんな…三画

弓 ゆみ…三画

阝 こざとへん…三画

辶 しんにょう・しんにゅう…三画

同音異義語

同音異義語とは、音読みが同じで意味の異なる熟語のことです。

同音異義語のパターン

同音異義語には、一字が共通するものと、二字とも異なるものとがあります。

①一字が共通するもの
追求（ついきゅう）…目的とするものをどこまでも追い求めること。
追究（ついきゅう）…未知の事柄（ことがら）などを、明らかにしようとすること。
追及（ついきゅう）…悪事や責任などをどこまでも追いつめること。

②二字とも異なるもの
仮定（かてい）…仮に定めること。
過程（かてい）…物事の変化が進行していく道筋。
家庭（かてい）…家族のまとまり。家族の生活場所。

同訓異字

同訓異字とは、訓読みが同じで異なる漢字（異なる意味）のことです。

同訓異字の使い方

同訓異字は、漢字のもつ意味を考えて、その文の意味に合ったものを選んで書きます。

渇く（かわく）…喉（のど）が潤（うるお）いを失う。
例 走り続けたので、喉が渇（かわ）く。
乾く（かわく）…物の水分がなくなる。
例 洗濯物（せんたくもの）がすっかり乾（かわ）く。

+α（プラスアルファ）で覚えよう！ 誤りやすい同訓異字

誤りやすい同訓異字は、意味の似た漢語に置き換（か）えてみると、判断の目安になります。

謝る（あやまる）…謝罪
例 先生に謝罪する。→先生に謝（あやま）る。
誤る（あやまる）…誤解
例 意味を誤解する。→意味を誤（あやま）る。

くわしく見てみよう！

漢字の読み【複数の訓・複数の音をもつ漢字】

見出し語	意味	例文
□ あらわす **著す**	書物などを書いて世に出す。	十年がかりで長編小説を**著**(あらわ)す。
□ いちじるしい **著しい**	はっきりわかるほど目立つ様子。	僕(ぼく)と君の趣味(しゅみ)は、**著**(いちじる)しく異なるようだ。
□ おくれる **遅れる**	決まった日時などに間に合わなくなる。	待ち合わせの時間に**遅**(おく)れる。
□ おそい **遅い**	時間がかかる。動作などがゆっくりしている様子。	食べるのが**遅**(おそ)い。
□ きたない **汚い**	汚れていて不快な感じを与(あた)える様子。	一か月も掃除(そうじ)をしなかったので、部屋が**汚**(きたな)い。
□ よごす **汚す**	汚れなどを付けたり混ぜたりして、汚くする。	買ったばかりのシャツを**汚**(よご)すのは嫌(いや)だ。

ポイント　「著す」は、「表す」「現す」という同訓異字にも注意しましょう。

ポイント　「気後れがする。歩みが遅くて後になる。」という意味で「後れる」と書くこともあります。

「汚い・汚す」は、送り仮名(がな)の違(ちが)いで読み分けよう。

見出し語	意味	例文
□ **触る**（さわる）	物などに手を触れる。	展示物には**触**（さわ）らないでください。
□ **触れる**（ふれる）	ちょっとだけ触る。関わる。	ふさふさした犬の柔（やわ）らかい毛に**触**（ふ）れる。
□ **絞る**（しぼる）	強くねじる。頭を使って力を引き出す。	どうしたら相手に勝てるかと知恵（ちえ）を**絞**（しぼ）る。
□ **絞める**（しめる）	首に力を加えて、息ができないようにする。	自分で自分の首を**絞**（し）めるようなことはやめよう。
□ **滑る**（すべる）	表面を滑（なめ）らかに動いていく。	船が海面を**滑**（すべ）るように進む。
□ **滑らか**（なめらか）	物の表面がすべすべしている様子。	やすりを使って、爪（つめ）の表面を**滑**（なめ）らかに磨（みが）く。

ポイント 「触れる」は、「法律や規則などに反する」という意味でも使います。

ポイント 「絞める」は、「占（し）める」「閉める」「締（し）める」などの同訓異字にも注意しましょう。

見出し語	意味	例文
□ たのむ **頼む**	お願いする。相手を信頼して、任せる。	**頼**むから、今日は静かにしてくれ。
□ たよる **頼る**	あてにする。頼りにする。	テストで勘に**頼**るなんて、全く無意味だ。
□ つかまえる **捕まえる**	相手や目的物を取り押さえる。	追っていた犯人を**捕**まえる。
□ とらえる **捕らえる**	動物などを捕獲する。	ようやく、逃げた猫を**捕**らえた。
□ なごむ **和む**	気持ちが穏やかになって落ち着く。	彼の冗談で、場の雰囲気が**和**んだ。
□ やわらぐ **和らぐ**	穏やかになる。しずまる。	厳しい寒さが徐々に**和**らぐ。

ポイント 「つて。縁故」という意味で使う「頼り」という名詞もあります。

ポイント 「穏やかな様子」を表す「和やかだ」という形容動詞の読みにも注意しましょう。

見出し語	意味	例文
□ 逃げる（にげる）	相手や困難な物事から抜け出して去る。	困難から逃げずに立ち向かおう。
□ 逃す（のがす）	捕まえ損なう。	勝利を前に絶好のチャンスを逃す。
□ 弾む（はずむ）	勢いよく跳ね返る。調子に乗って活気づく。	パーティーで友達との会話が弾む。
□ 弾く（ひく）	ピアノや弦楽器などを演奏する。	ギターを弾くのが上手になった。
□ 潜む（ひそむ）	見つからないように隠れる。	忍者が草むらの陰に潜む。
□ 潜る（もぐる）	水の中や物の下に入り込む。	雷が怖くて、布団の中に潜る。

「逃す」を、「逃がす」と書き間違えないようにに注意しよう。

ワンポイント　「弾丸」という意味の「弾」という名詞の読みにも注意しましょう。

ワンポイント　「潜む」と「潜る」は、送り仮名の違いで読み分けます。

見出し語	意味	例文
□ **遺志**（いし）	故人が生前に果たすことができずに残った志（こころざし）。	博士の**遺志**（いし）を継（つ）いで研究を続ける。
□ **遺言**（ゆいごん）	死後のために書き残したり言い残したりする言葉。	**遺言**（ゆいごん）に従って、財産を分配する。
□ **知恵**（ちえ）	物事を正しく判断して処理する能力。	祖母から教わった生活の**知恵**（ちえ）を生かそう。
□ **恩恵**（おんけい）	利益や幸福をもたらすもの。恵（めぐ）み。	山や海から、たくさんの**恩恵**（おんけい）を受ける。
□ **根拠**（こんきょ）	考えや言動の元になるよりどころ。	**根拠**（こんきょ）のないうわさに惑（まど）わされないようにしよう。
□ **証拠**（しょうこ）	事実や真実を明らかにするための根拠。	何度も風邪（かぜ）をひくなんて、気が緩（ゆる）んでいる**証拠**（しょうこ）だ。

「遺言」は、法律上の用語では、「いごん」と読むよ。

ワンポイント　「知恵」の「恵」を「エ」と読むのは音読み。他に「恵方（えほう）巻き」などの使い方があります。

ワンポイント　「拠」は、「扌（てへん）」のない「処（しょ）」と読み誤らないように注意しましょう。

見出し語	意味	例文
□ **仰天**（ぎょうてん）	非常に驚(おどろ)くこと。	予想外のラストシーンには**仰天**(ぎょうてん)した。
□ **信仰**（しんこう）	神仏を信じて、その教えに従おうとすること。	地域の特性によって**信仰**(しんこう)の対象が異なる。
□ **極端**（きょくたん）	考え方や言動がひどく偏(かたよ)っている様子。	彼女(かのじょ)の発想は面白いが、少し**極端**(きょくたん)だ。
□ **極秘**（ごくひ）	絶対に漏(も)らしてはならない秘密であること。	この話は**極秘**(ごくひ)だから、誰(だれ)にも話さないでほしい。
□ **文献**（ぶんけん）	昔の物事を知るための資料・記録・文書。	由緒(ゆいしょ)ある神社についての**文献**(ぶんけん)を調べる。
□ **献立**（こんだて）	料理の組み合わせや順序などの計画。メニュー。	毎日の食事の**献立**(こんだて)を考える。

ポイント　「仰」を「ギョウ」と読むのは、「仰角(ぎょうかく)」「仰視(ぎょうし)」など「見上げる」という意味をもつ熟語の場合です。

見出し語	意味	例文
□ 早速（さっそく）	時間を置かずに行う様子。	彼に手紙を出したら、**早速**返事が来た。
□ 早朝（そうちょう）	朝の早いうちのこと。	新しいゲームの発売日に、**早朝**から列ができた。
□ 柔順（じゅうじゅん）	素直でおとなしい様子。	弟は、子供の頃から**柔順**で皆からかわいがられた。
□ 柔和（にゅうわ）	性質や表情が穏やかな様子。	**柔和**な笑顔に包まれて、幸せな気分を味わう。
□ 精進（しょうじん）	一つのことに打ち込むこと。	初心を忘れず、**精進**するつもりだ。
□ 精神（せいしん）	思考や感情の働きの中心となる心。理念。	フェアプレーの**精神**をもって最後まで戦う。

ポイント　「早」を「サッ」と読む熟語には、他に「非常に急ぐ様子」を表す「早急」があります。

見出し語	意味	例文
□ **率直**（そっちょく）	飾（かざ）ったり隠（かく）したりせず、ありのままである様子。	初めて会った時の印象を**率直**（そっちょく）に伝える。
□ **確率**（かくりつ）	ある事柄（ことがら）が起こる可能性の割合。	このままでは試合に勝つ**確率**（かくりつ）は低い。
□ **体制**（たいせい）	特定の方針や権力によって支配されている仕組み。	現在のチームの**体制**（たいせい）について不満を言う。
□ **体裁**（ていさい）	外見。世間体。みえ。	読みやすいように、文章の**体裁**（ていさい）を整える。
□ **拍手**（はくしゅ）	両手をたたいて音を立てること。	観衆の盛大な**拍手**（はくしゅ）に笑顔（えがお）で応える。
□ **拍子**（ひょうし）	リズムの単位。ある動作をした弾（はず）み。	パソコンの画面が何かの**拍子**（ひょうし）に消えてしまった。

ポイント 「率」は、「割合・比率」の意味で用いるときには「リツ」と読みます。

「拍子」は、「三拍子」「手拍子」などの熟語では「びょうし」と濁（にご）って読むね。

【読み誤（あやま）りやすい漢字】

見出し語	意味	例文
□ 危うい（あやうい）	良くないことが起きそうで安心できない様子。	今の実力では合格は危（あや）うだろう。
□ 操る（あやつる）	道具・人・動物などを思いのままに動かす。	毛筆を巧（たく）みに操（あやつ）るには、長年の経験が必要だ。
□ 戒める（いましめる）	悪い行いなどをしないように注意する。	彼（かれ）は自らの行動を厳しく戒（いまし）めた。
□ 伺う（うかがう）	お聞きする。お尋（たず）ねする。お訪ねする。参上する。	博士に研究での苦労話を伺（うかが）う。
□ 熟れる（うれる）	植物の実などが十分に実る。	柿（かき）の実が真っ赤に熟（う）れる。
□ 縁（えん）	運命としての巡（めぐ）り合わせ。つながり。	ここで二人が出会ったのも、何かの縁（えん）だ。

ポイント 「操」は、形の似た漢字の「繰」の訓読み「く（る）」と読み誤らないように注意しましょう。

ポイント 「縁」には、「ふち」という訓読みもあるので、読み誤らないように注意しましょう。

見出し語	意味	例文
□ 覆う（おお）う	布などをかぶせて見えなくする。	うっかり口が滑（すべ）って、慌（あわ）てて口を覆（おお）う。
□ 厳か（おごそ）か	重々しく、威厳（いげん）を感じさせる様子。	入学式が厳（おごそ）かに行われた。
□ 陥る（おちい）る	策略にかかる。良くない状態にはまる。	長いことスランプに陥（おちい）っていて、記録が伸（の）びない。
□ 企てる（くわだ）てる	あることを計画して実行しようとする。	敵の企（くわだ）てを阻止（そし）する。
□ 被る（こうむ）る	恩恵（おんけい）・迷惑（めいわく）などを受ける。	日照りによる影響（えいきょう）を被（こうむ）って、農作物が不作だ。
□ 凝る（こ）る	物事に熱中する。細部にこだわる。筋肉が張る。	やたらと凝（こ）った菓子（かし）を作ってプレゼントする。

ポイント 「厳」には「きび（しい）」という訓読みもあります。送り仮名（がな）に注意して読み分けましょう。

「陥る」は、「落ち入る」と表記することもあるよ。

見出し語	意味	例文
□ 提(さ)げる	手につるし持つ。ぶら下げて持っていく。	お土産(みやげ)を両手いっぱいに**提**(さ)げて帰る。
□ 背(そむ)く	規則・教え・約束・期待などに反する。	みんなの期待に**背**(そむ)いて、無得点に終わった。
□ 巧(たく)み	手際(てぎわ)良く上手に物事をやり遂(と)げる様子。	役者の**巧**(たく)みな演技に観衆が魅了(みりょう)された。
□ 漂(ただよ)う	浮(う)かんで揺(ゆ)れ動く。雰囲(ふんい)気(き)や香(かお)りが満ちる。	カレーの匂(にお)いが外にまで**漂**(ただよ)っている。
□ 費(つい)やす	あることのために金銭・時間・労力などを使う。	相手を説得するために、長い時間を**費**(つい)やす。
□ 繕(つくろ)う	修理する。補修する。うそや失敗を隠(かく)す。	失敗を責められて、なんとかその場を**繕**(つくろ)う。

「提げる」は、「下げる」とも表記するよ。

ワンポイント
「金銭や時間が無駄(むだ)に使われて、なくなってしまう」という意味の「費(つい)える」という言葉もあります。

見出し語	意味	例文
□ [と]げる **遂げる**	目的を果たす。	スランプに苦しんでいた選手が復活を**遂**(と)げた。
□ [は]える **映える**	鮮(あざ)やかに引き立って見える。	流行色が**映**(は)えるデザインの服を着る。
□ [ふく]らむ **膨らむ**	外へ盛り上がって大きくなる。思いが広がる。	海外留学への期待に胸が**膨**(ふく)らむ。
□ [ほが]らか **朗らか**	晴れ晴れとして明るい様子。	みんなの**朗**(ほが)らかな笑顔(えがお)を写真に残す。
□ [まぎ]らわしい **紛らわしい**	区別がしにくく間違(まちが)えやすい様子。	そんな**紛**(まぎ)らわしい言動をすると疑われる。
□ [もっぱ]ら **専ら**	一つのことだけが行われる様子。ひたすら。	最近は**専**(もっぱ)らこの曲ばかりを聴(き)いている。

見出し語	意味	例文
□ 一斉（いっせい）	同時に物事をすること。	全員が**一斉**(いっせい)に文句を言い始める。
□ 円滑（えんかつ）	物事が滞(とどこお)りなく行われる様子。	チーム内の連携(れんけい)を**円滑**(えんかつ)に進める。
□ 官吏（かんり）	役人を指す古い言い方。	長年、**官吏**(かんり)として勤める。
□ 均衡（きんこう）	バランスが保たれていること。	最終回でついに、両チームの**均衡**(きんこう)が破られた。
□ 駆使（くし）	思うままに使いこなすこと。	最新の技術を**駆使**(くし)して新製品を作り上げる。
□ 境内（けいだい）	神社や寺院の敷地(しきち)。	神社の**境内**(けいだい)をゆっくりと巡(めぐ)り歩く。

ポイント 「滑」には、「滑稽(こっけい)」という熟語で用いる「コツ」という音読みもあります。

ポイント 「吏」を、形の似た漢字の「使」の音読み「シ」と読み誤らないように注意しましょう。

見出し語	意味	例文
□ **夏至**（げし）	一年で昼が最も長い日。二十四節気の一つ。	今日は**夏至**（げし）なので、夕方でもまだ明るい。
□ **強情**（ごうじょう）	自分の考えや言動を押（お）し通そうとすること。	何を言っても、**強情**（ごうじょう）を張って聞き入れない。
□ **支度**（したく）	必要な物をそろえて準備すること。	そろそろ出かける**支度**（したく）をしよう。
□ **実施**（じっし）	予定したことを実際に行うこと。	本日の入学試験は、予定どおり**実施**（じっし）します。
□ **性分**（しょうぶん）	生まれつきもっている性質。	彼（かれ）は、不正を見過ごせない**性分**（しょうぶん）だ。
□ **遂行**（すいこう）	物事や役目を最後までやり通すこと。	全員で力を合わせて任務を**遂行**（すいこう）する。

ポイント　「一年で昼が最も短い日」は、「冬至（とうじ）」です。

「強情」は、「剛情（ごうじょう）」と表記することもあるよ。

ポイント　「遂行」を「ツイコウ」と読み誤（あやま）らないように注意しましょう。

見出し語	意味	例文
□ 背丈（せたけ）	背の高さ。	今年に入って随分（ずいぶん）と背丈（せたけ）が伸（の）びた。
□ 絶妙（ぜつみょう）	この上なく巧（たく）みなこと。	甘（あま）過ぎず辛（から）過ぎず、実に絶妙（ぜつみょう）な味付けだ。
□ 全幅（ぜんぷく）	あるだけ全部。	エース投手に全幅（ぜんぷく）の信頼（しんらい）を寄せている。
□ 素朴（そぼく）	ありのままであること。考え方などが単純なこと。	先生に素朴（そぼく）な疑問をぶつける。
□ 知己（ちき）	親友。知り合い。	知己（ちき）を頼（たよ）って、米国に留学する。
□ 天井（てんじょう）	部屋の上部。物のいちばん高いところ。	ぼんやりと天井（てんじょう）を眺（なが）めて物思いにふける。

ワンポイント 「全幅」の「幅」を、「プク」と半濁音（はんだくおん）で読むことに注意しましょう。

「知己」「天井」は、どちらも熟語としての読み方を覚えよう。

見出し語	意味	例文
□ **特徴**（とくちょう）	他と比較(ひかく)したときの、特に目立つ点。	動物の**特徴**(とくちょう)をとらえてイラストを描(か)く。 ワンポイント 「特徴」を、「特に優れている点」という意味の「特長」と区別しましょう。
□ **納得**（なっとく）	他人の考えや行為(こうい)がよく理解できること。	両親のアドバイスに**納得**(なっとく)して志望校を決める。 ワンポイント 「納」は、「ナッ」の他に、「ノウ(納入(のうにゅう))」「トウ(出納(すいとう))」など音読みが多いので注意しましょう。
□ **暴露**（ばくろ）	悪事・秘密などを明るみに出すこと。	政治家の不正を**暴露**(ばくろ)した記事が話題を集める。
□ **赴任**（ふにん）	任地に赴(おもむ)くこと。	四月に新しい先生が**赴任**(ふにん)してきた。
□ **発作**（ほっさ）	病気の症状(しょうじょう)が急に起こること。	**発作**(ほっさ)を抑(おさ)えるための薬を毎日服用する。
□ **予鈴**（よれい）	開始の時刻が近づいたことを示すベルやチャイム。	**予鈴**(よれい)が鳴ったら、速やかに教室に入ってください。

【特別な読み方（中学で学習するもの）】

それぞれの漢字がもつ音訓の読みには関係なく、その熟語（漢字が二字以上結びついた言葉）全体に与（あた）えられた、特別な読み方があります。

□ 小豆（あずき）

□ 硫黄（いおう）

□ 意気地（いくじ）

□ 田舎（いなか）

□ 海原（うなばら）

□ 乳母（うば）

□ 浮つく（うわつく）

□ 笑顔（えがお）

□ 叔父（おじ）

□ 伯父（おじ）

父母の弟は「叔父」、父母の兄は「伯父」。

□ 乙女（おとめ）

□ 叔母（おば）

□ 伯母（おば）

□ お巡りさん（おまわりさん）

父母の妹は「叔母」、父母の姉は「伯母」。

□ 鍛冶（かじ）
□ 風邪（かぜ）
□ 固唾（かたず）
□ 仮名（かな）
□ 為替（かわせ）
□ 心地（ここち）

□ 早乙女（さおとめ）
□ 差し支える（さしつかえる）
□ 五月（さつき）
□ 早苗（さなえ）
□ 五月雨（さみだれ）

「五月雨」は、六月頃（ごろ）に降り続く雨のことだよ。

□ 時雨（しぐれ）

「時雨」は、晩秋から初冬の降ったりやんだりする雨のことだよ。

□ 尻尾（しっぽ）
□ 竹刀（しない）
□ 老舗（しにせ）

「老舗」は何代も続いてきた商店のこと。

□ 芝生（しばふ）
□ 三味線（しゃみせん）
□ 砂利（じゃり）
□ 白髪（しらが）
□ 相撲（すもう）
□ 草履（ぞうり）

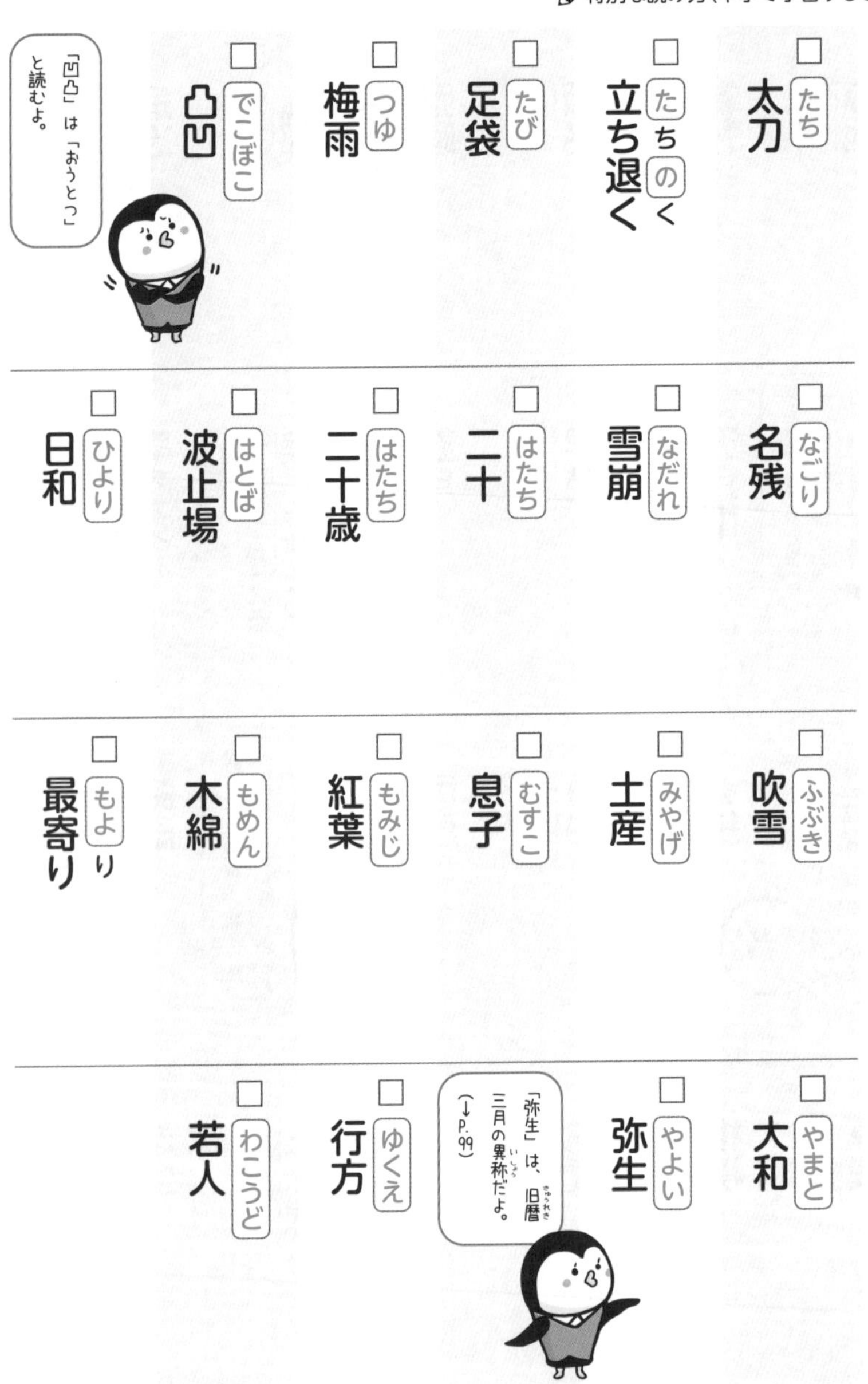

- □ 太刀（たち）
- □ 立ち退く（たちのく）
- □ 足袋（たび）
- □ 梅雨（つゆ）
- □ 凸凹（でこぼこ）

- □ 名残（なごり）
- □ 雪崩（なだれ）
- □ 二十（はたち）
- □ 二十歳（はたち）
- □ 波止場（はとば）
- □ 日和（ひより）

- □ 吹雪（ふぶき）
- □ 土産（みやげ）
- □ 息子（むすこ）
- □ 紅葉（もみじ）
- □ 木綿（もめん）
- □ 最寄り（もより）

- □ 大和（やまと）
- □ 弥生（やよい）

- □ 行方（ゆくえ）
- □ 若人（わこうど）

くわしく見てみよう！

漢字の書き【書き誤りやすい漢字】

見出し語	意味	例文
□ 拝（おが）む	神仏などに向かって手を合わせて祈（いの）る。	片手で拝（おが）むような仕草をして、前を通り抜（ぬ）ける。
□ 暮（く）らす	ある期間を過ごす。生活する。	彼（かれ）は、田舎（いなか）の農家でつましく暮（く）らしている。
□ 困（こま）る	どうしてよいかわからず悩（なや）む。	今頃（いまごろ）になって中止だと言われても困（こま）る。
□ 吸（す）う	気体や液体を鼻や口などから取り入れる。	高原の清らかな空気を胸一杯（いっぱい）に吸（す）う。
□ 捨（す）てる	不要なものとして放る。	このアイデアは、捨（す）てるには惜（お）しい。
□ 沿（そ）う	長く続くものから離（はな）れないようについていく。	線路に沿（そ）った道をひたすら走る。

「手」の、横画の数を間違（まちが）えないように注意しよう。

ワンポイント　「困」は「因」と形が似ていて書き誤りやすいので注意しましょう。

ワンポイント　「沿」は「浴」と形が似ていて書き誤りやすいので注意しましょう。

漢字

見出し語	意味	例文
□ 延(の)びる	時間・期間・道路などが長くなる。	今度、地元の駅まで地下鉄が延(の)びるらしい。
□ 巻(ま)く	物の周りにひものようなものをからみつける。	寒いので、首のまわりにマフラーを巻(ま)く。
□ 蒸(む)す	湿度(しつど)が高く、暑さを感じる。蒸気で熱する。	梅雨(つゆ)に入ってから、蒸(む)すような気候が続く。
□ 群(む)れ	多くの人や生き物が集まっている状態。	象の群(む)れが水場を求めて旅を続ける。
□ 安易(あんい)	簡単にできる様子。軽々しく扱(あつか)う様子。	そんな安易(あんい)な考え方には賛成できない。
□ 一冊(いっさつ)	一つの書物。	欲しかった雑誌が、まだ一冊(いっさつ)だけ売れ残っていた。

ポイント 「巻」は「券」と形が似ていて書き誤りやすいので注意しましょう。

ポイント 「群」は「郡」と形が似ていて書き誤りやすいので注意しましょう。

「冊」の真ん中の横棒は、左右に突(つ)き抜(ぬ)けることに注意しよう。

見出し語	意味	例文
□ かんしゅう 観衆	催(もよお)し物などを見物しに来たたくさんの人々。	優勝したチームを観衆(かんしゅう)が大きな拍手(はくしゅ)でたたえた。
□ きぼ 規模	物事の構造や仕組みなどの大きさ。	今年度の大会は、規模(きぼ)を縮小して行われる。
□ けいか 経過	時間が過ぎること。時間が過ぎることに伴(ともな)う様子。	話し合いの経過(けいか)をじっと見守る。
□ けいこく 警告	良くないことが起きないように注意すること。	審判(しんぱん)が、反則した選手に対して警告(けいこく)を与(あた)える。
□ こうせき 功績	あることを成し遂(と)げた、優れた働きや成果。	偉大(いだい)な功績(こうせき)を残した科学者をたたえる。
□ さいなん 災難	突然(とつぜん)身に降りかかった不幸な出来事。	こんな渋滞(じゅうたい)にはまるとは、とんだ災難(さいなん)だ。

ポイント「経」は「径」「軽」と形が似ていて書き誤りやすいので注意しましょう。

ポイント「績」は「積」と形が似ていて書き誤りやすいので注意しましょう。

見出し語	意味	例文
□ しせい 姿勢	体の構え。物事に対する心構え。	現状打破のために前向きな姿勢(しせい)で取り組む。
□ じゃっかん 若干	幾(いく)らか。少し。	ラーメンに野菜を若干(じゃっかん)多めに入れてもらう。
□ じゅうおう 縦横	縦と横。南北と東西。	縦横(じゅうおう)に走っている道に沿って商店街が栄えた。
□ しょうたい 招待	客として招くこと。	憧(あこが)れていた先輩(せんぱい)の誕生(たんじょう)パーティーに招待(しょうたい)された。
□ じょきょ 除去	妨(さまた)げになるものを取り除くこと。	静電気を除去(じょきょ)するスプレーをかける。
□ しょめい 署名	文書などに氏名を書くこと。サイン。	契約書(けいやくしょ)に署名(しょめい)する前に、内容をよく確認する。

ポイント 「招」は「昭」と形が似ていて書き誤りやすいので注意しましょう。

ポイント 「署名」を、形のよく似た漢字を使った「著名(ちょめい)」という熟語と混同しないように注意しましょう。

見出し語	意味	例文
□ しれん 試練	心の強さや実力などが厳しく試されるような苦難。	つらくても、人生の試練だと思って受け入れよう。
□ せんもん 専門	特定の分野の学問や職業に従事すること。	アイドルを専門に扱う雑誌を買う。
□ そしき 組織	ある目的のためにまとめられた集団。	好きな選手のファンクラブが組織された。
□ そんざい 存在	人間や物がそこにあること。	こんなに美しい石は、この世に二つと存在しない。
□ たいさく 対策	事の成り行きに対してとる方法や手段。	相手チームの投手を打ち崩すための対策を練る。
□ たいせき 体積	立体の大きさ。	複雑な立体の体積を求める。

「専」は、右上に点を付ける書き誤りに注意しよう。

ワンポイント 「織」は「職」「識」と形が似ていて書き誤りやすいので注意しましょう。

ワンポイント 「積」は「績」と形が似ていて書き誤りやすいので注意しましょう。

見出し語	意味	例文
□ たんきゅう 探求	あるものを得ようと探し求めること。	文化が廃(すた)れてしまった原因を探求(たんきゅう)する。
□ たんとう 担当	職務として受け持つこと。	転勤によって、それまでの職務の担当(たんとう)を外れる。
□ ちいき 地域	区切られた土地の範囲(はんい)。	この地域(ちいき)でいちばん有名なお店に行こう。
□ てんらん 展覧	作品などを並べて、多くの人に見せること。	著名な陶芸家(とうげいか)の作品を展覧(てんらん)する。
□ のうり 脳裏	頭の中。心の中。	幼少の頃(ころ)に見た光景が、ふと脳裏(のうり)に浮(う)かぶ。
□ はっき 発揮	能力や素質などを、十分に表すこと。	思う存分実力を発揮(はっき)してもらいたい。

ポイント　「探」は「深」と形が似ていて書き誤りやすいので注意しましょう。

「域」は「土（つちへん）」を「扌（てへん）」にしないようにしよう。

見出し語	意味	例文
☐ ひてい 否定	打ち消すこと。存在や意義などを認めないこと。	兄は私の意見を否定することがある。
☐ ひはん 批判	物事を評価・判定して意見を述べること。	政治家の言動が批判の対象となる。
☐ ふくざつ 複雑	物事が入り組み、簡単に理解や説明ができないこと。	この小説の人物関係は、複雑で理解しにくい。 ポイント 「複」は「復」と形が似ていて書き誤りやすいので注意しましょう。
☐ ふんき 奮起	気持ちを奮い起こすこと。	明日から奮起して、早寝早起きに挑戦しよう。
☐ めんみつ 綿密	細かく注意が行き届いていること。	旅行先での計画を綿密に立てる。
☐ ろんり 論理	思考の筋道や法則。	この文章の論理は、明らかに矛盾している。 ポイント 「論」は「輪」や「倫」と形が似ていて書き誤りやすいので注意しましょう。

【送り仮名を書き誤りやすい漢字】

見出し語	意味	例文
□ あきなう 商う	品物を売る。	京野菜を商う店を経営する。
□ あやうい 危うい	気がかりで安心できない様子。	このままの戦力では、優勝は危ういだろう。
□ あやつる 操る	人・動物・道具などを思いのままに動かす。	とても巧みな手つきで人形を操る。
□ あやまる 誤る	間違える。失敗する。	よい忠告でも、タイミングを誤ると効果がない。
□ あやまる 謝る	わびる。謝罪する。	約束の時間に遅れたことを、ひたすら謝る。
□ あらそう 争う	相手を打ち負かそうとして競う。	仲間同士で互いに争うのはやめよう。

ポイント　「危うい」は、「危い」と送り仮名を書き誤らないように注意しましょう。

「誤る」「謝る」は、意味の違いに注意しよう。

送り仮名を書き誤りやすい漢字

見出し語	意味	例文
□ あらためる 改める	新しいものに変える。	新しい首脳陣が、今までの方針を改める。
□ いきおい 勢い	物事の動きを増す速さや強さ。活気。	勢いをつけて、斜面を滑り下りる。
□ いただく 頂く	「もらう」「食べる」「飲む」の謙譲語。	友人の家で、夕食にすき焼きを頂く。
□ いちじるしい 著しい	はっきりわかるほど目立つ様子。	中学に入ってからの成績の伸びが著しい。
□ いとなむ 営む	生活をする。商売をする。	代々の家業を継いで、旅館を営む。
□ うけたまわる 承る	「聞く」「引き受ける」の謙譲語。	電話で顧客からの注文を承る。

ポイント 「勢い」は「勢おい」と送り仮名を書き誤らないように注意しましょう。

見出し語	意味	例文
□ うしなう 失う	持っていたものがなくなる。取り逃がす。	今までの地位を失うことを恐れず挑戦する。 ポイント 「失う」は、「失なう」と送り仮名を書き誤らないように注意しましょう。
□ うたがう 疑う	疑問に思う。うまくいかないのではないかと危ぶむ。	登場人物の一人を犯人ではないかと疑う。
□ うやまう 敬う	相手を尊んで礼を尽くす。尊敬する。	相手を敬う気持ちの大切さを痛感する。 ポイント 「敬う」は、「敬まう」と送り仮名を書き誤らないように注意しましょう。
□ うれる 熟れる	植物の実などが十分に実る。	果実が熟れるのを待ってから収穫する。
□ おぎなう 補う	不足した物を足す。欠点などを埋め合わせる。	友人が言い漏らしたことを補う。
□ おごそか 厳か	重々しく、威厳を感じさせる様子。	パイプオルガンの厳かな音色に聞きほれる。

見出し語	意味	例文
□ おさない 幼い	未成熟で小さい。考え方が幼稚で未熟な様子。	幼い頃から絵を描く才能が見られた。
□ おさめる 収める	きちんとしまい込む。	重要な書類を机の引き出しに収める。
□ おとずれる 訪れる	季節や時間がやってくる。ある場所を訪ねる。	もうすぐ暖かい季節が訪れる。
□ かえりみる 省みる	自分の言動を振り返る。反省する。	一日の終わりに、その日の行動を省みる。
□ かならず 必ず	間違いない。絶対に。	次の試合こそは必ず勝ってみせる。
□ けわしい 険しい	斜面が急な様子。顔つきが厳しい。	今後の見通しについて、険しい表情で語る。

ワンポイント 「幼い」は、「幼ない」と送り仮名を書き誤らないように注意しましょう。

「訪」には、「訪ねる」という読み方もあるよ。

ワンポイント 「険しい」は、「険わしい」と送り仮名を書き誤らないように注意しましょう。

見出し語	意味	例文
□ こころざす 志す	目標や目的地を目指す。	将来は医者になることを志(こころざ)す。
□ こころみる 試みる	試しにやってみる。	新しく開発された薬で治療(ちりょう)を試(こころ)みる。
□ こころよい 快い	気持ちがよい様子。	海から吹(ふ)いてくる柔(やわ)らかい風が快(こころよ)い。
□ ことわる 断る	拒否(きょひ)する。辞退する。あらかじめ知らせておく。	部活への勧誘(かんゆう)をきっぱりと断(ことわ)る。
□ さかえる 栄える	勢いが増して繁栄(はんえい)する。	新しい駅が近くにできて、町が栄(さか)える。
□ さからう 逆らう	物事や運命などに従わず、逆の方向に進む。	流行に逆(さか)らうことで個性を発揮する。

ポイント 「試みる」は、「試る」と送り仮名(がな)を書き誤らないように注意。また、「試(ため)す」との読み方の違(ちが)いにも注意しましょう。

送り仮名を書き誤りやすい漢字

見出し語	意味	例文
□ したがう 従う	あとについて行く。意向や規則の通りに行動する。	他人の意見に従う(したがう)ばかりではよくない。
□ しりぞく 退く	後方へ引き下がる。戦いに敗れる。引退する。	敵チームの激しい攻撃(こうげき)に、味方がじりじりと退く(しりぞく)。
□ たがやす 耕す	作物を作るために、田畑を掘(ほ)り返す。	畑を耕す(たがやす)ための機械を購入(こうにゅう)する。
□ たたかう 戦う	戦争する。試合をする。	明日の決勝で優勝候補のチームと戦う(たたかう)。
□ たっとぶ 尊ぶ	尊敬する。大事なものとして重んじる。	部員としての心得を常に尊ぶ(たっとぶ)。
□ ととのえる 調える	必要な物をそろえる。まとめる。	修学旅行に持っていく物を調える(ととのえる)。

「尊ぶ」は、「たっとぶ」の他に「とうとぶ」とも読むことに注意しましょう。どちらも送り仮名(がな)は「ぶ」です。

見出し語	意味	例文	
□ ととのえる 整える	乱れのない状態にする。	出かける前に身だしなみを整える。	ポイント 「整える」は、「調える」との意味の違いにも注意しましょう。
□ はたらく 働く	仕事をする。力や機能が作用する。	危険を察知するとブレーキが働く仕組みだ。	
□ みちびく 導く	案内をする。正しい方向に進むように指導する。	青い小鳥が森の奥へ奥へと導く。	
□ やしなう 養う	養育する。体力・知力などを少しずつ育てる。	読書によって言葉の力を養うことが必要だ。	
□ よそおう 装う	身なりや外観を美しく整える。それらしく見せる。	祝賀会の雰囲気に合わせ、華やかに装う。	
□ わかれる 別れる	離れて別々になる。関係を解消する。	高校進学で、ついに幼なじみと別れる。	ポイント 「別れる」は、「分かれる」との意味や送り仮名の違いに注意しましょう。

【同音異義語】

見出し語	意味	例文
□ いがい 以外	それを含まない他のもの。	関係者以外は立ち入り禁止だ。
□ いがい 意外	思っていたことと違っている様子。	話し合いは意外と短時間で終わった。
□ いぎ 異議	異なった意見。	この提案について、他に異議はありませんか。
□ いぎ 意義	言葉や記号が表す内容。物事や行いの価値。	日本の歴史を学ぶ意義を考える。
□ いさい 委細	詳しい内容や事情。	委細は、後日インターネットで発表します。
□ いさい 異才	優れた才能。優れた才能を持つ人。	巨匠が新作映画でその異才ぶりを発揮する。

ポイント 「異議」「意義」の他に、「異義（異なった意味）」という同音異義語もあります。

「異才」は、「偉才」と表記することもあるよ。

見出し語	意味	例文
□ いし 意志	志に従おうとする心の働き。	最後まで自分の意志を貫き通す覚悟だ。
□ いし 意思	何かをしようとするときの気持ちや考え。	防犯活動についての住民の意思を確認する。
□ いじょう 異状	普通とは違って、何か問題が起きている状態。	本日も車内に異状は認められない。
□ いじょう 異常	普通と違って正常ではない様子。	好きなアーティストのライブで異常に興奮した。
□ いどう 異動	職場での地位や職務などが変わること。	課長は人事異動で本社勤務になった。
□ いどう 移動	人や物を動かして位置を変えること。	家具を移動して部屋の模様替えをする。

「意思」は、法律の用語として用いることが多いよ。

ポイント 「異状」「異常」の他に、「以上（それより上のもの）」「委譲（権限などを他に譲る）」などの同音異義語もあります。

ポイント 「異動」「移動」の他に、「異同（他と比べて異なる点）」という同音異義語もあります。

見出し語	意味	例文
□ えいせい 衛生	身の回りを清潔にして、病気を予防すること。	洗面所の衛生について気を配る。
□ えいせい 衛星	惑星の周囲を回る星。	火星には二つの衛星があるといわれている。
□ かいほう 開放	自由に出入りできるようにすること。	試合後の野球場を一般客に開放する。
□ かいほう 解放	束縛や制限を解き放って自由にすること。	無実の罪で捕らわれていた人物が解放された。
□ かてい 仮定	仮に定めること。	結果を仮定して話を進める。
□ かてい 過程	物事の変化が進行していく道筋。	細胞分裂の過程を顕微鏡で観察する。

ポイント 「開放」「解放」の他に、「介抱（病人やけが人の世話をすること）」「快方（病気やけがが良くなること）」などの同音異義語もあります。

ポイント 「仮定」「過程」の他に、「家庭（家族のまとまり。家族の生活場所）」「課程（一定期間の学業や作業）」という同音異義語もあります。

見出し語	意味	例文
□ かんけつ 完結	完全に終わること。	ついに長いストーリーが完結(かんけつ)した。
□ かんけつ 簡潔	簡単に要領よくまとまっている様子。	説明が簡潔(かんけつ)でとてもわかりやすい。
□ かんしょう 感傷	心を動かされ、悲しみや寂(さび)しさを感じやすいこと。	寂しい海辺の光景の中で感傷(かんしょう)に浸(ひた)る。
□ かんしょう 観賞	自然の美しさなどを味わい楽しむこと。	熱帯の色鮮(あざ)やかな植物を観賞(かんしょう)する。
□ かんしん 感心	優れている物に心を動かされること。	素晴らしい歌声に感心(かんしん)した。
□ かんしん 関心	物事に心ひかれ、もっと知りたいと感じること。	科学に関するニュースに関心(かんしん)がある。

「簡」は、形の似た「間」や「関」と書き誤りやすいので注意しよう。

ポイント
「感傷」「観賞」の他に、「干渉(かんしょう)(関係のない者が口出しをすること)」「鑑賞(かんしょう)(芸術作品などを味わうこと)」などの同音異義語もあります。

ポイント
「感心」「関心」の他に、「寒心(ぞっとすること)」「歓心(かんしん)(うれしく思う気持ち)」という同音異義語もあります。

見出し語	意味	例文
□ きかん 期間	一定の時期から他の一定の時期までの間。	この期間(きかん)は高校生以下の入場料は半額です。
□ きかん 機関	動力を生み出す装置。ある目的のための組織。	政府の機関(きかん)が公式声明を発表する。
□ きせい 帰省	故郷に帰ること。	盆(ぼん)と正月は、帰省(きせい)する人々で新幹線が混み合う。
□ きせい 規制	制限する決まり。決まりによって制限すること。	安全が確認されたので、規制(きせい)が解除された。
□ きょうい 驚異	不思議な事柄(ことがら)に対する驚(おどろ)き。	自然界の驚異(きょうい)に目を見張る。
□ きょうい 脅威	威力(いりょく)や勢いにおびやかされること。	戦争の脅威(きょうい)にさらされる。

ポイント　「期間」「機関」の他に、「器官（生物の、ある機能を持つ部分）」「気管（呼吸の時の空気の通路）」などの同音異義語もあります。

ポイント　「帰省」「規制」の他に、「気勢（意気込(ご)む気持ち）」「寄生（他の生物に頼(たよ)って生きていくこと）」などの同音異義語もあります。

見出し語	意味	例文
□ けんとう 見当	見通し。おおよその方向。	私の予想は、かなり見当(けんとう)外れだった。
□ けんとう 検討	よく調べて良いか悪いかを考えること。	新製品開発のための検討(けんとう)を重ねる。
□ こうえん 公演	音楽・演劇などを大勢の観客の前で演じること。	オーケストラの公演(こうえん)を楽しみにする。
□ こうえん 講演	大勢の人の前で、ある題目について話をすること。	環境(かんきょう)問題についての講演(こうえん)会で専門家の話を聴(き)く。
□ こうせい 公正	公平で正しいこと。	出場選手の選考は、公正(こうせい)に行われた。
□ こうせい 厚生	暮らしを健康で豊かなものにすること。	厚生(こうせい)労働大臣が国会で答弁する。

「検」は、形の似た「険」「験」と書き誤りやすいので注意。

ポイント 「公正」「厚生」の他に、「後世(後の時代)」「構成(全体の組み立て)」などの同音異義語もあります。

漢字

見出し語	意味	例文
□ しこう 志向	ある対象に意識や気持ちを向けること。	彼は、演奏家よりも作曲家を志向している。
□ しこう 試行	試しにやってみること。	試行錯誤を繰り返して、ようやく成功した。
□ しゅうしゅう 収拾	混乱した状態を収めてまとめること。	事態の収拾を図るために努力する。
□ しゅうしゅう 収集	趣味や研究のために物を集めること。	古い映画のパンフレットを収集している。
□ しょうがい 傷害	けがを負わせること。	刑事が傷害事件を捜査する。
□ しょうがい 障害	妨げになることや物。	体育祭で障害物競走に出場する。

ポイント 「試行」は「試行錯誤」という四字熟語で用いることが多い言葉です。

見出し語	意味	例文
□ せいさん 清算	借金や悪い関係などを整理してなくすこと。	過去を清算して、一から出直そう。
□ せいさん 精算	費用・料金などを細かく計算すること。	修学旅行にかかった費用を精算する。
□ そうぞう 創造	新しいものをつくり出すこと。	若い監督が新作の映画で独自の作風を創造した。
□ そうぞう 想像	実際には存在しない事柄を心の中に思い描くこと。	大差で負けるとは想像もしていなかった。
□ たいしょう 対象	働きかけの目標とするもの。	小学生を対象にした英語教室を開く。
□ たいしょう 対照	二つのものを照らし合わせること。はっきりした違い。	訳した文と原文とをじっくりと対照する。

ワンポイント：「精算」はお金に関すること、「清算」はお金に関すること以外でも用いることに注意しましょう。

ワンポイント：「対象」「対照」の他に、「対称（二つの図形が向き合う関係にあること）」などの同音異義語もあります。

見出し語	意味	例文
□ ついきゅう 追求	目的とするものをどこまでも追い求めること。	人類の幸福を追求(ついきゅう)するテーマの小説を読む。
□ ついきゅう 追究	未知の事柄(ことがら)などを、明らかにしようとすること。	経済学者が物価上昇(じょうしょう)の原因を追究(ついきゅう)する。
□ へいこう 平行	二つの直線が交わらないこと。	三角定規を組み合わせて平行(へいこう)な線を引く。
□ へいこう 並行	物事を同時に行うこと。	幾(いく)つかの会社との交渉(こうしょう)を並行(へいこう)して行う。
□ ほしょう 保証	人や製品に対して問題ないと請(う)け合うこと。	商品の品質を保証(ほしょう)する。
□ ほしょう 保障	財産や権利などを、責任をもって守ること。	憲法では、言論の自由が保障(ほしょう)されている。

ポイント 「追求」「追究」の他に、「追及(ついきゅう)(悪事や責任などをどこまでも追いつめること)」という同音異義語もあります。

ポイント 「保証」「保障」の他に、「補償(ほしょう)(損失・損害を補うこと)」という同音異義語もあります。

【同訓異字】

見出し語	意味	例文
□ 会(あ)う	人と出会う。物事と出会う。	次に会(あ)う時までに、借りた本は読んでおきます。
□ 合(あ)う	二つ以上のものが一つになる。一致(いっち)する。	二人の気持ちがぴったりと合(あ)う。
□ 明(あ)ける	ある時間が終わって次の時間になる。	夜が明(あ)けるまで、ずっと星空を眺(なが)めていたい。
□ 開(あ)ける	閉じていたものを開いた状態にする。	ようやく届いた手紙の封(ふう)を開(あ)ける。
□ 温(あたた)かい	物の温度が程よい様子。愛情・思いやりがある様子。	迎(むか)えてくれた人々の温(あたた)かい気持ちに感動した。
□ 暖(あたた)かい	気温が程よい様子。	四月になって、ようやく暖(あたた)かい気候になった。

ワンポイント 「明ける」「開ける」の他に、「空ける（あったものを取り除いて、何もない状態にする）」という同訓異字もあります。

「暖かい」は、色の感じが冷たくないときにも用いるよ。

見出し語	意味	例文
□ 熱い（あつい）	物の温度がとても高い様子。	ゆっくりと熱（あつ）い湯につかって疲（つか）れを取る。
□ 厚い（あつい）	厚みがある様子。	今日発売の雑誌の特別号は、とても厚（あつ）い。
□ 誤る（あやまる）	間違（まちが）える。失敗する。	自分の才能を過信すると判断を誤（あやま）る。
□ 謝る（あやまる）	わびる。謝罪する。	しくじったときは、早く謝（あやま）ったほうがよい。
□ 表す（あらわす）	感情や考えをはっきり示す。意味を示す。	自分が感じたことをはっきりと言葉に表（あらわ）す。
□ 現す（あらわす）	姿や形をはっきりと表に出す。	満月が雲の切れ間から姿を現（あらわ）す。

ワンポイント 「熱い」「厚い」の他に、「暑い（気温がとても高い）」という同訓異字もあります。

ワンポイント 「表す」「現す」の他に、「著す（書物などを書いて世に出す）」という同訓異字もあります。

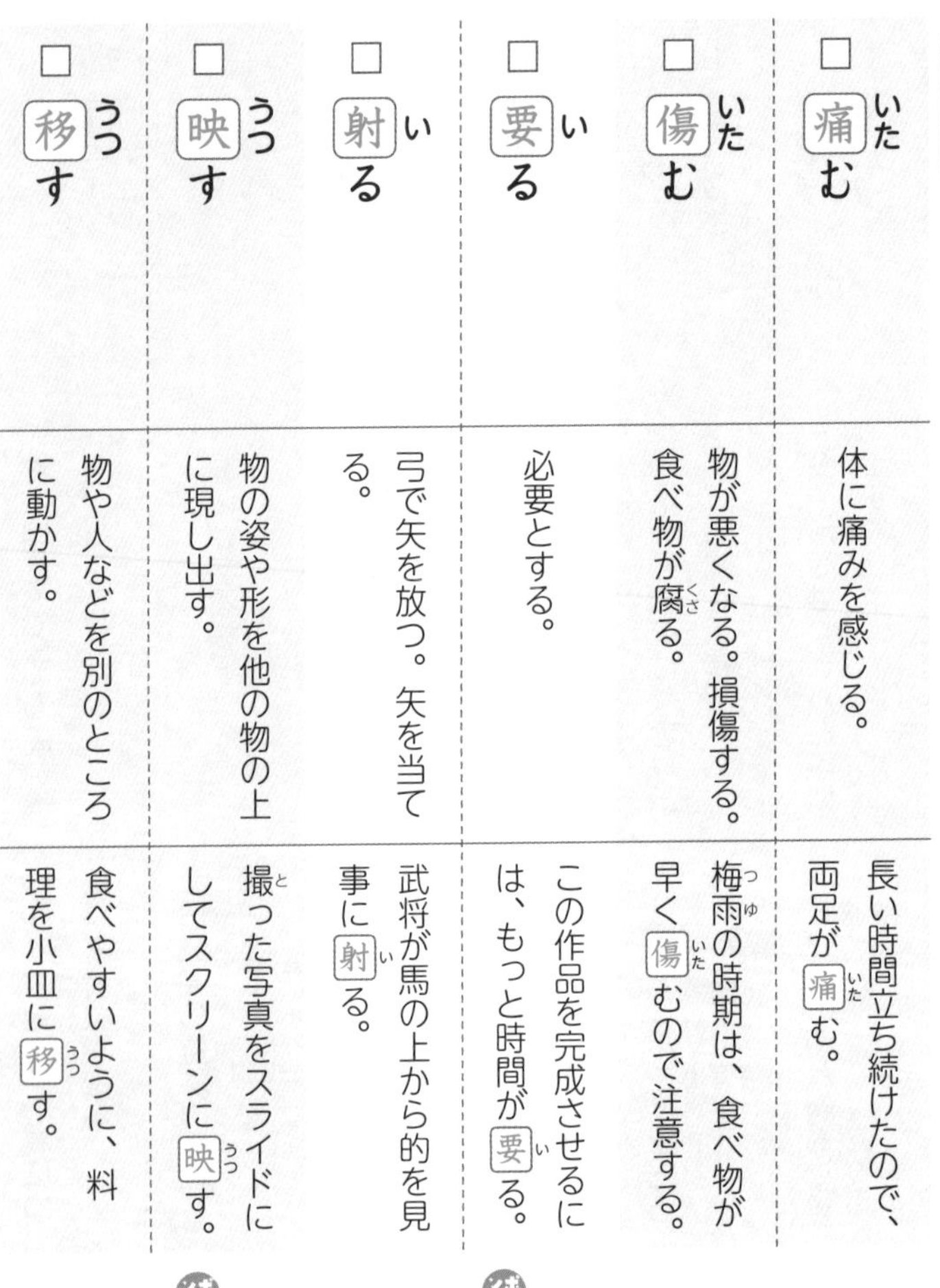

見出し語	意味	例文
□ 痛む（いたむ）	体に痛みを感じる。	長い時間立ち続けたので、両足が痛む。
□ 傷む（いたむ）	物が悪くなる。損傷する。食べ物が腐（くさ）る。	梅雨（つゆ）の時期は、食べ物が早く傷むので注意する。
□ 要る（いる）	必要とする。	この作品を完成させるには、もっと時間が要る。
□ 射る（いる）	弓で矢を放つ。矢を当てる。	武将が馬の上から的を見事に射る。
□ 映す（うつす）	物の姿や形を他の物の上に現し出す。	撮（と）った写真をスライドにしてスクリーンに映す。
□ 移す（うつす）	物や人などを別のところに動かす。	食べやすいように、料理を小皿に移す。

ワンポイント 「要る」「射る」の他に、「居る（その場所にとどまる）」などの同訓異字もあります。

ワンポイント 「映す」「移す」の他に、「写す（まねて作る。写真を撮（と）る）」という同訓異字もあります。

見出し語	意味	例文
□ 負う（おう）	背中や肩にのせる。責任や重荷を引き受ける。	君が一人で責任を負うことはない。
□ 追う（おう）	後から追いかける。目標や理想に向かって進む。	諦めず、どこまでも理想を追う。
□ 治める（おさめる）	国や領地を支配する。混乱をしずめる。	川沿いに堤防を築いて川の氾濫を治める。
□ 修める（おさめる）	学問や技芸を修得する。	大学院に進んで、心理学を修める。
□ 折る（おる）	紙や布を折り曲げる。棒状・板状の物を曲げる。	入院している友人のために千羽鶴を折る。
□ 織る（おる）	糸などを組み合わせて布などを作る。	名物の反物を織る様子を見学する。

ポイント

「治める」「修める」の他に、「収める（物をきちんとしまう）」「納める（金品を納入する）」という同訓異字もあります。

見出し語	意味	例文
□ 代(か)える	他のものに同じ役目をさせる。	書面をもってご挨拶(あいさつ)に代(か)えさせていただく。
□ 変(か)える	物事を前とは違(ちが)った状態や内容にする。	少し休憩(きゅうけい)して、重苦しい気分を変(か)える。
□ 利(き)く	能力をよく発揮する。	警察犬は、鼻がよく利(き)くらしい。
□ 効(き)く	効果や働きなどがよく現れる。	風邪(かぜ)をひいたときには、この薬がよく効(き)く。
□ 究(きわ)める	深く研究して本質を明らかにする。	長年研究を続け、宇宙の真理を究(きわ)める。
□ 極(きわ)める	これ以上はないというところに達する。	国際試合でスポーツ選手としての頂点を極(きわ)める。

ワンポイント
「代える」「変える」の他に、「替(か)える・換(か)える（ある物を別の物に取りかえる）」という同訓異字もあります。

ワンポイント
「利く」「効く」の他に、「聞く・聴(き)く（音・声などを耳で感じ取る）」という同訓異字もあります。

見出し語	意味	例文
□ 指(さ)す	指し示す。特定のものを示す。	時計の針が午前一時ちょうどを指(さ)す。
□ 差(さ)す	光・色などが現れる。手に持ってかざす。	雲の切れ間から柔(やわ)らかい光が差(さ)す。
□ 冷(さ)ます	温度を下げる。感情の高ぶりをしずめる。	熱いコーヒーを冷(さ)ます。
□ 覚(さ)ます	目覚める。意識を取り戻(もど)す。	長い眠(ねむ)りからゆっくりと目を覚(さ)ます。
□ 供(そな)える	神仏に物をささげる。	先祖の墓に花を供(そな)える。
□ 備(そな)える	準備や心構えをしておく。能力や性質を持っている。	非常食と飲料水を蓄(たくわ)えて、災害に備(そな)える。

ポイント

「指す」「差す」の他に、「刺(さ)す（突(つ)き刺す）」や「挿(さ)す（隙(すき)間(ま)に入れる）」という同訓異字もあります。

漢字

見出し語	意味	例文
□ 断(た)つ	断ち切る。切断する。続けていたことをやめる。	なかなか未練を断(た)つことができず困る。
□ 裁(た)つ	布や紙などを切る。	型紙に合わせて、布地を裁(た)つ。
□ 就(つ)く	地位や仕事に身を置く。	希望していた役職に就(つ)くことができた。
□ 着(つ)く	ある地点に到着(とうちゃく)する。届く。	夕方には目的地に着(つ)くだろう。
□ 努(つと)める	やり遂(と)げるために力を尽(つ)くす。	問題が解決できるよう全力で努(つと)める。
□ 務(つと)める	役割や任務に当たる。	友人の結婚式(けっこんしき)の司会を務(つと)める。

ポイント 「断つ」「裁つ」の他に、「絶つ(つながりを終わりにする)」や「建つ(建物などがつくられる)」という同訓異字もあります。

ポイント 「就く」「着く」の他に、「付く(付着する)」「突(つ)く(細長い物の先で強く押(お)す)」という同訓異字もあります。

ポイント 「努める」「務める」の他に、「勤める(勤務する)」という同訓異字もあります。

見出し語	意味	例文
□ 解（と）く	結んである物をほどく。答えを出す。疑いをなくす。	話し合いで互いの誤解を解くように勧める。
□ 説（と）く	よくわかるように説明する。	集まった群衆に宗教の教えを説く。
□ 臨（のぞ）む	向かい合う。面する。集まりなどに出席する。	海に臨むホテルで休日を過ごす。
□ 望（のぞ）む	希望する。遠くから眺める。	大学への進学を望む。
□ 図（はか）る	意図する。企てる。努力する。	混乱した事態の収拾を図る。
□ 計（はか）る	時間や数などを調べる。	百メートル走のタイムを計る。

ポイント

「図る」「計る」の他に、「量る（重さを調べる）」「測る（長さ・高さを調べる）」などの同訓異字もあります。

見出し語	意味	例文
□ はなす 放す	束縛(そくばく)を解いて解放する。つかんでいるのをやめる。	風船を握(にぎ)っていた手を放(はな)す。
□ はなす 話す	言葉を交わして会話する。	英語で自由に話(はな)すことができるよう努力する。
□ やさしい 易しい	簡単にできる様子。	このスマートフォンの操作は、とても易(やさ)しい。
□ やさしい 優しい	他人に対して思いやりのある様子。	我が子には心の優(やさ)しい人に育ってほしいと願う。
□ やぶれる 破れる	元の形が壊(こわ)れる。それまでの状態が損なわれる。	豪快(ごうかい)なホームランで試合の均衡(きんこう)が破(やぶ)れる。
□ やぶれる 敗れる	試合や勝負で負ける。	市長選で対立候補に僅差(きんさ)で敗(やぶ)れる。

ポイント 「放す」「話す」の他に、「離(はな)す（他のものから遠ざける）」という同訓異字もあります。

「破る」とはいうが、「敗る」という言葉はないので注意しよう。

読解編

〈読解のポイント〉

● 小説

小説とは、作者が設定した架空の人物の生きざまや出来事を描いた文章です。

読み取りのポイント

①話の設定（大枠）をおさえる。

いつ

昔？　現代？
夏？　冬？
朝？　夜？

どこで

どこの国？
都会？　田舎？
家？　学校？

誰が

男？　女？
大人？　子ども？
何をしている人？

＊「春」と書かれていなくても、「桜が咲く」などの表現があれば、そこから季節が判断できます。

②場面の状況を読み取る。

状況とは、**「その場・そのときのありさま」**です。それぞれの場面で**「どのようなことが起きているか」「どのような様子か」**を読み取ります。

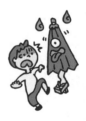

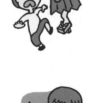

③登場人物の気持ちを読み取る。

●気持ちが表れる四つのパターン

1 直接的に気持ちを表す言葉

例「スカイツリーに昇ろう。」と、まみはうれしそうに言った。

2 人物の行動（動作）や様子

例 たくまは、じっとうつむいたままだ。

3 会話や心の中の言葉

例 たくまは「あの高さに耐えられるだろうか。」と思った。

4 比喩や情景描写

例 鉄塔が、あざ笑うかのように冷たく光っていた。

④ **登場人物の気持ちの変化**をつかむ。

気持ちの変化とともに、次のこともとらえましょう。

・**なぜ**そのような気持ちになったか。

・気持ちが変化した**きっかけ**はどんなことか。

●変化のきっかけの主なパターン

新しい出来事や新たな人物の登場	登場人物の言葉	まわりの様子や情景・天候の変化
重苦しい空気が流れ始めたとき、一人の少女が駆けてきた。	「きらきら光って、きれい！」	太陽が顔を出し、辺りを暖かく照らし出した。

⑤ **その小説の主題（＝テーマ・作者が伝えたいこと）**をとらえる。

小説の中で、登場人物の気持ちが大きく移り変わるところをおさえましょう。そこに描かれている感動から**主題**が読み取れます。

登場人物の気持ちの変化をとらえることが、主題をとらえることにつながるよ。

●随筆

随筆とは、筆者自身の体験や見聞をもとに、意見や感想を自由な形で書いた文章です。

読み取りのポイント

自由な形式で書かれているのが特徴です。日記や紀行文も随筆の一種です。

① **話題**にしている事柄をとらえる。

手がかりになるのは、**題名**や、**繰り返し出てくる言葉**です。

② 事実と、筆者の意見や感想を区別する。

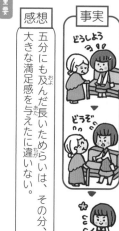

感想　五分にも及んだ長いためらいは、その分、少女に大きな満足感を与えたに違いない。

重要 ③ **筆者のものの見方や考え方**をとらえる。

筆者の意見や感想がまとめられている箇所をおさえます。抽象的な表現のときもあります。

説明的文章

説明的文章とは、理由や根拠をはっきりと示しながら、結論や筆者の主張を示した文章です。

説明的文章とは？

説明文＝事実や現象をわかりやすく説明したもの。
論説文＝ある事柄について筆者の考えを述べたもの。

説明的文章の流れ

序論（前置き）	話題や問題を提示。 例 カップラーメンとコンビニのサラダ、これは、ある少年の夕食である。
本論（中心）	理由・事例を挙げてくわしく説明。 例 近年、家族がばらばらに食事をする傾向が強まり、栄養のバランスが……。
結論（結び）	筆者の考えのまとめ。 例 家族間の結びつきや、体への影響といった面から、食生活のもつ意味を今一度見直したい。 

読み取りのポイント

①接続する語句（接続語）に注目しましょう。
文と文、段落と段落のつながりをとらえる手がかりになります。

順接	例 だから・それで・そこで すると・したがって・よって
逆接	例 しかし・だが・でも けれども・ところが
並立・累加	例 しかも それから そのうえ
対比・選択	例 または・それとも・もしくは あるいは・一方
説明・補足	例 つまり・すなわち・なぜなら ただし・もっとも
転換	例 さて ところで では

②**指示する語句（指示語）**に注目しましょう。

・前にある語や内容を指す。

勉強にはコツがある。それを理解することが大切だ。

・あとに出てくる内容を指す。

こんな体験をした。影が大きく見えたのだ。

・前の段落全体を指す。

渡り鳥は冬になると……。そして春になり暖かくなると前に過ごした土地に戻ってくる。

この渡り鳥の生態については、大昔の人間も知っていたと思われる。

指示する語句は、同じ語句や文の繰り返しを避けるために使われるよ。
どっちも「段落」だよ。

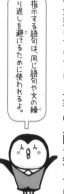

③**段落の要点**をつかみましょう。

形式段落＝行の初めが一字下げになっているまとまり。

意味段落＝形式段落を意味でひとまとまりにしたもの。

下の文章は1〜5の形式段落からできています。意味段落の切れ目を確かめてみましょう。

1 日本には山地や山脈が多い。
2 山は人々の暮らしと密接に関わってきた。

（意味段落の切れ目）

3 中でも、富士山は多くの人々を魅了してきた。
4 昔の書物にも富士山についての記載があり、信仰の対象でもあったことがわかる。

（意味段落の切れ目）

5 これからも山を愛する民族でいたい。

日本人と山 / 富士山について / 結論

④**結論**をとらえましょう。

●**説明的文章の構成の型**

【**頭括型**】初めに**結論**がある。

結論→具体例や説明

【**尾括型**】終わりに**結論**がある。

具体例や説明→結論

【**双括型**】初めと終わりに**結論**が繰り返される。

結論→具体例や説明→結論

読解

● 詩・短歌・俳句

詩とは、作者の感動をリズムをもつ形式で表した文学です。

読み取りのポイント

①**用語と形式**をおさえましょう。

● 用語
- **文語詩** 例 われ行かん。
- **口語詩** 例 私は行こう。

● 形式
- **定型詩**…音数や行数にきまりがある。
- **自由詩**…音数や行数にきまりがない。
- **散文詩**…普通の文章の形で書かれる。

②**表現技法**が使われている箇所とその効果をとらえましょう。

比喩 例 絵のように美しい。

反復 例 高く、高く

短歌とは、五・七・五・七・七の三十一音で詠まれた定型詩で、一首、二首と数えます。

読み取りのポイント

● **表現技法**に注目しましょう。

例 夕焼け空焦げきはまれる下にして
こほらんとする湖の静けさ　島木赤彦

＝ 体言止め

俳句とは、五・七・五（十七音）の音数で詠まれた定型詩で、一句、二句と数えます。

読み取りのポイント

①**季語**から季節を読み取りましょう。

②「**けり**」「**かな**」「**や**」などの言葉（**切れ字**）に注目しましょう。

例 赤い椿白い椿と落ちにけり　河東碧梧桐

椿＝季語（春）

けり＝（落ちてしまったなあ、という感動を表す。）

くわしく見てみよう!

読解に役立つ用語【小説の読解】

見出し語	意味・役割
□ 設定	小説の内容のうち、いつ(時代)・どこで(場所)・誰が(どんな登場人物か)に当たる部分。
□ あらすじ	小説などの大体の内容。いつ・どこで・誰が・どうしたかをおさえることでとらえられる。
□ 場面	小説全体を時や場所などの違いによっていくつかに区切ったもの。複数の場面から成る作品が多い。
□ 登場人物	小説に出てくる人(動物や物のことも)のこと。中心人物をおさえると話の展開がつかみやすい。
□ 中心人物	物語のほとんどの場面に出てきて、心の動きが描かれている、主だった登場人物。主人公。
□ 語り手	物語を語り進める存在。登場人物の一人であったり、作中に登場しない第三者であったりする。

ポイント 時代や場所が、小説の中の出来事の意味に大きく影響を与えます。

場面の状況や移り変わりをとらえることが、深い読み取りにつながるよ。

ポイント 作者自身の思いが、主人公の言動を通じて表されている作品も多くあります。

ポイント 「私が子どものときのことです。村に三郎という子がいて……。」という文章の語り手は「私」。

見出し語	意味・役割	
□ 視点	物事を見たり考えたりするときの立場。誰の視点かによって出来事のとらえ方が変わる。	
□ 会話文・地の文	登場人物が話す言葉が会話文で、原則として「　」で表される。会話文以外の部分が地の文。	ポイント 独り言や心の中で思っただけの言葉も、会話文としてとらえることがあります。
□ 描写	場面の風景や、登場人物の気持ちや様子などを詳細に描くこと。	
□ 事件（出来事）	登場人物が行動したり体験したりすること。また、その場面設定内で起こる世の中の動き。	ポイント 小説は中心となる出来事の推移で、展開していきます。
□ 変容	登場人物の気持ちや様子、場面の状況などが変わること。	ポイント なんらかの変化が、話の流れを大きく変えるきっかけになります。
□ 結末	最後に事件（出来事）がどうなったか、登場人物にどんな気持ちの変化があったかということ。	
□ 心情	心の中で感じる思い。気持ち。登場人物の気持ちだが、語り手の気持ちが含まれることもある。	

説明的文章の「結論」と区別しよう。

用語	意味
□ 情景	その場面の風景や様子。登場人物の気持ちが投影されていることが多い。
□ 基本構成	設定がわかる初めの部分、話が展開する部分、結末の三つからできていることが多い。
□ 伏線	あとで出てくる内容や登場人物などを、前のほうでそれとなく出しておくこと。
□ 山場	話の展開でいちばん盛り上がる重要な部分。クライマックス。
□ 人物関係図	登場人物の関係をまとめたもの。親子など立場上の関係や、愛憎などで結び付いている関係がある。
□ 人物像	登場人物の人となりを表す、人柄、年齢、職業、容姿など。人物の特徴。
□ 作者	その小説の書き手。随筆では書き手が語り手になり登場もするが、小説では登場することはまれ。

ポイント 伏線を用いることで、読者の興味を最後まで持続させ、また、読んだあとに納得させる効果があります。

山場は、主題をとらえるための重要な場面だよ。

ポイント 人物像をつかむことで、登場人物の言動の意味を理解できるようになります。

ポイント 随筆の場合は「筆者」と呼びます。

見出し語	意味・役割
□ 象徴（しょうちょう）	抽象（ちゅうしょう）的な内容を、具体的な物事にイメージを重ねることで表現すること。
□ 題名	作品に付けられた名前。小説では主題を象徴するような内容が題名になることが多い。
□ 主題	作品を通じて作者が表そうとしている事柄（ことがら）。テーマ。最も盛り上がる場面で表されることが多い。

【説明的文章の読解】

見出し語	意味・役割
□ 題名	文章に付けられた名前。「〜とは何か」「〜について」など、テーマそのものを表すものが多い。
□ 段落	文章を内容で区切ったひとまとまり。区切る条件によって形式段落と意味段落の二種類がある。 ワンポイント 関連 形式段落・意味段落
□ 形式段落	行の初めが一字下げになっているまとまり。単に「段落」というときは形式段落のこと。

□ **意味段落**
形式段落を意味でひとまとまりにしたもの。

ポイント 中心となる話題が共通しているか、文章全体の中での役割はどうか、などの点で関連のあるまとまりとなっています。

□ **要点**
大事な点。「段落の要点」というときは、その段落の最も中心となる大事な内容。

□ **要約**
文章全体の内容を短くまとめること。段落ごとの要点をつないでいくと、要約することができる。

ポイント 序論・本論・結論などの流れがわかるようにまとめます。

□ **キーワード**
テーマに深い関わりのある重要な語句。

ポイント 何度も繰り返し出てくる言葉はキーワードである可能性が高いといえます。

□ **キーセンテンス**
テーマに深い関わりのある重要な文。

「キーセンテンス」は「キーワード」と同じ役割をするよ。

□ **序論**
文章の最初の部分。これから説明する事柄について の話題を提示して、読み手の興味を引き出す。

□ **本論**
文章の中心部分。序論で出された話題について、事実を示しながらくわしく説明していく。

見出し語	意味・役割
□ 結論	筆者がその文章で最も伝えたいこと。多くは文章の最後にある。 ポイント 関連 頭括型・尾括型・双括型
□ 基本構成	話題を示す序論、くわしく説明する本論、全体をまとめる結論による構成。
□ 頭括型	初めに結論があり、それから具体的に説明している文章の構成。 ポイント 結論を知ってから読むので、書いてあることが理解しやすい構成です。
□ 尾括型	具体的に説明したあと、終わりに結論をまとめている文章の構成。「基本構成」で示したのはこの型。
□ 双括型	初めと終わりで結論を繰り返し、中で具体的な説明をしている文章の構成。
□ 展開	文章の流れ方。説明的文章では序論・本論・結論、小説では起・承・転・結という流れが基本。
□ 対比	違う内容を並べて比べること。物事の特徴を明らかにしたり、考えを深めたりするのに役立つ。

双括型は、結論を繰り返しているので、いちばん丁寧な説明だといえるね。

□ **具体的**

形や内容がはっきりしている様子。説明的文章では、例を挙げてくわしくすること。対義語 抽象的（ちゅうしょう）

ポイント 個々の形や内容が「具体」、それらを一般化した内容が「抽象」。

□ **抽象的（ちゅうしょう）**

いくつかの事象に共通する性質を抜き（ぬ）出して、一（いっ）般（ぱん）化して考える様子。対義語 具体的

□ **要旨（ようし）**

説明的文章の中心となる内容をまとめたもの。結論の段落を中心にまとめる。

ポイント 各段落の要点の内容を、取捨選択（せんたく）しながら、結論とその根拠としてまとめたもの。

□ **意見**

ある出来事などに対する筆者の考え。事実や具体例を根拠（こんきょ）に挙げて説得力を出すことが多い。

□ **事実**

実際に起こったことがはっきりしている出来事や現象。

□ **理由**

出来事や現象が起こった原因や経緯（けいい）。事実や意見とともに理由を示すことで論理的な文章になる。

□ **文末表現**

文の終わりの言い方。事実を述べた文なのか意見を述べた文なのかを区別する手がかりになる。

文末が「〜と考えられる」「〜ではないか」などとなっていたら、意見だと判断できるよ。

見出し語	意味・役割	ポイント
□ 話題	話の中心となる事柄（ことがら）。「何についての説明か」など考えながら読むことでとらえられる。	説明文では、基本的に文章の初めで提示されます。
□ 引用	他の人の言葉や文章を、自分の意見を明確にするために使うこと。自分の主張を補うことができる。	引用した部分は「　」でくくるなどして、筆者が書いた文と区別する必要があります。
□ 指示語（指示する語句）	「この」などの指し示す語句。すぐ前の語句を指すことが多いが、あとの内容や段落を指すこともある。	指示語が指す内容をとらえることで、文章の正確な読み取りができます。
□ 接続語（接続する語句）	語句と語句、文と文、段落と段落をつなぐ語句。前後のつながりをとらえるよい手がかりになる。	
□ 根拠（こんきょ）	考えのもととなる事実。「根拠→だから→意見」「意見→なぜなら→根拠」などの形で表される。	
□ 筆者	説明的文章・随筆（ずいひつ）の書き手のこと。	 関連 作者

「すると」「しかし」などの接続詞のほか、「要するに」「例えば」といった副詞（ふくし）なども含むよ。

【詩歌の読解】

- □ **題名**
  詩に付けられた名前。詩では、題名に主題を理解する大きなヒントが隠されていることが多い。

- □ **リズム**
  音数や音の強弱などで生じる調子。詩は声に出して読んだときに読みやすいリズムをもつ。
  ワンポイント 短歌は五・七・五・七・七、俳句は五・七・五の決まったリズムで作ります。

- □ **連**
  詩を内容で区切ったひとまとまり。説明的文章の「意味段落」と同じ役割。連と連の間は一行空き。

- □ **比喩**
  あるものを別のものにたとえた表現方法。「～ようだ」などを使う直喩と、使わない隠喩がある。
  ワンポイント 直喩＝例 山のような荷物。
  隠喩＝例 氷の心をもつ。

- □ **擬人法**
  比喩の一つで、人間でないものを人間に見立てて表現する方法。例 太陽が笑っている。

  風がほおをなでる。

- □ **擬声語**
  ものの音や生き物の声などをまねて表した語。
  例 ザーザー・ワンワン
  ワンポイント 擬声語は、普通、片仮名で書きます。

- □ **擬態語**
  ものの様子や状態をそれらしく表した語。
  例 ひらひら（飛ぶ。）　すやすや（眠る。）
  ワンポイント 擬態語は、普通、平仮名で書きます。

見出し語	意味・役割	ポイント
□ 体言止め	文末や句末を体言（名詞）で終わらせる表現方法。例 長く伸びる影。	ポイント 最後の言葉の印象を深め、余韻を残す効果があります。
□ 倒置	語順を普通の文とは逆にする表現方法。例 行こう、あの山へ。（普通の文：あの山へ行こう。）	先に持ってきた部分を強調する効果があるよ。
□ 反復	同じ語句や似た語句を繰り返す表現方法。例 流れていく。流れていく。	ポイント リズムを生むと同時に、その表現の印象を強めます。
□ 対句	形からも内容からも対応する語句や文を並べて、リズムを生む表現方法。例 空は高く、海は広い。	
□ 季語	俳句などで季節を表す言葉。俳句では、一句に季語を一つ入れることが原則とされている。	ポイント 短い言葉で豊かにイメージを広げる効果があります。
□ 句切れ	短歌や俳句で、一首または一句の途中で意味の流れが切れるところ。	ポイント 句点（。）が付けられるようなところを考えます。
□ 切れ字	俳句で、一句の切れ目や末尾にあり、言い切る働きをする言葉。感動や強調を示す。	ポイント 助詞「や・ぞ・かな・か」、助動詞「けり・なり・たり」などは切れ字です。

編

〈古文のポイント〉

歴史的仮名遣い（かなづかい）

古文で使われる仮名遣いを歴史的仮名遣いといいます。歴史的仮名遣いは表記と発音が異なる場合があります。

歴史的仮名遣いを読むときの原則

①語の頭以外にある「**は・ひ・ふ・へ・ほ**」は「わ・い・う・え・お」と読む。

あはれ → あわれ
（語の頭以外にあるハ行音の「は」→「わ」）

は→わ
ひ→い
ふ→う
へ→え
ほ→お

例
おはす→おわす
こひ（恋）→こい
おもふ（思ふ）→おもう
たまへ（給へ）→たまえ
とほる（通る）→とおる

②「**ぢ・づ**」は「じ・ず」と読む。

ぢ→じ
づ→ず

例
もみぢ→もみじ
しづか（静か）→しずか

③「**ゐ・ゑ・を**」は「い・え・お」と読む。

ゐ→い
ゑ→え
を→お

例
まゐる（参る）→まいる
ゑまき（絵巻）→えまき
をとこ（男）→おとこ

④「**くわ・ぐわ**」は「か・が」と読む。

くわ→か
ぐわ→が

例
くわし（菓子）→かし
しぐわつ（四月）→しがつ

⑤「**au・iu・eu・ou**」は「ô・yû・yô・ô」と読む。

au→ô
iu→yû
eu→yô
ou→ô

例
やうす（様子）（yau）→ようす（yô）
ちうや（昼夜）（tiu）→ちゅうや（tyû）
れうり（料理）（reu）→りょうり（ryô）
おうず（応ず）（ou）→おうず（ô）

五十音図

古文では、ワ行を平仮名では「わゐうゑを」、片仮名では「ワヰウヱヲ」と表記します。

平仮名

あ	い	う	え	お
か	き	く	け	こ
さ	し	す	せ	そ
た	ち	つ	て	と
な	に	ぬ	ね	の
は	ひ	ふ	へ	ほ
ま	み	む	め	も
や	い	ゆ	え	よ
ら	り	る	れ	ろ
わ	ゐ	う	ゑ	を
ん				

片仮名

ア	イ	ウ	エ	オ
カ	キ	ク	ケ	コ
サ	シ	ス	セ	ソ
タ	チ	ツ	テ	ト
ナ	ニ	ヌ	ネ	ノ
ハ	ヒ	フ	ヘ	ホ
マ	ミ	ム	メ	モ
ヤ	イ	ユ	エ	ヨ
ラ	リ	ル	レ	ロ
ワ	ヰ	ウ	ヱ	ヲ
ン				

語句の省略

古文では、主語・述語・助詞が省略されることが多くあります。文脈に応じて、言葉を補って読み進めましょう。

語句の省略の種類

（□は省略されている語句）

①主語の省略

例 もと光る竹なむ一筋ありける。（翁（おきな）が）あやしがりて、寄りて見るに……。

〔訳〕根元が光る竹が一本あった。翁が不思議に思って、近寄って見ると……。

②述語の省略

例 春はあけぼの（をかし）。

〔訳〕春は明け方が趣（おもむき）がある。

③助詞の省略

例 やうやう白くなりゆく山ぎは（が）、すこしあかりて……。

〔訳〕だんだんと白んでいく山ぎわが、少し明るくなって……。

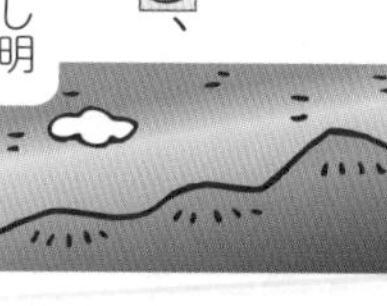

係り結び

古文では、文中に係りの助詞の「ぞ・なむ・や・か」があると文末を連体形、「こそ」があると文末を已然形（いぜんけい）で結びます。これを係り結び（の法則）といいます。

係り結びの種類

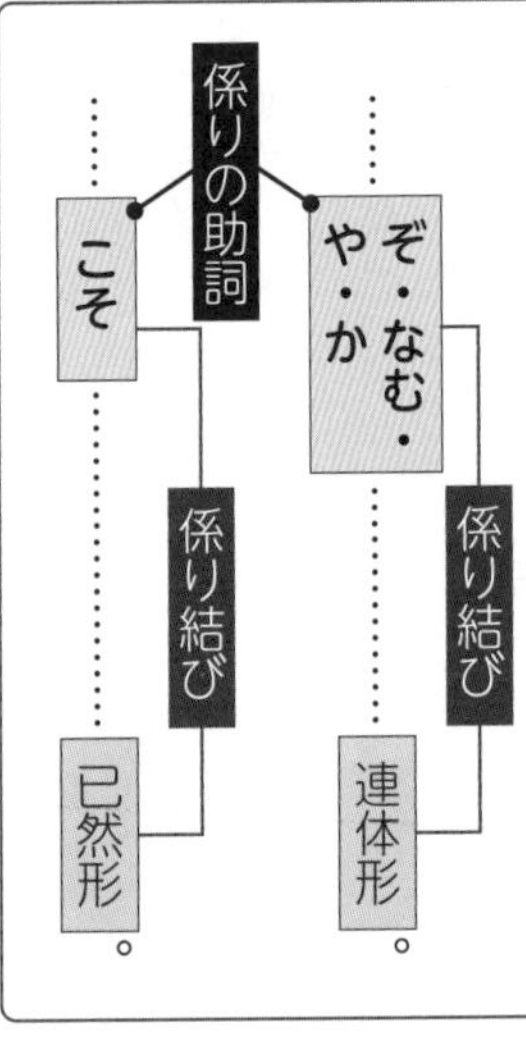

係り結びは、**強調**・**疑問**・**反語**を表します。

反語とは、結論がありながら、疑問の形をとった表現。「～だろうか、いや、～ない。」という意味を表します。

係りの助詞	結び	意味	例文
ぞ なむ	連体形	強調	・扇（あふぎ）は空へぞ上がりける。 〔訳〕扇は空へと舞い上がった。 ・昨日なむ都へ来つる。 〔訳〕まさに昨日、都へ来た。
や か		疑問 反語	・いづれの山か天に近き。 〔訳〕【疑問】どの山が天に近いのか。 ・彼に劣るところやある。 〔訳〕【反語】彼に劣るところがあるだろうか、いや、ない。
こそ	已然形	強調	・尊くこそおはしけれ。 〔訳〕誠に尊くていらっしゃいました。

已然形とは、確定した条件を示す形だよ。

古文の敬語

古文には、現代語より敬語（尊敬語・謙譲語・丁寧語）が多く使われています。

敬語の種類

① **尊敬語**…相手を直接敬う言い方。

例 泣きたまふ。

〔訳〕お泣きになる。

② **謙譲語**…自分がへりくだって、相手を高める言い方。

例 文にて申す。

〔訳〕手紙にて申し上げる。

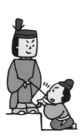

③ **丁寧語**…丁寧な気持ちを表す言い方。

例 言葉をかけはべりしを……。

〔訳〕言葉をかけましたのを……。

+α で覚えよう！ よく使われる敬語

種類	語句	意味	例文
尊敬語	おはす	いらっしゃる	・聖おはしけり。〔訳〕聖がいらっしゃった。
	のたまふ	おっしゃる	・かくのたまふ。〔訳〕そうおっしゃる。
謙譲語	まゐる	参上する	・東宮にまゐる。〔訳〕東宮に参上する。
	聞こゆ	（人名など）申し上げる お呼びする	・光る君と聞こゆ。〔訳〕光る君と申し上げる。
丁寧語	さぶらふ	～ます ～ございます	・恥を見さぶらふ。〔訳〕恥をかきます。
	はべり	～ます ～ございます	・果たしはべりぬ。〔訳〕果たしました。

昔は厳しい身分制度があり、相手と自分との関係によって言葉が使い分けられていたため、多くの敬語表現が生まれました。

〈漢文のポイント〉

漢文

主に中国の昔の文語体(書き言葉)で書かれた文章を漢文といいます。

漢文を読むために

日本人は、漢文を日本語の文として読めるように、語順を示すための符号(ふごう)を付けたり、送り仮名(がな)を補ったりする工夫をしました。このようにして、漢文を日本語の文として読むことを訓読するといいます。

白文(はくぶん)	漢字だけが並んでいる、もとのままの漢文(原文)。
訓読文	白文に訓点(句読点・送り仮名・返り点)を付けて、日本語の文として読めるようにした文。
書き下(くだ)し文	訓読文を漢字仮名交じり文で書き改めた文。

白文

例 我与彼書

訓読文

例 我与(あた)フ二彼(かれ)ニ書ヲ一。

歴史的仮名遣い
読み仮名 平仮名で書く
送り仮名 片仮名で書く
返り点

白文・訓読文・書き下し文を区別しよう。

書き下し文

例 我彼に書を与ふ。

返り点

漢文の語順を日本語の語順に改めるために、漢字の左下に付けた符号を返り点といいます。

返り点の種類

返り点には、レ(れ)点、一・二点、上・下点などがあります。（例の①②③…の数字は読む順番を示す。）

● レ点　**レ**の下の一字を先に読み、上に返ります。

例　人 登ルレ 山ニ。
①③②

書き下し文　人山に登る。

実践！　2 1レ 3 5 4レ。
1 4 3レ 2レ 5。

読む順番を確かめよう

好ムレ学ヲ。

学を好む。

● 一・二点…**二**の付いた字をとばして**一**の付いた字まで先に読み、**二**の付いた字に返ります。

例　借ル(かル)二 虎(とら)ノ 威(ゐ)ヲ一 狐(きつね)。
③①②④

書き下し文　虎の威を借る狐。

実践！　1 2 5二 3 4一。
3二 1 2一 6二 4 5一。

● 上・下点…**一**・**二**の付いた字を挟(はさ)んで、**上**の付いた字から**下**の付いた字に返ります。

例　有リ下 朋(とも) 自(より)二 遠 方一 来タル上、
⑥①④②③⑤

書き下し文　朋遠方より来たる有り、

実践！　5下 3二 1 2一 4上。
6下 3二 1 2一 4 5上。

古典

漢詩の形式と構成

主に中国の昔の詩を漢詩といいます。代表的な形式として絶句と律詩があります。

【形式】

絶句 四句(行)からなる	五言絶句	一句が五字
	七言絶句	一句が七字
律詩 八句(行)からなる	五言律詩	一句が五字
	七言律詩	一句が七字

【構成】 絶句の構成を「起・承・転・結」といいます。

- 第一句 **起句** 情景を歌い起こす
- 第二句 **承句** 起句を承けて発展する
- 第三句 **転句** 内容を転じる
- 第四句 **結句** 全体をまとめて結ぶ

絶句　杜甫

江碧鳥逾白
山青花欲然
今春看又過
何日是帰年

〔訳〕川は深緑に澄み、川の色を背景に鳥はいっそう白く見える。
山は青々として、花は燃えるように赤い。
今年の春も、みるみるうちに過ぎてゆく。
(私は)いつ故郷に帰れるのだろうか。

八句からなる律詩は、二句ずつ四つのまとまりになって、「起・承・転・結」を表します。

+α で覚えよう! 漢詩の表現技法

対句…用語・組み立てが対応した二句を並べる技法。

	地形	色彩	生物		色彩
起句	江	碧	鳥	逾	白
承句	山	青	花	欲	然

押韻…特定の位置に同じ音や似た響きの字を置く技法。

江碧鳥逾白
山青花欲然 → ゼン(zen)
今春看又過
何日是帰年 → ネン(nen)

押韻の原則

五言絶句 偶数の句末	七言絶句 第一句と偶数の句末	五言律詩 偶数の句末	七言律詩 第一句と偶数の句末
○○○○○ ○○○○● ○○○○○ ○○○○●	○○○○○○● ○○○○○○● ○○○○○○○ ○○○○○○●	○○○○○ ○○○○● ○○○○○ ○○○○● ○○○○○ ○○○○● ○○○○○ ○○○○●	○○○○○○● ○○○○○○● ○○○○○○○ ○○○○○○● ○○○○○○○ ○○○○○○● ○○○○○○○ ○○○○○○●

漢文特有の言い回し

漢文を訓読するときの基本的な文体は、古文と同じ文語体です。

ここでは、漢文特有の言い回しを覚えましょう。

●会話の引用

〜曰はく〜と。
〔訳〕〜が言う〈言われる〉には〜と。

例 子曰はく、「過ちて改めざる、是を過ちと謂ふ。」と。

〔訳〕先生が言われるには、「過ちをしたことに気がついても改めない、これを過ちという。」と。

●否定

〜非ず。
〔訳〕〜ではない。

例 人は木石に非ず、皆情有り。

〔訳〕人は木や石ではない、皆、感情をもっている。

●禁止

〜(こと)勿かれ。
〔訳〕〜ことをしてはいけない。

例 己の欲せざる所、人に施すこと勿かれ。

〔訳〕自分の望まないことを人にしてはいけない。

●原因・結果

〜ば則ち…。
〔訳〕〜であるならば…。

例 学びて思はざれば則ち罔し。

〔訳〕学ぶだけで、その内容をよく考えて研究しなければ、理解があやふやになる。

●反語

安くんぞ〜。
〔訳〕どうして〜だろうか、いや、〜ない。

例 子安くんぞ能く之が足を為さん。

〔訳〕あなたは、どうして蛇の足を描けるだろうか、いや、描けない(描けたならば、蛇ではない)。

古典

くわしく見てみよう！

重要古文単語

見出し語	意味	現代語の例文で覚えよう！
□ **あく（飽く）** 動詞	①満足する。②飽きる。	おいしいものをたくさん食べて、すっかり**あく**（満足する）。
□ **あさまし** 形容詞	①驚きあきれる。②情けない。	もうこんな時間だなんて、**あさまし**（驚きあきれる）。
□ **あし（悪し）** 形容詞	悪い。	私の視力は**あし**（悪い）。
□ **あそぶ（遊ぶ）** 動詞	詩歌や管弦、宴会などを楽しむ。	ギターセッションで**あそぶ**（楽しむ）。
□ **あはれなり** 形容動詞	しみじみと、趣を感じる。	紅葉した山は**あはれなり**（しみじみと趣深い）。
□ **あまた** 副詞	①たくさん。②非常に。	**あまた**（たくさん）のスポーツの中でも、野球が最も好きだ。

ワンポイント　現代語の「あさましい」は悪い意味で使いますが、古語の「あさまし」は、良い意味でも悪い意味でも使います。

ワンポイント　しみじみと深く感じる喜びや悲しみ、楽しみなど、さまざまな感情を表します。現代語の「あわれ」と同じく、「気の毒だ」という意味もあります。

□ **あやし** 形容詞
①不思議だ。②身分が低い。
こんなところから音がするなんてとても**あやし**（不思議だ）。

□ **あらまほし** 形容詞
望ましい。
健康でいることが**あらまほし**（望ましい）。

□ **ありがたし** 形容詞
めったにない。珍（めず）しい。
弟が満点を取ることは**ありがたし**（めったにない）。

ポイント 漢字で書くと「有り難（がた）し」。「存在するのが難しい。」というのが元の意味。めったにない幸運に感謝する気持ちから、現代語の「ありがたい」の意味が生じました。

□ **いかばかり** 副詞
どれほどに。どんなにか。
あの人は**いかばかり**（どれほどに）音楽が好きなんだろう。

□ **いたく** 副詞
①ひどく。②うまく。
今朝は**いたく**（ひどく）寝坊（ねぼう）をしてしまった。

□ **いたづら（ズ）なり** 形容動詞
①無駄（むだ）だ。②むなしい。
晴れの日の傘（かさ）は**いたづらなり**（無駄だ）。

ポイント 現代語の「いたずら（悪ふざけ）」に当たる意味はありません。

□ **いと** 副詞
非常に。
いと（非常に）おいしいケーキ。

現代語の「怪（あや）しい」との意味の違（ちが）いに注意しよう。

見出し語	意味	現代語の例文で覚えよう！
□いとし（愛し）形容詞	①かわいい。②気の毒だ。	うちの猫は本当にいとし。（かわいい）
□いとほし（オ）形容詞	①気の毒だ。②嫌だ。③かわいい。	けがをしたなんて、いとほし。（気の毒だ）
□いみじ 形容詞	①甚だしい。②良い。③ひどい。	休日の人出はいみじ。（甚だしい）
□うし（憂し）形容詞	①つらい。②煩わしい。	早起きはうし。（つらい）
□うつくし 形容詞	①いとしい。②愛らしい。	おしゃべりしているインコが、うつくし。（愛らしい）
□おとなし（大人し）形容詞	①おとなびている。②思慮深い。	姉の選んだ服は、とてもおとなし。（おとなっぽい）
□おどろく 動詞	①はっと気がつく。②びっくりする。	新芽を見て、春の訪れにおどろく。（はっと気づく）

ワンポイント　つらい立場にある人に対して、「かわいそうだ」「気の毒だ」と同情の気持ちを表すのが、元の意味です。

ワンポイント　現代語と同じように、「美しい」「きれいだ」という意味もあります。

「おどろく」には「目が覚める」という意味もあるよ。

□おぼゆ（覚ゆ）動詞	①思われる。感じられる。②思い出される。	なんだか眠（ねむ）いように**おぼゆ**（感じられる）。
□おもしろし 形容詞	①趣（おもむき）がある。②楽しい。	かすみが広がる湖の光景は**おもしろし**（趣がある）。
□かち（徒歩）名詞	歩いていくこと。徒歩。	今日はバスではなくて**かち**（徒歩）で行こう。
□かなし 形容詞	①かわいい。②悲しい。	我が子を**かなし**（かわいい）と思う母の愛情。
□けしき（気色）名詞	①自然の様子。②人の様子や表情。	先生の**けしき**（表情）を探る。
□げに 副詞	本当に。なるほど。	昨日は**げに**（本当に）暑かった。
□けり 助動詞	①〈過去〉…た。②〈詠（えい）嘆（たん）〉…だったのだなあ。	小学校時代は昔のことに**なりにけり**（なったのだなあ）。

ポイント　現代語にはない「かわいい」の意味がよく出題されます。

ポイント　「げに。」で、「本当に、まあ。」という感動を表すこともあります。

見出し語	意味	現代語の例文で覚えよう！
□ **こころう（心得）** 動詞	①理解する。②心得（こころえ）がある。	一輪車に乗るのはなかなか難しいと**こころう**。（理解する）
□ **こころうし（心憂し）** 形容詞	①つらい。②不快だ。	決勝戦で敗退して、**こころうし**。（つらい） ポイント　同じ意味の言葉に「うし（憂し）」があります。
□ **さうざうし**（ソウゾウ） 形容詞	物足りない。寂（さび）しい。	おかずが一品だけでは、**さうざうし**。（物足りない） ポイント　現代語の「そうぞうしい」とは関係のない言葉です。
□ **さらなり** 形容動詞	言うまでもない。もちろんだ。	肉が大好きだ。すき焼きは**さらなり**。（言うまでもない）
□ **すさまじ** 形容詞	①興ざめだ。②殺風景だ。	話の結末を先に言われてしまうと**すさまじ**。（興ざめだ） ポイント　現代語の「すさまじい」と同じように、「ものすごい」「激しい」という意味もあります。
□ **たけし** 形容詞	①勇ましい。強気だ。②勢いが盛んだ。	うちの犬は、小さい割に**たけし**。（勇ましい）
□ **だに** 助詞	①せめて…だけでも。②…でさえ。	主役は無理でも、舞台（ぶたい）に**だに**立ちたい。（せめて…だけでも）

□**たまのを（玉の緒）** 名詞

①玉を通すひも。②命。

たまのを〔命〕の尽きるまで、力いっぱい生きるぞ。

ポイント 「緒」はひものこと。「玉」に「魂（たま）」をかけ、「魂」を体につないでおく「緒」という意味から、「命」も表すようになりました。

□**たり** 助動詞

①〈完了〉…た。…てしまった。②〈存続〉…ている。

今日はすっかり疲れ〔疲れた〕**たり**。

□**つきづきし** 形容詞

ふさわしい。似つかわしい。

この映画にあの音楽は**つきづきし**〔ふさわしい〕。

□**つとめて** 名詞

①早朝。②翌朝。

今日は**つとめて**〔早朝〕からランニングした。

ポイント 「早朝」なのか「翌朝」なのかは、文脈から判断しましょう。

□**つれづれなり** 形容動詞

することがなく手持ちぶさただ。所在ない。

見たいテレビ番組もなくて、**つれづれなり**〔手持ちぶさただ〕。

□**とく** 副詞

①すぐに。急いで。②既に。

留守番をしなければならないので、**とく**〔急いで〕帰る。

□**ながむ（眺む）** 動詞

ぼんやりと見やる。物思いにふける。

あの人も同じ景色を見ているだろうかと、夕日を**ながむ**〔ぼんやりと見やる〕。

「つれづれなるままに……」から始まる『徒然草』でおなじみの言葉だね。

見出し語	意味	現代語の例文で覚えよう！
なり 助動詞	①〈断定〉…である。 ②〈存在〉…にある。	父は今、四十五歳**なり**。（である）
ぬ 助動詞	①〈完了〉…てしまった。 ②〈強調〉きっと…だ。	サッカーのワールドカップは終わり**ぬ**。（終わってしまった）
ねんず（念ず） 動詞	①祈る。②我慢する。	アイドルのコンサートに行けるよう**ねんず**。（祈る）
ののしる 動詞	①大騒ぎする。 ②評判になる。	試合に勝って、みんなで**ののしる**。（大騒ぎする）
はかばかし 形容詞	①てきぱきしている。 ②頼もしい。	私たちの担任の先生は、**はかばかし**。（てきぱきしている）
ふみ（文） 名詞	①手紙。②書物。 ③学問。	メールを送る代わりに、**ふみ**を書いた。（手紙）
べし 助動詞	①〈推量〉…にちがいない。 ②〈意志〉…しよう。	あしたこそは、必ず早起きす**べし**。（早起きしよう）

ワンポイント「…ぬ…ぬ」の形で、「…たり…たり」という並列の意味を表すこともあります。例えば、「浮きぬ沈みぬ」の訳は、「浮いたり沈んだり」になります。

ワンポイント 現代語の「ののしる」と同じような意味で使う場合もあります。

「ラブレター」を古風に言うと、「恋文」となるよ。

古典

□めづ(ズ)らし	形容詞	①すばらしい。②めったにない。	あのバンドの演奏は、いつ聴(き)いても**めづらし**（すばらしい）。
□めでたし	形容詞	すばらしい。	くっきりとした富士山(ふじさん)の眺(なが)めが、実に**めでたし**（すばらしい）。
□やう(ヨウ)やう(ヨウ)	副詞	①だんだん。②やっと。	七月に入り、暑い日が**やうやう**（だんだん）増えてきた。
□やがて	副詞	①そのまま。②すぐに。	家に帰ると、**やがて**（そのまま）眠(ねむ)ってしまった。
□やむご(ン)となし	形容詞	①高貴だ。②放っておけない。	泣きじゃくる子どもは**やむごとなし**（放っておけない）。
□ゆかし	形容詞	①見たい。②聞きたい。③知りたい。	話題の映画の批評を目にして、**ゆかし**（見たい）と思う。
□よし	形容詞	①立派だ。②美しい。③優れている。	スーツを着た兄は**よし**（立派だ）。

ポイント 現代語のように「まもなく」という意味も表すようになったのは、江戸(えど)時代になってからです。

ポイント 文脈によって、知りたい、見たい、聞きたい、会いたいなど、いろいろな意味になります。

見出し語	意味	現代語の例文で覚えよう！
□よはひ（ワイ）名詞	①年齢（ねんれい）。②寿命（じゅみょう）。	僕（ぼく）の父と母の**よはひ**（年齢）は同じだ。
□よも 副詞	まさか。いくらなんでも。	我がチームが負けるなんてことは、**よも**（まさか）あるまい。
□よろし 形容詞	悪くない。	今回のテストの結果は、**よろし**（悪くない）。
□よろづ（ズ）（万）名詞	①万。多くの数。②あらゆること。	休日の遊園地には、**よろづ**（たくさん）の人々が来園した。
□わろし 形容詞	良くない。	この服と靴（くつ）の取り合わせは**わろし**（良くない）。
□ゐる（イ）（居る）動詞	①座る・座っている。②じっとしている。	あそこに**ゐる**（座っている）のは誰（だれ）かな。
□をかし（オ）形容詞	①趣（おもむき）がある。②興味深い。③美しい。	真っ赤に紅葉した山々が**をかし**（趣がある）。

ポイント　現代語でも、優雅（ゆうが）な表現として「よわいを重ねる」などと言います。

ポイント　「よし」が絶対的なプラスの評価を表すのに対して、「よろし」は相対的な表現。

「わろし」の対義語は「よろし」。

ポイント　現代語の「おかしい。滑稽（こっけい）だ」の意味もありますが、平安（へいあん）時代にはこの意味ではあまり使われていません。

【古典常識】

旧暦の月の異称と季節

現在の日本の暦は「太陽暦(新暦)」ですが、明治時代に改めるまでは、「太陰太陽暦(旧暦)」が用いられていました。旧暦は、季節の区分も現在とは少し異なっているので、注意が必要です。

季節	月	異称
春	一月	睦月
	二月	如月
	三月	弥生
夏	四月	卯月
	五月	皐月
	六月	水無月
秋	七月	文月(ふみづき・ふづき)
	八月	葉月
	九月	長月
冬	十月	神無月(かんなづき・かみなづき)
	十一月	霜月
	十二月	師走

年中行事

旧暦における代表的な年中行事を、季節ごとに一つずつ挙げて、下の表で説明します。

季節	行事	説明
春	上巳(雛祭り)	三月初めの巳の日。のち、三月三日。女子のための節句で、桃の節句とも。
夏	端午	五月五日。近世以降は男子のための節句とされた。現在の「こどもの日」。
秋	仲秋(中秋)観月	旧暦八月十五日の満月を観賞する日。
冬	追儺(鬼やらい)	大晦日の夜に行われる、鬼を追い払う行事。のち、民間で節分の行事に。

+α(プラスアルファ)で覚えよう! 古典における「花」

古典で「花」という言葉が単独で出てきた場合、桜の花を指すことが多いことを覚えておきましょう。ただし、梅の花を指す場合もあります。

ひさかたの　光のどけき　春の日に
静心なく　花の散るらむ
紀友則

紀友則が詠んだ右の歌の「花」は、桜の花です。しかし、紀友則のいとこである紀貫之が詠んだ次の歌の「花」は、梅の花を指しています。

人はいさ　心も知らず　ふるさとは
花ぞ昔の　香ににほひける
紀貫之

古典

古典の時刻と方位

昔は、十二支を用いて時刻を表していました。平安時代の「定時法」では、一日を十二等分し、一時（二時間）ごとに十二支を当てました。

方位も、十二支で表しました。三百六十度を十二等分し、北の「子」から右回りに十二支が割り当てられています。

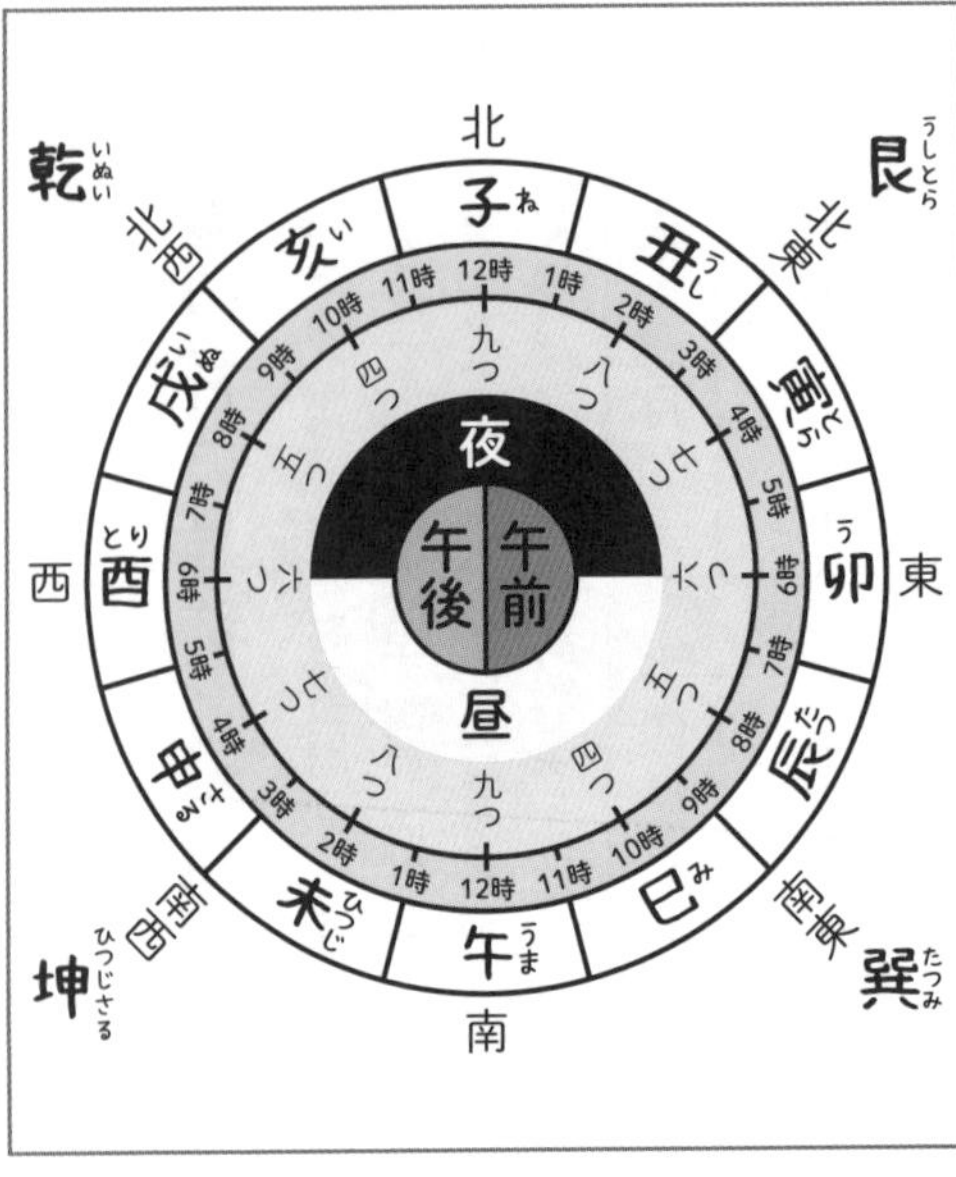

＋α で覚えよう！　方違え

平安時代の貴族社会では、陰陽道（おんみょうどう）が生活の主要な部分を占めていました。陰陽道とは、中国起源の思想に基づいた学問です。日本に伝わると独自の発展を遂げ、占いの要素が強くなりました。陰陽道の使い手として、平安時代の安倍晴明が有名です。

方違えはこの陰陽道の暦に基づくもので、自分にとってその日の目的地が悪い方角に当たる場合、いったん違う方角の場所に行ってそこに泊まり、日を改めて本来の目的地に向かうことをいいます。

方違えに関する記述がある古典を見てみましょう。『枕草子』第二十五段「すさまじきもの」。清少納言が「興ざめだ」と感じるものを書き並べた段です。

「方違へにいきたるに、あるじせぬところ。まいて、節分などは、いとすさまじ。」（方違えで行ったとき、もてなしをしないところ。まして、節分のときなどなら、とても興ざめである。）

季語

季節を表すため、俳句に詠み込むよう定められた言葉が**季語**です。季語は旧暦に基づいているので、現代の季節とはややずれるものもあります。四季のほか、「新年」の季語もあります。

春の季語（現在の二・三・四月頃）

鶯　燕　雲雀　雀の子　子猫　蛙　蛤　蝶　蜂
梅　椿　桜　八重桜　土筆　菜の花　柳　若草
八十八夜　朧月　菜種梅雨　春雨　霞　山笑う

例
菜の花や
月は東に
日は西に　与謝蕪村

夏の季語（現在の五・六・七月頃）

郭公　時鳥　燕の子　雨蛙　鮎　鰻　蠅　蚊　蟬
青葉　若葉　百合　筍　紫陽花　月見草　牡丹
五月雨　梅雨　夕立　雷　風薫る　風鈴　浴衣

例
やれ打つな蠅が手をすり足をする　小林一茶

秋の季語（現在の八・九・十月頃）

啄木鳥　鮭　秋刀魚　虫　鈴虫　蜻蛉　馬肥ゆる
朝顔　芒　梨　柿　椎茸　紅葉　紅葉狩　案山子
名月　月見　天の川　七夕　稲妻　霧　山粧う

例
名月や
池をめぐりて
夜もすがら　松尾芭蕉

冬の季語（現在の十一・十二・一月頃）

鶴　千鳥　白鳥　熊　狐　狸　鮪　鮟鱇　牡蠣
山茶花　寒椿　大根　人参　蜜柑　落葉　枯野
節分　除夜　大晦日　霜　雪　凩　焚火　山眠る

例
いくたびも雪の深さを尋ねけり　正岡子規

新年の季語（正月）

初詣　初夢　三が日　門松　松の内　雑煮　鏡開
羽子板　書初　福寿草　若菜摘み　数の子　伊勢海老

例
草の戸にすむうれしさよわかなつみ　杉田久女

古典

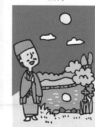

くわしく見てみよう！

平安時代の貴族の一生

誕生

産養い

生後三、五、七、九日目の夜、親族で子どもの誕生を祝う儀式。食べ物や衣服が贈られた。

五十日・百日の祝い

生後五十日目と百日目の祝いの儀式。子ども用の食膳を用意し、父か祖父が餅を子どもの口に含ませる。

袴着

幼児が三歳から七歳の間に、初めて袴を着ける儀式。これ以降は、男女が異なる服装になる。

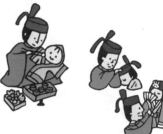

元服・裳着

元服は、男子の成人の儀式。初めて冠をかぶる。裳着は、女子の成人の儀式。初めて裳を着ける。男女とも、現代よりだいぶ早い十代の半ばに、成人となった。

結婚

成人男女が、和歌のやり取りで、まず両思いになる。さまざまな段取りを経て、夜に男性が女性のもとを訪れる。このときが初対面である。三日間通い続けると、結婚成立となった。

算賀

長寿の人を祝う儀式。当時では長寿とされた四十歳から始める。その後、十年ごとに祝う。

出家

俗世間を捨てて、仏門に入ること。多くの貴族は出家してから死を迎えた。

死去

文学史編

時代	成立年	作品	作者・編者
奈良時代	七一二	古事記［史書］	太安万侶
	七一三	風土記編さんの勅命下る［地誌］	編者不明
	七二〇	日本書紀［史書］	舎人親王ら

『古事記』の概要

太安万侶が稗田阿礼の暗誦していた**神話・伝説・歌謡・歴史**を記録。大和朝廷を中心とした歴史書の形にまとめている。現存する日本最古の書。古代人の生き生きとした精神が反映された伝説・物語集としても大きな価値がある。

大国主命がうさぎを助けた「因幡の白うさぎ」のお話は知ってる？
このお話は『古事記』に書かれているんだよ。

『風土記』の概要

元明天皇の命で、諸国がまとめた地誌。各地の風土・産物・伝説などが記されている。現在残っているのは常陸(茨城県)、播磨(兵庫県)、出雲(島根県)、豊後(大分県)、肥前(佐賀県・長崎県)の五か国のものだけである。

『日本書紀』の概要

舎人親王が中心となって編集した歴史書。神代から持統天皇までの時代の出来事を年月の順を追い、史実の記録に重点をおいて記されている。

文学史年表

	奈良時代	平安時代	
年	七五九以降	九〇〇頃	九〇五頃
作品	万葉集【歌集】	竹取物語【物語】	古今和歌集【歌集】
作者	撰者不明	作者不明	紀貫之ら撰

『万葉集』の概要
現存する**日本最古**の歌集。天皇や貴族、兵士、農民など全国各地の幅広い階層の人々の歌が約四五〇〇首、収められている。感じたままを率直に歌った**素朴で力強い**表現が特徴。

代表的な歌を覚えよう！
春過ぎて夏来るらし
白たへの衣干したり
天の香具山
持統天皇

『竹取物語』の概要
「物語の祖」と呼ばれる現存する**日本最古の物語**。竹から生まれたかぐや姫が貴族たちや帝の求婚を拒み、最後は月へ帰るお話。

冒頭を覚えよう！
今は昔、竹取の翁といふものありけり。野山にまじりて竹を取りつつ、よろづのことに使ひけり。

『古今和歌集』の概要
醍醐天皇の命で作られた**最初の**勅撰和歌集。歌数約一一〇〇首。さまざまな技巧を用いた**知的で繊細優美**な歌が多い。

代表的な歌を覚えよう！
人はいさ心も知らず
ふるさとは花ぞ昔の
香ににほひける
紀貫之

時代	成立年	作品	作者・編者
平安時代	平安時代前期	伊勢物語［歌物語］	作者不明
	九三五頃	土佐日記［日記］	紀貫之
	九七四頃	蜻蛉日記［日記］	藤原道綱母
	一〇〇一頃	枕草子［随筆］	清少納言

『伊勢物語』の概要

在原業平と思われる男の一代記。和歌を中心とした小話からなる、**最初の歌物語**。「むかし、男ありけり。」で多くの話が始まる。

『土佐日記』の概要

紀貫之が任地の土佐から京都に帰るまでの船旅をもとに記した日記。男性である作者が**「女性が書いた平仮名の日記」**の形で書いた。平安朝の日記文学の先駆け。

冒頭を覚えよう！
男もすなる日記といふものを、女もしてみむとてするなり。

『蜻蛉日記』の概要

藤原兼家と結婚してからの苦しみや悩み、作者の内面がつづられている。女性が書いた最初の日記文学。

『枕草子』の概要

清少納言が宮仕えをしていた**宮廷生活**を中心に、自然や人生についての感想を、歯切れのよい文章で書いた**随筆集**。

冒頭を覚えよう！
春はあけぼの。やうやう白くなりゆく山ぎは、すこしあかりて、紫だちたる雲のほそくたなびきたる。

平安時代

年	作品	ジャンル	作者
一〇〇八頃	源氏物語	物語	紫式部
一〇六〇頃	更級日記	日記	菅原孝標女
一一一五頃	大鏡	歴史物語	作者不明
一一二〇頃	今昔物語集	説話集	作者不明
一一九〇頃	山家集	歌集	西行法師

『源氏物語』の概要

光源氏の数々の恋と華やかな生涯が宮廷生活を中心に描かれている。全五十四帖(巻)の**長編物語**。

冒頭を覚えよう!
いづれの御時にか、女御、更衣あまたさぶらひ給ひける中に、いとやむごとなき際にはあらぬが、すぐれてときめき給ふ有けり。

『更級日記』の概要

物語に憧れる作者が十三歳で上総(千葉県)から上京し、さまざまな現実に直面した五十二歳までの生涯を回想して書いている。

芥川龍之介の『羅生門』『鼻』は『今昔物語集』のお話をもとにして書かれているんだよ。

『今昔物語集』の概要

日本・中国・インドの**説話**、約一〇〇〇話を収録した日本最大の説話集。当時の貴族や武士、庶民の姿が生き生きと描かれている。各話は**「今は昔」**で書き始められている。

時代	成立年	作品	作者・編者
鎌倉・室町時代	一二〇五	新古今和歌集【歌集】	藤原定家ら撰
	一二一二	方丈記【随筆】	鴨長明
	一二一九頃	宇治拾遺物語【説話集】	作者不明

『新古今和歌集』の概要

後鳥羽上皇の命によって作られた勅撰和歌集。歌数約一九八〇首。心象を**象徴的**に表現した歌が多い。

代表的な歌を覚えよう！

見わたせば
花も紅葉もなかりけり
浦の苫屋の秋の夕暮
藤原定家

『方丈記』の概要

随筆。出家し俗世を離れた方丈（四畳半の広さの部屋）の庵での生活と、戦乱や天変地異から感じた世の無常が記されている。

冒頭を覚えよう！

ゆく河の流れは絶えずして、しかももとの水にあらず。淀みに浮かぶうたかたは、かつ消えかつ結びて、久しくとどまりたるためしなし。

『宇治拾遺物語』の概要

説話集。面白い話が多く、「こぶとり爺さん」や「舌切り雀」の原型となった話も収められている。全一九七話。

太宰治は「こぶとり爺さん」や「舌切り雀」をアレンジした作品を『お伽草子』に書いているよ。

鎌倉・室町時代

年	作品	作者
一二二一以前	平家物語【軍記物語】	作者不明
一二三五頃	小倉百人一首【歌集】	藤原定家撰
一二五四	古今著聞集【説話集】	橘成季
一三三一頃	徒然草【随筆】	兼好法師
一三七二頃	太平記【軍記物語】	作者不明
一四〇〇頃	風姿花伝【能楽書】	世阿弥

『平家物語』の概要

源氏と平家の争いと**平家の栄枯盛衰**を簡潔で調子のよい響きの文章で書いた**軍記物語**。仏教の無常観が基本となっている。**琵琶法師**によって全国に語り広められた。

冒頭を覚えよう！
祇園精舎の鐘の声、諸行無常の響きあり。沙羅双樹の花の色、盛者必衰の理をあらはす。

『徒然草』の概要

序段と二百四十三段の本文から成る随筆集。人生や社会、自然についての感想を心のおもむくままに記している。**仏教的な無常観**が根底に流れている。

冒頭を覚えよう！
つれづれなるままに、日暮らし、硯に向かひて、心にうつりゆくよしなし事を、そこはかとなく書きつくれば、あやしうこそものぐるほしけれ。

『枕草子』『方丈記』『徒然草』は三大随筆といわれているよ。

『風姿花伝』の概要

能の稽古の様子、演技の方法、心得などを論じている能楽書。

時代	成立年	作品	作者・編者
江戸時代	一六八八	日本永代蔵［浮世草子］	井原西鶴
江戸時代	一六九四頃	おくのほそ道［俳諧紀行文］	松尾芭蕉
江戸時代	一七〇三	曾根崎心中 初演［浄瑠璃］	近松門左衛門
江戸時代	一七六五	誹風柳多留［川柳集］	柄井川柳 撰

井原西鶴とは

浮世草子の作者。江戸時代の社会を背景に、恋愛を扱った好色物、義理堅い武士を描いた武家物、町人の生活を描いた町人物がある。人々の悲喜劇を鋭く生き生きと描き出した。

『おくのほそ道』の概要

日本の代表的**紀行文**。門人の曾良と江戸を出発し、大垣に至るまでの約一五〇日間の見聞を文章と俳句でつづっている。

冒頭を覚えよう！
月日は百代の過客にして、行きかふ年もまた旅人なり。

松尾芭蕉とは

俳人。おかしさをねらいとしたそれまでの俳諧を、上品で静かな味わいのある芸術性をもったものとして確立した。

近松門左衛門とは

浄瑠璃・歌舞伎作者。封建社会の中で義理と人情に縛られながらも、愛に生きることを願った人々の悲劇を描いた。

江戸時代

一七七六	雨月物語【読本】	上田秋成
一七九七	新花摘【俳諧・俳文集】	与謝蕪村
一七九八	古事記伝【古事記注釈書】	本居宣長
一八〇二	東海道中膝栗毛【滑稽本】	十返舎一九
一八〇九	浮世風呂【滑稽本】	式亭三馬
一八一四	南総里見八犬伝【読本】	曲亭(滝沢)馬琴
一八一九	おらが春【俳諧・俳文集】	小林一茶

与謝蕪村とは
俳人・画家。画家でもあったので、情景が目の前に浮かぶような**絵画的な句**が多くみられる。

代表的な句を覚えよう！
菜の花や
月は東に
日は西に

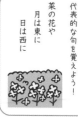

本居宣長とは
国学者。『古事記』の注釈を行い、『古事記伝』を完成させた。『源氏物語』の本質は「もののあはれ」であると説いた。

『東海道中膝栗毛』の概要
弥次郎兵衛と喜多八が江戸から伊勢参りに出て、京都、大阪まで東海道を旅する。二人の珍道中が生き生きと面白く描かれている。

小林一茶とは
俳人。弱者へのいたわりを終生持ち続け、生活の中の感情を率直に歌った**素朴な句**が特色である。

代表的な句を覚えよう！
我と来て
遊べや
親のない雀

時代	成立年	作品	作者・編者
明治時代	一八八五	小説神髄【評論】	坪内逍遥
	一八八七	浮雲【小説】	二葉亭四迷
	一八九〇	舞姫【小説】	森鷗外 ↓114ページ
	一八九一	五重塔【小説】	幸田露伴
	一八九五	たけくらべ【小説】	樋口一葉
	一八九七〜	金色夜叉【小説】	尾崎紅葉
	一八九八	武蔵野【小説】	国木田独歩

『小説神髄』の概要

近代文学についての最初の理論書。人間のあるがままを写しとって、心情と情景を丁寧に描くべきという**写実主義**を説いた。

『浮雲』の概要

『小説神髄』の理論を実現した小説。書き言葉を話し言葉に近づけようとした初の**言文一致体**で書かれた。最初の近代小説。

明治になると文学に対するいろいろな思想が生まれ、それぞれの主義による文学運動が起きたよ。

樋口一葉とは

封建社会の中で生きる女性の姿と心理を描いた。代表作は『大つごもり』『にごりえ』『十三夜』など。

『金色夜叉』の概要

明治期の最も広く読まれた小説。金銭と恋愛をめぐる貫一とお宮を描く。

明治時代

一九〇〇	高野聖［小説］	泉鏡花
一九〇一	みだれ髪［歌集］	与謝野晶子
一九〇二	病牀六尺［随筆］	正岡子規
一九〇六	破戒［小説］	島崎藤村
一九〇六	坊っちゃん［小説］	夏目漱石 ↓114ページ
一九〇七	蒲団［小説］	田山花袋
一九〇九	邪宗門［詩集］	北原白秋
一九一〇	一握の砂［歌集］	石川啄木

与謝野晶子とは

与謝野鉄幹の短歌雑誌「明星」の同人。情熱的な歌人。『源氏物語』の初の現代語訳も完成させた。

代表的な歌を覚えよう！
その子二十
櫛にながるる黒髪の
おごりの春の
うつくしきかな

正岡子規とは

歌人・俳人。写生主義を唱え、短歌と俳句の革新に努めた。

「俳句」という言い方は、子規が作ったんだよ。

島崎藤村とは

詩人として出発。代表詩集に『若菜集』。その後、小説家として人間の内面の醜い部分も描こうとする**自然主義**の作家になった。

石川啄木とは

生活に根ざした感情を、**三行書きの短歌**で表現した歌人。

代表的な歌を覚えよう！
ふるさとの訛なつかし
停車場の人ごみの中に
そを聴きにゆく

時代：大正時代

成立年	作品	作者・編者
一九一三	赤光［歌集］	斎藤茂吉
一九一四	道程［詩集］	高村光太郎
一九一四	こころ［小説］	夏目漱石
一九一五	羅生門［小説］	芥川龍之介
一九一六	高瀬舟［小説］	森鷗外
一九一七	月に吠える［詩集］	萩原朔太郎
一九一八	小さき者へ［小説］	有島武郎

夏目漱石とは

個人の意識に目覚め、自由に生きようとする**近代人の悩み**を描いた。近代文学を代表する文豪。代表作『草枕』『三四郎』など。

『こころ』の冒頭を覚えよう！

私はその人を常に先生と呼んでいた。だからここでもただ先生と書くだけで本名は打ち明けない。

芥川龍之介とは

人間の心の奥にあるものを鋭くえぐり出した。初期の作品は古典説話に題材をとっている。代表作『鼻』『蜘蛛の糸』『河童』など。

『羅生門』の冒頭を覚えよう！

ある日の暮れ方のことである。一人の下人が、羅生門の下で雨やみを待っていた。

森鷗外とは

翻訳・小説・評論と多彩な活躍をした。晩年、**歴史小説**を書き出す。軍医でもある。代表作『即興詩人』『山椒大夫』など。

『高瀬舟』の冒頭を覚えよう！

高瀬舟は京都の高瀬川を上下する小舟である。

大正時代

一九一八	抒情小曲集［詩集］	室生犀星
一九一九	恩讐の彼方に［小説］	菊池寛
一九一九	友情［小説］	武者小路実篤
一九二一	殉情詩集［詩集］	佐藤春夫
一九二一	暗夜行路［小説］	志賀直哉
一九二四	春と修羅［詩集］	宮沢賢治
一九二五	檸檬［小説］	梶井基次郎
一九二六	伊豆の踊子［小説］	川端康成 →116ページ

菊池寛とは

明快なテーマの作品が特徴。芥川賞・直木賞を創設。

武者小路実篤とは

雑誌「白樺」を創刊。**白樺派**の中心的存在。理想を追求する**人道主義**の作家。理想郷「新しき村」を作る。

志賀直哉とは

簡潔な文体と的確な描写が評価され「**小説の神様**」と呼ばれた。白樺派。代表作『小僧の神様』『城の崎にて』など。

白樺派は人道主義の考えをもつ作家たちの集まり。有島武郎もそうだよ。

宮沢賢治とは

詩人・童話作家。生涯を東北で過ごす。**信仰と科学**の知識、独自の**宇宙観**が賢治の世界を作っている。代表作『銀河鉄道の夜』など。

賢治の「雨ニモマケズ」の冒頭を覚えよう！

雨ニモマケズ　風ニモマケ
ズ　雪ニモ夏ノ暑サニモマ
ケヌ　丈夫ナカラダヲモチ
欲ハナク　決シテ瞋ラズ
イツモシヅカニワラツテヰル

時代	成立年	作品	作者・編者
昭和時代	一九二九	蟹工船［小説］	小林多喜二
昭和時代	一九二九	夜明け前［小説］	島崎藤村 →113ページ
昭和時代	一九三四	山羊の歌［詩集］	中原中也
昭和時代	一九三五	雪国［小説］	川端康成
昭和時代	一九三九	歌のわかれ［小説］	中野重治
昭和時代	一九四〇	走れメロス［小説］	太宰治
昭和時代	一九四三	細雪［小説］	谷崎潤一郎

小林多喜二とは
プロレタリア文学の代表的な作家。

昭和の初めは、労働者や農民の解放をめざしたプロレタリア文学が盛んだったんだ。

中原中也とは
フランス象徴派詩人の影響を受け、豊かな詩語と独自のリズムで歌いあげた詩人。代表作「汚れつちまつた悲しみに」など。

川端康成とは
日本の美と心を叙情的な表現で描いた。当時、リアリズムが主流だったので、その感覚的な表現は**新感覚派**と呼ばれた。一九六八年にノーベル文学賞を受賞。

太宰治とは
退廃的で虚無的な影が漂う作品が多く、**無頼派**と呼ばれた。代表作『斜陽』『人間失格』など。

『走れメロス』の冒頭を覚えよう！
メロスは激怒した。必ず、かの邪知暴虐の王を除かなければならぬと決意した。

昭和時代

一九四八	俘虜記［小説］	大岡昇平
一九五二	二十億光年の孤独［詩集］	谷川俊太郎
一九五二	二十四の瞳［小説］	壺井栄
一九五六	金閣寺［小説］	三島由紀夫
一九五八	飼育［小説］	大江健三郎
一九六五	黒い雨［小説］	井伏鱒二
一九六六	沈黙［小説］	遠藤周作
一九七五	岬［小説］	中上健次

『俘虜記』の概要

戦争で捕虜になった体験に基づいて描かれている。戦場の極限の中での人間の心理や行動を描いている。

『二十四の瞳』の概要

小豆島に赴任した大石先生と十二人の教え子の物語。戦争の時代を生きた人々の日々があたたかく描かれている。

戦争体験が作品に反映されているね。

大江健三郎とは

豊かな想像力で戦後の社会と人間を描く。代表作『死者の奢り』『個人的な体験』『ヒロシマ・ノート』など。一九九四年にノーベル文学賞を受賞。

井伏鱒二とは

鋭い観察眼でユーモラスに描いた作品が多い。『黒い雨』は被爆者の記録を基に原爆の悲惨さを描いている。

時代	成立年	作品	作者・編者
昭和時代	一九八七	サラダ記念日［歌集］	俵万智
昭和時代	一九八八	キッチン［小説］	吉本ばなな
平成時代	一九九六	蛇を踏む［小説］	川上弘美
平成時代	二〇〇〇	楽隊のうさぎ［小説］	中沢けい
平成時代	二〇〇二	きよしこ［小説］	重松清
平成時代	二〇〇九	1Q84［小説］	村上春樹
平成時代	二〇一六	リーチ先生［小説］	原田マハ

『サラダ記念日』の概要

話し言葉や流行語を取り入れた身近な言葉で、若い女性の気持ちを三十一文字で歌った。現代短歌集。

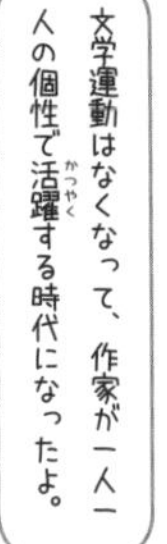

文学運動はなくなって、作家が一人一人の個性で活躍する時代になったよ。

『楽隊のうさぎ』のあらすじ

中学の吹奏楽部に入った引っ込み思案の克久。戸惑いながら、仲間に囲まれ、音楽の面白さに夢中になっていく。そして大会の日……。

『きよしこ』のあらすじ

言葉がつかえて、思っていることが言えずにいる少年のもとに、聖夜、きよしこが現れる。きよしこは本当に伝えたいことだったら、きっと伝わると、少年に話すのだった。

村上春樹とは

漂う喪失感、他人との距離感を平易で軽妙な文体で表現。現代アメリカ文学の翻訳も多数。代表作『ノルウェイの森』など。

文法編

〈文法のポイント〉

言葉の単位

日本語の文章は、いくつかのまとまりに分けることができ、それらのまとまりを言葉の単位といいます。

言葉の単位は、大きいほうから順に、文章→段落→文→文節→単語となります。

言葉の単位

例

文章

段落：私の家には大きな犬がいる。名前はシロ。白くてふわふわした毛をしているからだ。

段落：毎朝、私はシロの散歩に行く。早起きは大変だけれど、シロと過ごすのは楽しい。

文……例 私の家には大きな犬がいる。

文節……例 私の｜家には｜大きな｜犬が｜いる。

単語……例 私｜の｜家｜に｜は｜大きな｜犬｜が｜いる。

文節とは、文を発音や意味が不自然でない程度に短く区切ったものです。

間に「ネ・サ・ヨ」などを入れてみよう。

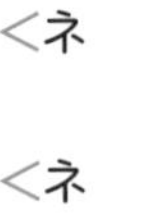

例 私の（ネ）｜家には（ネ）｜大きな（ネ）｜犬が（ネ）｜いる。（ヨ） 5文節

単語とは、文節をさらに細かく分けて、意味のある最小の単位にしたものです。

例 私｜の｜家｜に｜は｜大きな｜犬｜が｜いる。 9単語

+α（プラスアルファ）で覚えよう！ **複合語は一単語**

「夏休み」「洗い流す」「全国大会」など、二つ以上の単語が結び付いてできた言葉を**複合語**といいます。**複合語**は一単語として数えます。

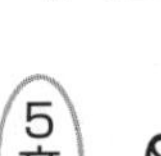

文の成分

文の成分とは、ある働きをもって文を作っている要素のことです。

五つの文の成分

例 おや、（独立語） 雨が（主語） 降りそうだ。（述語）

例 それでは、（接続語） 早く（修飾語） 帰ろう。（述語）

①主語……「何(誰)が(は)」に当たる文節。

②述語……「どうする」「どんなだ」「何だ」「いる・ある」「ない」に当たる文節。

例 雨が（主語） 降りそうだ。（述語）

③修飾語…「どのように」「どのくらい」「いつ」「どこで」「誰と」「何を」など、他の文節をくわしくする文節。

例 早く（修飾語） 帰ろう。

④接続語…文と文、文節と文節をつなぐ文節。

例 雨が 降りそうだ。 それでは、（接続語） 早く 帰ろう。

⑤独立語…他の文節とは関係ない、独立した文節。

例 おや、（独立語） 雨が 降りそうだ。

＋α（プラスアルファ）で覚えよう！　連文節

二つ以上の文節が集まって、一つの文節と同じ働きをするとき、これを連文節といいます。連文節となった文の成分を、**主部・述部・修飾部・接続部・独立部**とよびます。

強い 風が（主部） 海の 方から（修飾部） 吹いて くる。（述部）

品詞

品詞とは、単語を文法上の性質や働きによって分類したもので、十種類あります。

品詞分類表

- 単語
  - 自立語
    - 活用する
      - 述語になる（用言）（言い切りの形が）
        - ウ段の音で終わる……動詞（どうし）
        - 「い」で終わる……形容詞（けいようし）
        - 「だ・です」で終わる……形容動詞（けいようどうし）
    - 活用しない
      - 主語になる（体言）……名詞（めいし）
      - 主語にならない
        - 修飾語（しゅうしょくご）になる
          - 主に用言を修飾……副詞（ふくし）
          - 体言だけを修飾……連体詞（れんたいし）
        - 接続語だけになる……接続詞（せつぞくし）
        - 独立語だけになる……感動詞（かんどうし）
  - 付属語
    - 活用する……助動詞（じょどうし）
    - 活用しない……助詞（じょし）

自立語とは単独で文節を作れる単語、付属語とは単独では文節を作れない単語です。

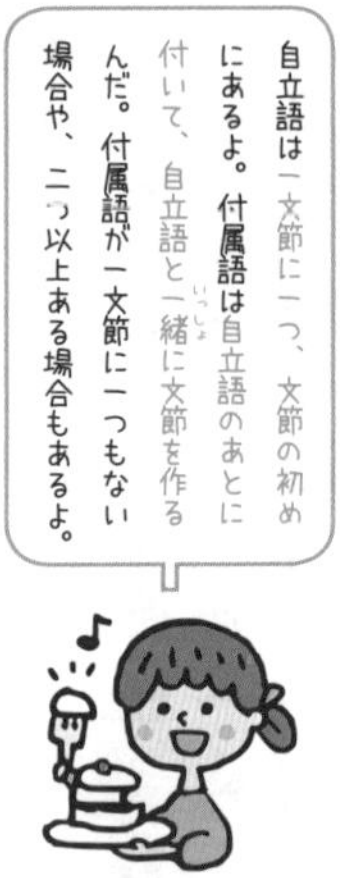

自立語は一文節に一つ、文節の初めにあるよ。付属語は自立語のあとに付いて、自立語と一緒（いっしょ）に文節を作るんだ。付属語が一文節に一つもない場合や、二つ以上ある場合もあるよ。

例

文節	文節	文節
今日（自立語）	ケーキ（自立語）｜を（付属語）	食べ（自立語）｜まし（付属語）｜た（付属語）。

活用とは、あとに続く語によって単語の形が規則的に変化することです。

例

走る

走らない

走れば

動詞

動詞とは、人や物事の動作・変化・存在（いる・ある）などを表す単語です。

動詞の特徴（とくちょう）

①言い切りの形がウ段の音で終わる。

例 遊ぶ　動く　見る
植える　飛べる
書き直す
来る　する　愛する
約束する　ある　いる

②それだけで述語になる。

例 私は　歌う。（述語）

③他の語が付いて、主語や修飾（しゅうしょく）語などにもなる。

例 歌うのが好きです。（主語）　歌うまで帰らない。（修飾語）

④自立語で、活用する。
あとに続く語によって、語形が規則的に変化（活用）します。

遊ぼう
遊ばない
形が変わる＝活用する

・活用形　六つの形に活用します。
未然形　連用形　終止形　連体形　仮定形　命令形

・活用の種類　五種類の活用のしかたがあります。
五段活用
上一段活用
下一段活用
カ行変格活用（カ変）
サ行変格活用（サ変）

買わナイ
買おウ
買いマス
買う。
買うトキ
買えバ
買え。

「買う」はア・イ・ウ・エ・オの五段に活用

カ変・サ変以外は「ナイ」を付けて見分けることができます。

書かナイ	起きナイ	答えナイ
直前がア段の音	直前がイ段の音	直前がエ段の音
↓	↓	↓
五段活用	上一段活用	下一段活用

＊動詞の活用表は、文法編の最後（P132～P133）にまとめてあります。

形容詞・形容動詞

形容詞・形容動詞とは、人や物事の状態・性質・感情などを表す単語です。

形容詞・形容動詞の特徴(とくちょう)

①言い切りの形が「い」で終わるのが**形容詞**、「だ」「です」で終わるのが**形容動詞**。

形容詞

形容動詞

②それだけで**述語**や**修飾語**(しゅうしょく)になる。（■は形容詞、■は形容動詞）

例 今日は寒い。（述語（形容詞））　寒い日が続く。（修飾語（形容詞））

例 教室は静かだ。（述語（形容動詞））　静かに話す。（修飾語（形容動詞））

寒くない → これも形容詞
「補助（形式）形容詞」といいます。

③他の語が付いて、**主語**などにもなる。

例 寒いのは苦手だ。（主語）　静かなのでよく眠(ねむ)れる。（接続語）

④自立語で、活用する。

例 海までは遠かった。遠くて、彼(かれ)は疲(つか)れた。でも、海はきれいだった。きれいな海に心から癒(い)やされた。

・**活用形**　五つの形に活用します。

未然形　**連用形**　**終止形**　**連体形**　**仮定形**

・**活用の種類**　活用のしかたは、形容詞は**一種類**、形容動詞は**二種類**（普通(ふつう)の言い方と丁寧(ていねい)な言い方）です。

形容詞

楽しかろウ
楽しかっタ
楽しくナイ
楽しゅうナル
楽しい。
楽しいトキ
楽しけれバ

形容動詞

立派だろウ
立派だっタ
立派でナイ
立派にナル
立派だ。
立派なトキ
立派ならバ

（「です」で終わる形容動詞は、別の活用のしかたをします。）

＊形容詞・形容動詞の活用表は、文法編の最後（P133）にまとめてあります。

+α(プラスアルファ)で覚えよう！　用言

動詞・形容詞・形容動詞は、自立語で活用し、それだけで述語になる単語です。これらを**用言**といいます。

名詞

名詞とは、人や物、事柄の名前、数量などを表す単語です。

名詞の種類

種類	例
普通名詞	例 花　学校　家族　思い出　卒業写真　帰り　高さ
固有名詞	例 パリ　竹取物語　川端康成　東京　富士山
数詞	例 一つ　二時　三回　四番目　五メートル
形式名詞	例 新しいことを始める。なんとかなるものだ。
代名詞	例 私　彼　誰　これ　そこ　あちら　どっち

＊「この」「その」「あの」「どの」は、代名詞ではない（連体詞）ので、注意しましょう。

形式名詞は本来の意味が薄れ、前に（連体）修飾語が付くよ。

名詞の特徴

①自立語で、活用しない。

②それだけ、または他の語が付いて、主語になる。

例 きみの手（主語）、温かい。　雪（主語）が降っている。

③他の語が付いて、述語、修飾語、接続語になる。

例 今日は遠足だ（述語）。

みんなで水族館に（修飾語）行く。

明日から（修飾語）学校が始まる。

> 例 遠足だ
> ↓「遠足な」とならない。
> 名詞＋「だ」
>
> 例 大切だ
> 「大切な」となる。
> ↓形容動詞

「〜だ」の形を見分けよう。

④独立語にもなる。

例 春（独立語）、それは、出会いと別れの季節。

+α（プラスアルファ）で覚えよう！　体言

名詞は、自立語で活用せず、主語になる単語です。これを、用言に対して**体言**といいます。

副詞

副詞とは、動作や状態や程度を詳しくする単語です。

副詞の特徴

①自立語で、活用しない。

②主に、用言（動詞・形容詞・形容動詞）を修飾する。

例 本をそっと置く。（動詞）　とてもおいしい。（形容詞）

ずいぶん楽になった。（形容動詞）

③名詞や他の副詞を修飾するものもある。

例 私の家はすぐそこだ。（名詞）

かなりゆっくり歩いた。（副詞）

副詞の種類

①状態の副詞…動作などの状態・様子を表す。

例 雨がしとしと降る。　どのように降るか

②程度の副詞…物事の性質・状態の程度を表す。

例 今日は少し暑い。　どのくらい暑いか

③呼応（陳述）の副詞…あとに決まった表現がくる。

例 まったく覚えていない。〈否定〉

例 おそらく次の試合も勝つだろう。〈推量〉

例 なぜおなかがすくのだろうか。〈疑問〉

例 もし知っているのなら教えてほしい。〈仮定〉

例 あの雲はまるでパンケーキのようだ。〈比喩〉

助動詞

助動詞とは、用言・体言・他の助動詞などに付いて、いろいろな意味や、話し手・書き手の判断を添える単語です。

助動詞の特徴

・付属語で、活用する。（■は助動詞、■は助詞）

例 名作だと評判の映画を見たいです。（付属語）

見たかった、見たくない…などと形が変わる。

助動詞の種類

意味	助動詞
受け身・可能・自発・尊敬	れる・られる
使役	せる・させる
推量・意志・勧誘	う・よう
否定（打ち消し）の推量・意志	まい
否定（打ち消し）	ない・ぬ（ん）
過去・完了・存続・想起	た（だ）
希望	たい・たがる
断定	だ・です
丁寧	ます
推定・様態・伝聞	そうだ・そうです
推定・比喩	ようだ・ようです
推定	らしい

＋α で覚えよう！ 助動詞の意味と、他の品詞との見分け方

れる・られる

- 例 声をかけられる。（「～ことをされる」と言い換えられる）〈受け身〉
- 例 正確に答えられる。（「～することができる」と言い換えられる）〈可能〉
- 例 昔のことが思い出される。（「自然に」を入れられる）〈自発〉
- 例 先生が通られる。（「お（ご）～になる」と言い換えられる）〈尊敬〉

ない

- 例 宿題が終わらない。（「～ぬ」と言い換えられる）〈助動詞・否定〉
- 例 会話がぎこちない。（「～ない」という形の形容詞）〈形容詞の一部〉
- 例 今日は寒くない。（「は」を入れられる）〈補助（形式）形容詞〉

らしい

- 例 明日は晴れらしい。（「どうやら」を入れられる）〈助動詞・推定〉
- 例 動きがかわいらしい。（「～らしい」という形の形容詞）〈形容詞の一部〉
- 例 春らしいお菓子。（「いかにも」を入れられる）〔形容詞を作る接尾語「らしい」〕

助詞

助詞とは、主に自立語に付いて、いろいろな意味を付け加えたり、語句と語句の関係を示したりする単語です。

助詞の特徴と種類

・付属語で、活用しない。

例 きみが 本気さえ 出せば 楽勝だぞ。

「きみが」が主語であることを示している（格助詞）
限定の意味を添えている（副助詞）
「～（なら）ば～」と前後の文節をつないでいる（接続助詞）
強調する気持ちを表している（終助詞）

格助詞	主に体言に付いて、その文節と他の文節との関係を示す。（主語・修飾語などであることを示す。）	例 が の を に で と から
副助詞	いろいろな語句に付いて、強調・限定・程度などの意味を添える。	例 は も こそ さえ まで か
接続助詞	主に用言・助動詞に付いて、前後の文節や文をつなぐ。	例 から ば と て ので のに
終助詞	文や文節の終わりに付いて、疑問・感動・強調など、話し手や書き手の気持ちを表す。	例 か な なあ ぞ ね よ

＋α（プラスアルファ）で覚えよう！ 助詞の働きと、他の品詞との見分け方

の

～が と言い換えられる
例 緑の多い町に住みたい。〈部分の主語〉
例 友達の家に行く。〈連体修飾語〉
～のもの（のこと） と言い換えられる
例 この本は弟のだ。〈体言の代用〉
＊三つともすべて格助詞です。

に

体言に付く
例 家に帰る。〈格助詞・連用修飾語〉
な＋名詞の形にできる
例 静かにしよう。〈形容動詞の一部〉
例 すぐに行くよ。〈副詞の一部〉

で

体言に付く
例 駅で待つ。〈格助詞・連用修飾語〉
～あり（ある） を入れられる
例 真夏日で、暑い。〈助動詞「だ」の連用形〉
な＋名詞の形にできる
例 兄は親切で優しい。〈形容動詞の一部〉

＊「連体修飾語」「連用修飾語」の説明は、P129にあります。

文節の係り受け

文節の係り受けとは、文節がある決まった関係で結びつくことをいいます。

主な文節と文節の関係

①主・述の関係（主語・述語の関係）

例 花びらが（主語）→ 舞う。（述語）

係り受け 「花びらが」は「舞う」に係っている。

主語・述語は、文の組み立ての中心になるよ。

②修飾・被修飾の関係

例 桜の（修飾語）→ 花びらが（被修飾語）　ひらひらと（修飾語）→ 舞う。（被修飾語）

係り受け 「桜の」は「花びらが」に係っている。
「ひらひらと」は「舞う」に係っている。

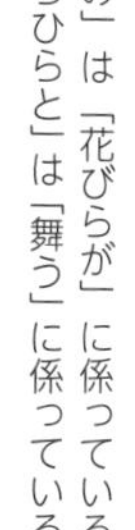

＊修飾語によりくわしく説明される文節のことを被修飾語といいます。

＋α で覚えよう！ 連体修飾語・連用修飾語

修飾語は、係る語の品詞によって二つに分けられます。

連体修飾語…体言（P125）を含む文節を修飾する。

例 桜の → 花びらが（体言＋助詞）

連用修飾語…用言（P124）を含む文節を修飾する。

例 ひらひらと → 舞う。（用言）

文章を読んだり書いたりするときは、文節の係り受けを意識しましょう。

・その文節はどこに係っているか。

例 川の音が遠くから聞こえる。

↓「音が」が係っているのは「聞こえる」（主・述の関係）

・主語・述語の係り受けは正しいか。

例 ×私の夢は野球選手になります。
○私の夢は野球選手になることです。

・修飾語は、被修飾語の近くに置かれているか。

例 ×大きく駅に向かう友達に手を振った。
○駅に向かう友達に大きく手を振った。

文法

文体の統一

文体とは文や文章の体裁のことで、主に文末の形のことをいいます。

文体の種類

文体は、大きく次の二つに分けられます。

常体

～だ。
～である。
～だろう。
～ない。
～よう。

簡潔ではきはきした感じ

敬体

～です。
～ます。
～でしょう。
～ません。

丁寧で上品な感じ

文や文章を書くときは、内容や読み手に応じて、文体を決めます。

テストの記述問題では普通、常体を使うよ。

文章を書いたり、問題に答えたりするときは、文体を意識しましょう。

・文章内を一つの文体に統一しているか。

常体か敬体かに統一する

例

私は将来、映画に関わる仕事をしたいです。小さいころから、兄の影響で映画をよく見ていました。映画は人を楽しませ、感動させることができる。多くの人の心に残る作品を手がけたいと思います。

ここだけ常体

・設問(文)に合った形で答えているか。

例 Aさんが欠席したのはなぜですか。
× 風邪を引いて熱があった。
○ 風邪を引いて熱があったから。

理由を聞かれたら「～から。」などと答える。

例 「それ」とはどういうことですか。
× Bさんがお見舞いに来た。
○ Bさんがお見舞いに来たこと。

どういうことか聞かれたら「～こと。」などと答える。

例 Aさんはどのような気持ちでしたか。
△ 再会を喜んだ。
○ 再会を喜ぶ気持ち。

気持ちを聞かれたら「～気持ち。」と答える。

●敬語

敬語とは、相手や話題の中の人に対して、敬意や丁寧な気持ちを表す言葉です。

敬語の種類

・尊敬語…相手や話題の中の人の動作や様子を高めて言う言い方。

相手を高めて相手を敬う。

話すのは監督

今から監督がお話しになる。
高める

・謙譲語…自分や身内の動作などをへりくだって言う言い方。

自分を低めて相手を敬う。

話すのは自分

実は監督にお話しすることが…。
低める
退部届

尊敬語・謙譲語は、誰の動作かによって使い分けます。

・丁寧語…文末などを丁寧な言葉にする言い方。

丁寧にして相手を敬う。

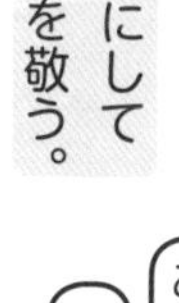
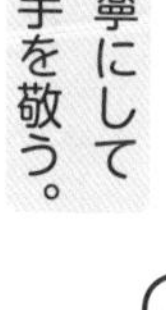

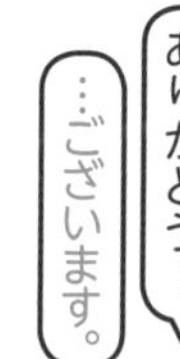
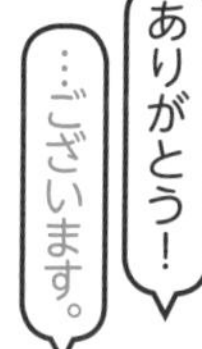

ありがとう！
…ございます。

敬語を重ねすぎないようにしよう！
×いらっしゃられる

＋α で覚えよう！ 主な敬語一覧

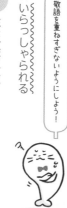

	尊敬語	謙譲語	丁寧語
全般	お(ご)～になる(なさる)	お(ご)～する(いたす)	～ございます
助動詞	～れる ～られる		～です ～ます
特別な動詞 行く・来る	いらっしゃる	参る・伺う	
言う・話す	おっしゃる	申す・申しあげる	
食べる・飲む	召しあがる	いただく	
見る	ご覧になる	拝見する	
する	なさる	いたす	
接頭語 接尾語	例 お名前 ご住所 田中様	例 小社 私ども	例 お昼休み ご飯

文法

くわしく見てみよう！

用言・助動詞活用表

【動詞の活用】

活用の種類	基本形	語幹（主な続き方）	未然形（ナイ・ウ・ヨウに続く）	連用形（マス・タ・テに続く）	終止形（言い切る）	連体形（コト・トキ・ノデに続く）	仮定形（バに続く）	命令形（命令して言い切る）	要点
五段活用	話す	はな	さ そ	し	す	す	せ	せ	否定の助動詞「ない」を付けると、「ない」の直前が「話さない」のようにア段の音になる。
	泳ぐ	およ	が ご	ぎ い	ぐ	ぐ	げ	げ	
	買う	か	わ お	い っ	う	う	え	え	
	飛ぶ	と	ば ぼ	び ん	ぶ	ぶ	べ	べ	
上一段活用	起きる	お	き	き	きる	きる	きれ	きろ きよ	否定の助動詞「ない」を付けると、「ない」の直前が「起きない」のようにイ段の音になる。
	似る	○	に	に	にる	にる	にれ	にろ によ	
下一段活用	食べる	た	べ	べ	べる	べる	べれ	べろ べよ	否定の助動詞「ない」を付けると、「ない」の直前が「食べない」のようにエ段の音になる。
	出る	○	で	で	でる	でる	でれ	でろ でよ	
カ変	来る	○	こ	き	くる	くる	くれ	こい	「来る」一語のみ。

文法

活用の種類	基本形	語幹	未然形	連用形	終止形	連体形	仮定形	命令形	要点
サ変	する	○	さ せ し	し	する	する	すれ	しろ せよ	「する」と「～する（ずる）」の形をとる複合動詞のみ。未然形「せ」は「ヌ（ズ）」に、未然形「さ」は「レル」「セル」に続く。
	勉強する	べんきょう	さ せ し	し	する	する	すれ	しろ せよ	

【形容詞の活用】

活用の種類	基本形	語幹	未然形	連用形	終止形	連体形	仮定形	命令形	要点
		主な続き方	ウに続く	タ・ナイ・ナル・ゴザイマスに続く	言い切る	コト・トキ・ノデに続く	バに続く		
（一種類）	高い	たか	かろ	かっ く う	い	い	けれ	○	活用の種類は一種類で、命令形はない。語幹は、「し」が付くものと付かないものがある。「高い」に「ございます」が付くと「たこうございます」となり、「優しい」に「ございます」が付くと「やさしゅうございます」となる。
	優（やさ）しい	やさし	かろ	かっ く う	い	い	けれ	○	

【形容動詞の活用】

活用の種類	基本形	語幹	未然形	連用形	終止形	連体形	仮定形	命令形	要点
		主な続き方	ウに続く	タ・ナイ・ナルに続く	言い切る	コト・トキ・ノデに続く	バに続く		
（二種類）	きれいだ	きれい	だろ	だっ で に	だ	な	なら	○	活用の種類は二種類で、命令形はない。「～です」の形には仮定形もない。
	きれいです	きれい	でしょ	でし	です	（です）	○	○	

文法

【助動詞の活用】

意味	基本形	用例	未然形	連用形	終止形	連体形	仮定形	命令形	主な接続
受け身・可能・自発・尊敬	れる	呼ばれる	れ	れ	れる	れる	れれ	れろ れよ	動詞の未然形（五段・サ変）
	られる	来られる	られ	られ	られる	られる	られれ	られろ られよ	動詞の未然形（上一段・下一段・カ変）
使役	せる	読ませる	せ	せ	せる	せる	せれ	せろ せよ	動詞の未然形（五段・サ変）
	させる	着させる	させ	させ	させる	させる	させれ	させろ させよ	動詞の未然形（上一段・下一段・カ変）
推量・意志・勧誘	う	語ろう	○	○	う	（う）	○	○	五段活用動詞・形容詞・形容動詞の未然形
	よう	見よう	○	○	よう	（よう）	○	○	動詞の未然形（五段以外）
否定の推量・否定の意志	まい	降るまい	○	○	まい	（まい）	○	○	動詞の終止形（五段） 動詞の未然形（五段以外）
否定	ない	行かない	なかろ	なかっ なく	ない	ない	なけれ	○	動詞の未然形
	ぬ（ん）	ならぬ（ならん）	○	ず	ぬ（ん）	ぬ（ん）	ね	○	
過去・完了・存続・想起	た（だ）	行った	たろ（だろ）	○	た（だ）	た（だ）	たら（だら）	○	動詞・形容詞・形容動詞の連用形

用言・助動詞活用表

希望	たい	書きたい	たかろ	たかっ たく	たい	たい	たけれ	○	動詞の連用形
	たがる	寝(ね)たがる	たがら たがろ	たがり たがっ	たがる	たがる	たがれ	○	
断定	だ	本だ	だろ	だっ で	だ	(な)	なら	○	体言
	です	本です	でしょ	でし	です	(です)	○	○	
丁寧(ていねい)	ます	歩きます	ませ ましょ	まし	ます	ます	ますれ	ませ まし	動詞の連用形
推定・様態・伝聞	そうだ(推定・様態)	降りそうだ	そうだろ	そうだっ そうで そうに	そうだ	そうな	そうなら	○	動詞の連用形 形容詞・形容動詞の語幹
	そうです(推定・様態)	降りそうです	そうでしょ	そうでし	そうです	(そうです)	○	○	
	そうだ(伝聞)	降るそうだ	○	そうで	そうだ	○	○	○	動詞・形容詞・形容動詞の終止形
	そうです(伝聞)	降るそうです	○	そうでし	そうです	(そうです)	○	○	
推定・比喩(ひゆ)	ようだ	降るようだ	ようだろ	ようだっ ようで ように	ようだ	ような	ようなら	○	動詞・形容詞・形容動詞の連体形 助詞「の」
	ようです	降るようです	ようでしょ	ようでし	ようです	(ようです)	○	○	
推定	らしい	降るらしい	○	らしかっ らしく	らしい	らしい	(らしけれ)	○	動詞・形容詞の終止形 形容動詞の語幹 体言

意味・用法の紛らわしい主な助動詞

「れる・られる」の意味の区別	
受け身	「〜ことをされる」と言い換えられる。 例 みんなに笑われる。→みんなに笑うことをされる。
可能	「〜ことができる」と言い換えられる。 例 たくさん食べられる。→たくさん食べることができる。
自発	前に「自然に」を補える。 例 故郷が思い出される。→故郷が自然に思い出される。
尊敬	「お〜になる」と言い換えられる。 例 先生が帰られる。→先生がお帰りになる。

「そうだ」の意味の区別	
様態	「〜という様子だ」という意味。動詞・助動詞の連用形や、形容詞・形容動詞の語幹に付く。 例 彼女も一緒に行きそうだ。（動詞「行く」の連用形） 例 彼は強そうだ。（形容詞「強い」の語幹）
伝聞	「〜と聞いている」という意味。活用する語の終止形に付く。 例 午後から雨が降るそうだ。（終止形）

「ようだ」の意味の区別	
推定	「どうやら〜のようだ」の意味。前に「どうやら」を補える。 例 雨が降るようだ。→どうやら雨が降るようだ。
比喩	「まるで〜のようだ」の意味。前に「まるで」を補える。 例 白い花が雪のようだ。→白い花がまるで雪のようだ。
例示	「例えば〜のようだ」と例を挙げる。前に「例えば」を補える。 例 彼のようになりたい。（「ようだ」の連用形）→例えば彼のようになりたい。

語句編

〈語句のポイント〉

熟語の構成

熟語とは、一字一字が意味をもつ漢字が、二字以上結び付いて一語となった言葉です。

二字熟語

漢字の結び付き方には、主に**九種類の型**があります。

①**似た意味の漢字の組み合わせ**	例 身体〔身≒体〕 救助・寒冷
②**意味が対になる漢字の組み合わせ**	例 明暗〔明⇔暗〕 強弱・多少
③**上が下を詳（くわ）しくする（修飾（しゅうしょく）する）**	例 美声〔美しい→声〕 曲線・深海
④**上が動作で、下が目的・対象**	例 消火〔消す←火を〕 登山・読書
⑤**主語・述語**	例 頭痛〔頭が→痛い〕 国営・日没（にちぼつ）
⑥**上に、打ち消しの意味の漢字が付く**	例 無限〔無い←限りが〕 不足・非力
⑦**下に、作用や状態を表す漢字が付く**	例 強化〔強く→する（化）〕 公的・天性
⑧**同じ漢字どうし**	例 人々〔人と人〕 山々・国々 ※「々」は、同じ漢字を繰（く）り返して用いることを表す符号（ふごう）です。
⑨**長い熟語を省略する**	例 国連〔国際連合〕

三字熟語（→152ページ）

「**一字＋二字**」、または「**二字＋一字**」の構成で、二字熟語の構成②③④⑥⑦の結び付き方をします。

②**意味が対になる漢字** 一字＋二字	例 過不足
③**上が下を詳しくする** 二字＋一字	例 入学金
④**上が動作で、下が目的・対象** 一字＋二字	例 要注意
⑥**上に、打ち消しの語が付く** 一字＋二字	例 未解決

語句

⑦下に、作用や状態を表す語が付く 二字＋一字

例 合理的

さらに、「三字が対等」（一字＋一字＋一字）という結び付き方もあります。例 松竹梅

四字熟語（→155ページ）

「二字＋二字」の構成で、右ページの二字熟語の構成①②③⑤の結び付き方をします。

①似た意味の漢字	例 自由自在
②意味が対になる漢字	例 質疑応答
③上が下を詳しくする	例 南極大陸
⑤主語・述語	例 人手不足

＋αで覚えよう！ その他の四字熟語の構成

「四字が対等」という結び付き方もあります。

例 花鳥風月・冠婚葬祭・起承転結・喜怒哀楽・春夏秋冬・上下左右・東西南北

類義語

類義語とは、意味がよく似ているが、わずかな違いのある言葉どうしのことをいいます。

類義語の意味

●**意味や語感**にわずかな違いがあります。

例 「かすかな光」→○　「かすかな音」→○　「ほのかな光」→○　「ほのかな音」→×
「ほのかな」と「かすかな」には、**意味**にわずかな違いがある。

例 買い物　ショッピング　**語感**が違う。「夕食のショッピングに行く。」とはあまり言わない。

●**漢語（音読みで表される言葉）どうし**のほかに、**和語と漢語（外来語）、漢語と外来語、和語どうし**などの類義語もあります。

例 永久―永遠〈漢語どうし〉

例 ためる―蓄える〈和語どうし〉

例 「プレゼント」〈外来語〉→「贈答品」〈漢語〉→「贈り物」〈和語〉

語句

対義語

対義語とは、反対の意味をもつ言葉どうしのことをいいます。

対義語の構成

●ある視点からみて、意味が対立しています。

例 多い⇕少ない（**量や程度**という点。）
軽視⇕重視（**ものの見方**という点。）
貸す⇕借りる（**受け渡しの立場**という点。）

●対義語の構成には次の型があります。

①**対になる漢字** 例 強⇕弱
②**一字が対立** 例 黒字⇕赤字
③**二字がそれぞれ対立** 例 上昇⇕下降
④**全体で対立** 例 賛成⇕反対
⑤**下を否定する語（未・無・不など）が付く** 例 既決⇕未決

熟語の構成と同じように、対義語の構成もしっかりと覚えよう。

慣用句

慣用句とは、**二つ以上の単語が決まった組み合わせで結び付いて、**全体で特定の意味を表すもの**のことです。**

体の部分を使った慣用句

慣用句には、体の部分を表す言葉を使ったものが多く、いろいろな意味で使われています。

【目】 例 ・**長い目で見る**（現在のことだけで判断せず、気長に見守る。）
・**目に余る**（やることがひどいので、黙って見ていられない。）

【足】 例 ・**足が出る**（費用が予算より多くかかる。）
・**足を洗う**（今までのよくない生活から抜け出す。）

他にも、**体の部分を表す言葉**を使ったものが数多くあります。

【鼻】 例 **鼻が高い** 【口】 例 **口をそろえる**
【耳】 例 **耳が痛い** 【顔】 例 **顔が広い**
【肩】 例 **肩をもつ** 【胸】 例 **胸を打つ**

語句

ことわざ

ことわざとは、昔から世間に広く言い伝えられてきた言葉のことです。人間の知恵や、人生上の教訓、人間や社会に対する風刺（よくないところを遠回しに批評すること）が込められています。

例

・**石橋をたたいて渡る**
（とても用心深く物事を行う。）

・**弘法にも筆の誤り**
（その道に優れた人でも、ときには失敗をする。）

・**早起きは三文の徳**
（早起きすれば、何か良いことがある。）

・**百聞は一見にしかず**
（話を何度も聞くより、一度実際に見たほうがよくわかる。）

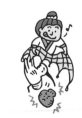

故事成語

昔から伝わっている、いわれのある事柄や出来事（故事）からできた言葉を、故事成語といいます。中国の古典の中から生まれたものが多く、人生上の知恵や教訓的な意味をもっています。

例

・**温故知新**
（昔の物事を調べ、そこから新しい知識や考えを引き出すこと。）

・**漁夫〔漁父〕の利**
（二者が争っているすきに、関係ない人が利益を横取りすること。）

・**四面楚歌**
（自分の周りがみな敵で、助けもなく孤立すること。）

・**推敲**
（詩や文章の表現を、何度も練り直すこと。）

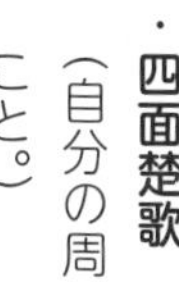

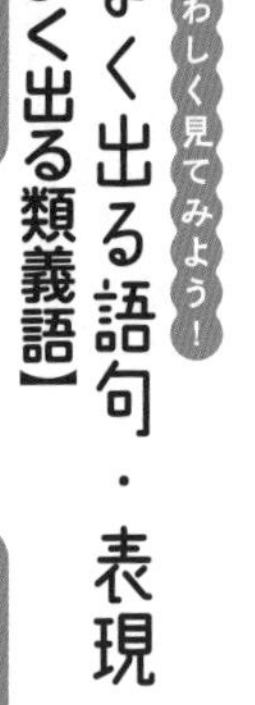

よく出る語句・表現

【よく出る類義語】

見出し語	意味	例文
□ 案外	程度が予想と違っている様子。	今日のテストは、案外簡単だった。
＝ □ 意外	考えていたことと実際とが、ずいぶん違っている様子。	意外な出来事に驚いた。
□ 異例	今までに例がない、珍しいこと。	おじは、異例の大出世をした。
＝ □ 例外	決まりや普通の例に当てはまらないことやもの。	例外は認めないと断られた。
□ 永久	ある状態がいつまでも限りなく続くこと。	永久に平和を守る。
＝ □ 永遠	時間がいつまでも続くこと。	永遠に変わらない友情を誓う。

ポイント 予想外の「意外」を、それを除いたほかのという意味の「〜以外」と間違えないようにしましょう。

「永久」と「永遠」どっちが永い時間なんだろう?
どっちも、時計で簡単に計れないような永い時間だね。

語句

□ 我慢(がまん)	つらいことや欲望をおさえて、こらえること。	食べたいのに、やせ我慢(がまん)する。
□ 忍耐(にんたい)	つらいことや苦しいことをじっとこらえること。	犬のハチは、僕(ぼく)の帰りを忍耐(にんたい)強く待っていた。
□ 関心(かんしん)	心を引かれて、それに注意を向けること。	街頭演説を聞いて、政治に関心(かんしん)を抱(いだ)く。
□ 興味(きょうみ)	面白味があって心が引きつけられること。	僕は、映画などの制作に興味(きょうみ)がある。
□ 簡単(かんたん)	込(こ)み入っていなくて、たやすい様子。	もっと簡単(かんたん)な方法が見つかるはずだ。
□ 簡潔(かんけつ)	手短かで無駄(むだ)がなく、要点をよくとらえていること。	言いたいことを簡潔(かんけつ)にまとめる。

我慢＝忍耐　関心＝興味　簡単＝簡潔

ポイント 「関心」は「感心」と書き間違(まちが)えないようにしましょう。

ポイント 「容易」も「簡単」の類義語です。「容易に解決できる。」のように使います。

見出し語	意味	例文
□願望（がんぼう）＝□希望（きぼう）	そうなってほしいと、願い望むこと。	社会の役に立ちたいという願望（がんぼう）がある。
	将来によいことを期待する気持ち。	明日への希望（きぼう）をもち続ける。
□倹約（けんやく）＝□節約（せつやく）	無駄（むだ）を省いてお金や品物を切りつめること。	食費を倹約（けんやく）する。
	無駄遣い（むだづかい）をやめること。控え目（ひかえめ）に使うこと。	紙を節約（せつやく）する。
□賛成（さんせい）＝□同意（どうい）	人の考えや意見に同意すること。	賛成（さんせい）意見を述べる。
	相手の意見に賛成すること。また、その意見。	提案に同意（どうい）する。

ワンポイント 倹約する人という意味で、「倹約家」という言葉もあります。

「節約」はお金や物についてだけではなく、「時間を節約する。」とも使います。

□修正（しゅうせい）	誤りや不十分なところを直して正しくすること。	計画を修正する。
□訂正（ていせい）	言葉や文章の間違い（まちがい）を直すこと。	誤字を訂正する。
□手段（しゅだん）	目的を遂げる（とげる）ための具体的なやり方。手立て。	目的のためには、手段を選ばないのは、良くない。
□方法（ほうほう）	目的を果たすための仕方。やり方。	最善の方法を考える。
□摂取（せっしゅ）	栄養や文化などを取り入れること。	果物を食べて、ビタミンを摂取する。
□吸収（きゅうしゅう）	物を吸いこむこと。知識などを取り入れること。	この布は水分をよく吸収する。

修正＝訂正　手段＝方法　摂取＝吸収

「非常手段」「方法論」などという言葉もあるね。

ワンポイント　物だけではなく、「外国文化を摂取（せっしゅ）する。」「知識を吸収（きゅうしゅう）する。」のように、形のないものにも使います。

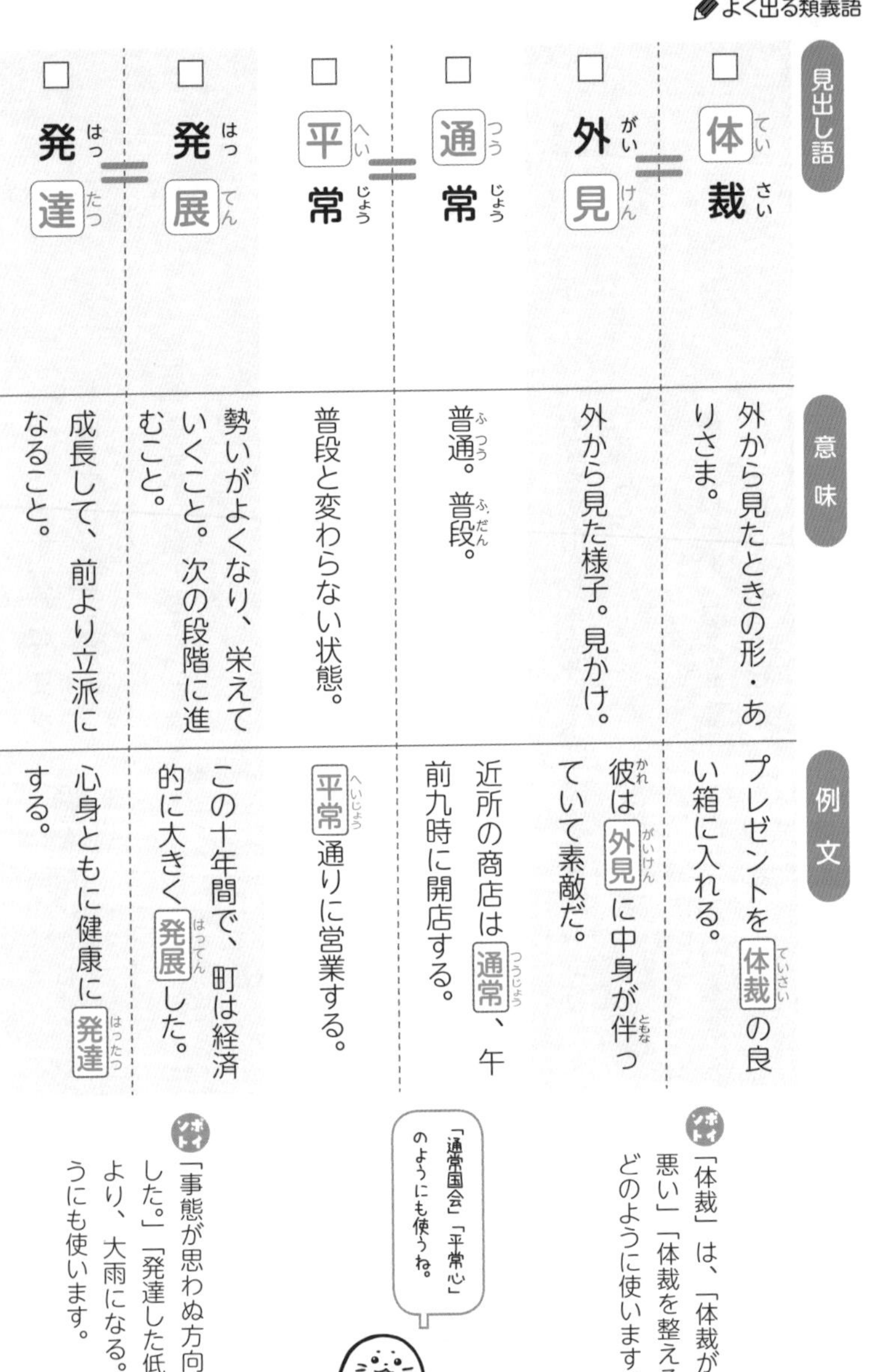

見出し語	意味	例文
体裁（ていさい）	外から見たときの形・ありさま。	プレゼントを体裁の良い箱に入れる。
＝外見（がいけん）	外から見た様子。見かけ。	彼は外見に中身が伴っていて素敵だ。
通常（つうじょう）	普通。普段。	近所の商店は通常、午前九時に開店する。
＝平常（へいじょう）	普段と変わらない状態。	平常通りに営業する。
発展（はってん）	勢いがよくなり、栄えていくこと。次の段階に進むこと。	この十年間で、町は経済的に大きく発展した。
＝発達（はったつ）	成長して、前より立派になること。	心身ともに健康に発達する。

ポイント　「体裁」は、「体裁が良い・悪い」「体裁を整える」などのように使います。

ポイント　「事態が思わぬ方向に発展した。」「発達した低気圧により、大雨になる。」のようにも使います。

【よく出る対義語】

見出し語	意味	例文
一般（いっぱん）	普通であること。多くの普通の人々。	一般受けのする話題を選ぶ。
特殊（とくしゅ）	普通と違って特別であること。	特殊な技術を身に付ける。
温暖（おんだん）	気候がおだやかで、暖かいこと。	この作物は、気候の温暖な地に育つ。
寒冷（かんれい）	寒くて、冷たいこと。	まもなく寒冷地には霜が降りる。
可決（かけつ）	会議などで、議案をよいと認めて決定すること。	本案は可決された。
否決（ひけつ）	会議などで、議案を認めないと決定すること。	反対多数で、否決される。

（一般⇔特殊、温暖⇔寒冷、可決⇔否決）

ポイント　「特殊」の対義語には「普遍（ふへん）」（あらゆるものに共通していること。）もあります。

ポイント　「温暖前線」「寒冷前線」など気象用語によく使います。

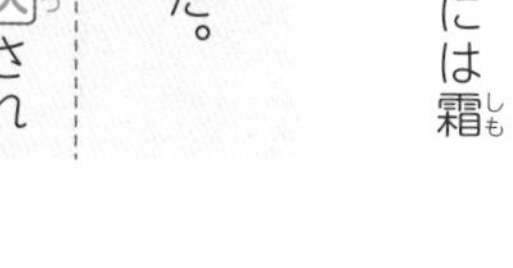

認めない!
認める!
議案
議案
しょんぼり…
ヤッター

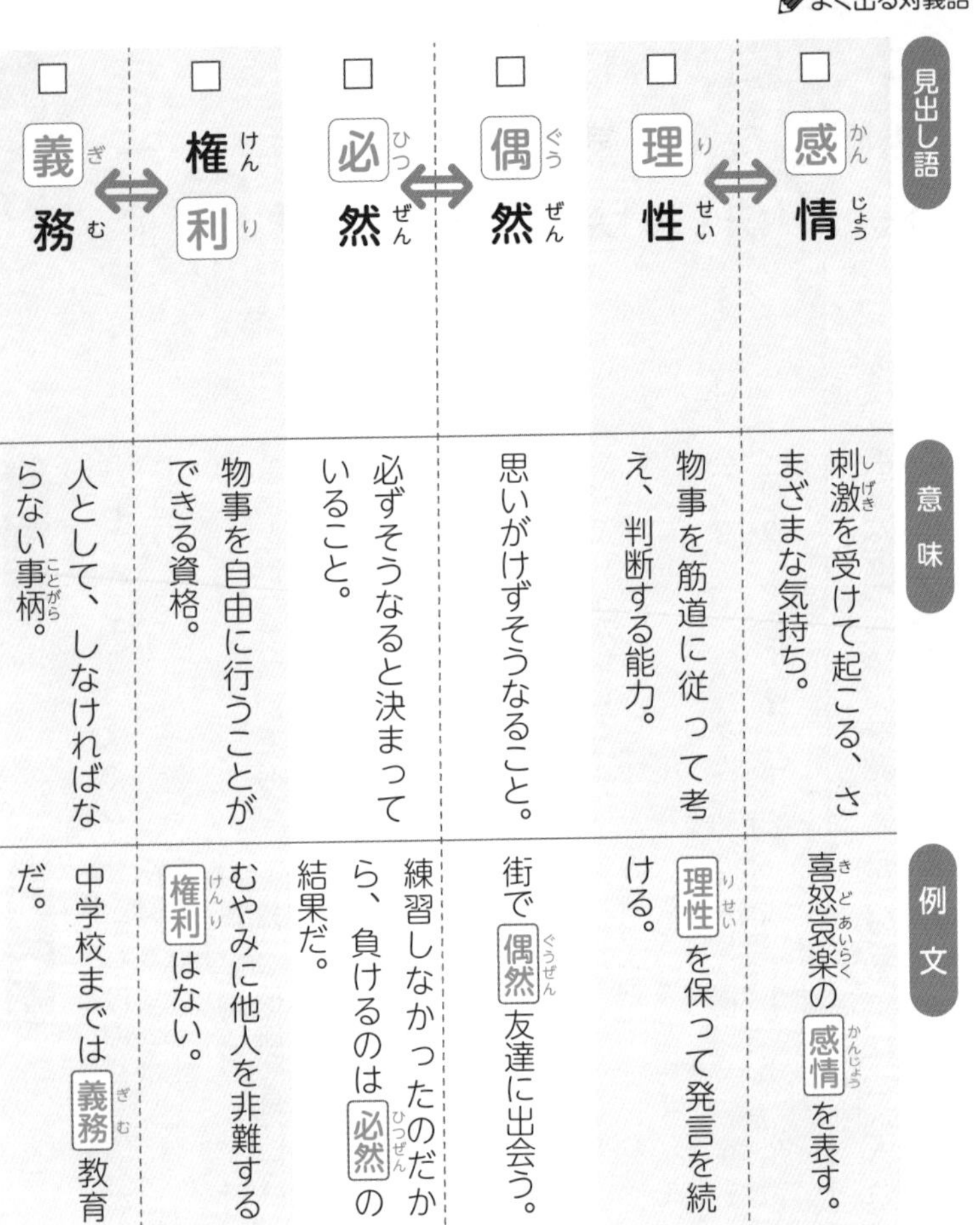

見出し語	意味	例文
□ 感情（かんじょう）	刺激（しげき）を受けて起こる、さまざまな気持ち。	喜怒哀楽（きどあいらく）の感情（かんじょう）を表す。
⇔ □ 理性（りせい）	物事を筋道に従って考え、判断する能力。	理性（りせい）を保って発言を続ける。
□ 偶然（ぐうぜん）	思いがけずそうなること。	街で偶然（ぐうぜん）友達に出会う。
⇔ □ 必然（ひつぜん）	必ずそうなると決まっていること。	練習しなかったのだから、負けるのは必然（ひつぜん）の結果だ。
□ 権利（けんり）	物事を自由に行うことができる資格。	むやみに他人を非難する権利（けんり）はない。
⇔ □ 義務（ぎむ）	人として、しなければならない事柄（ことがら）。	中学校までは義務（ぎむ）教育だ。

ポイント 感情のままに行動する様子を「感情的」、理性に従って行動する様子を「理性的」といいます。

ポイント 「偶然聞いた話。」「必然的にそうなる。」「必然性に欠ける。」などとも使います。

「権利」を主張するなら、「義務」を果たさないといけないね。

□ 主観(しゅかん) ⇔	自分ひとりの見方や考え。	主観を相手に押し付ける。
□ 客観(きゃっかん)	個人的な考えや感じ方ではなく、多くの人が認めていること。	客観的な意見を述べる。
□ 需要(じゅよう) ⇔	商品を手に入れたいという要求。	ロボット型家電の需要が高まる。
□ 供給(きょうきゅう)	求められている物を与えること。	ロボット型家電の供給が追いつかない。
□ 積極的(せっきょくてき) ⇔	自分から進んでする様子。	積極的に発言する。
□ 消極的(しょうきょくてき)	自分から進んではしようとしない様子。	友達の消極的な態度がじれったい。

ポイント 「主観に走る。」「客観的に物事を捉える。」「客観性が乏しい。」などと使います。

語句

見出し語	意味	例文
□ 絶対（ぜったい） ⇔	比べるものがなく、それ自体で存在すること。	自然の法則は、絶対の真理だ。
□ 相対（そうたい）	他のものと関係し合って存在すること。	成績を相対的に見る。
□ 総合（そうごう） ⇔	別々のものを一つにまとめること。	みんなの意見を総合する。
□ 分析（ぶんせき）	物事を細かく分けて整理し、性質などをはっきりさせること。	他国の情勢を分析する。
□ 内容（ないよう） ⇔	物事の中に含（ふく）まれている中身や意味。	研究テーマの内容を調べる。
□ 形式（けいしき）	物事の形や型。	形式にこだわって考える。

ポイント 「絶対」には「絶対に許さない。」「絶対安静」のように、「決して。断じて。どんなことがあっても必ず。」という、副詞としての意味もあります。

「内容のない議論」「形式的な挨拶（あいさつ）」のようにも使うよ。

語句	意味	例文
□ 平凡（へいぼん）	ありふれていて、特に優れていない様子。	平凡に暮らす。
⇔ □ 非凡（ひぼん）	人並みではなく、ずばぬけて優れている様子。	非凡な才能に恵（めぐ）まれる。
□ 模倣（もほう）	まねること。	有名な絵画を模倣する。
⇔ □ 独創（どくそう）	自分の新しい考えでつくり出すこと。	独創的な研究が成功する。
□ 理想（りそう）	頭で考えられる中で最善の状態。	理想は高くもとう。
⇔ □ 現実（げんじつ）	現に事実としてある状態。	それは現実に起こった事件だ。

ポイント
「独創性を発揮する。」「独創力がある。」のようにも使います。

【よく出る三字熟語】

見出し語	意味
□異端者（いたんしゃ）	世の中の、一般的（いっぱんてき）な思想や学説から外れている者。
□違和感（いわかん）	体の調子がどこか変だという感じ。周囲の雰囲気（ふんいき）に合わない感じがすること。
□有頂天（うちょうてん）	喜びのあまり、気分が舞（ま）い上がっている様子。
□画期的（かっきてき）	かつてなかったような、新しくて素晴らしい様子。
□過渡期（かとき）	まだ安定していない、物事の移り変わりの途中（とちゅう）の時期。
□間一髪（かんいっぱつ）	「髪（かみ）の毛一本が入るだけのすき間。」という意味から、極めて差し迫（せま）っている様子。
□形而下（けいじか）	形のある物質的なもの。
□形而上（けいじじょう）	形がなく、五感ではその存在を知ることができないもの。

ポイント 「腰（こし）の辺りに違和感を覚える。」のように使います。

ほめられて有頂天になる。

ポイント 「画期的」の読みをしっかり覚えましょう。

よく出る三字熟語

- □ 茶飯事（さはんじ）
  特にどうということのない、日常のありふれたこと。
- □ 試金石（しきんせき）
  物の値打ちや人の実力などを判定する目安となる、材料や機会のたとえ。
- □ 序破急（じょはきゅう）
  物事の、初めと中間と終わり。
- □ 真骨頂（しんこっちょう）
  そのものが本来もっている、真の姿。真価。
- □ 審美眼（しんびがん）
  美しいものや価値あるものと、醜（みにく）いものや無価値なものとを見分ける力。
- □ 善後策（ぜんごさく）
  うまく後始末をつけるための方策、方法。
- □ 醍醐味（だいごみ）
  深い味わい、本当の面白さ。
- □ 追体験（ついたいけん）
  他人の体験を、あとから自分も体験すること。
- □ 白眼視（はくがんし）
  冷たい目で人を見ること。冷たくあしらうこと。

「日常茶飯事」を正しく読めるかな？

ポイント「この取り組みは、新しい学校づくりの試金石になるだろう。」のように使います。

四つに分けるときは「起承転結」だね。

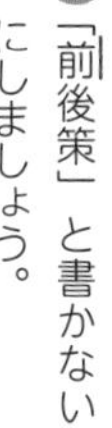

ポイント「前後策」と書かないようにしましょう。

見出し語 / 意味 / 語句

見出し語	意味
白昼夢（はくちゅうむ）	実際には起こり得ないような空想。「白日夢（はくじつむ）」ともいう。
破天荒（はてんこう）	今まで誰（だれ）もしなかったような、思いもよらないようなことをすること。
不文律（ふぶんりつ）	明確にはされていないが、暗黙（あんもく）には了解（りょうかい）されているきまり。
未曽有（みぞう）	かつて一度も起こったことのないこと。
無尽蔵（むじんぞう）	いくら取っても尽（つ）きることがないこと。
門外漢（もんがいかん）	そのことを専門としていない人。
理不尽（りふじん）	道理に合わないこと。道理に合わないことを、無理に押（お）し通そうとすること。
臨場感（りんじょうかん）	実際にその場にいて見聞きしているかのように感じること。

ポイント 誰もしたことのないことという意味で「前代未聞（ぜんだいみもん）」という四字熟語があります。

「天然の資源は無尽蔵にあるわけではない。」のように使うね。

ポイント 門外漢⇔専門家

ポイント 「理不尽な要求を退ける。」のように使います。

【よく出る四字熟語】

見出し語	意味
□悪戦苦闘（あくせんくとう）	困難や強敵に対して、必死に戦うこと。
□暗中模索（あんちゅうもさく）	手がかりがないままに、いろいろとやってみること。 ワンポイント 暗闇（くらやみ）の中で物を手探りする様子から来ていて、確信のない探究や作業をいいます。
□異口同音（いくどうおん）	多くの人が、口をそろえて同じことを言うこと。 ワンポイント 「口」を「句」と書き誤りやすいので注意しましょう。
□以心伝心（いしんでんしん）	言葉にしなくても、相手に気持ちや考えが伝わること。 ワンポイント 「心を以（もっ）て心に伝ふ（ウ）」と訓読します。
□一期一会（いちごいちえ）	一生に一度きりしかない出会いや、機会。
□一日千秋（いちじつ〔にち〕せんしゅう）	非常に待ち遠しいこと。
□一喜一憂（いっきいちゆう）	情況（じょうきょう）が変わるたびに、喜んだり不安になったりして、落ち着かないこと。
□一進一退（いっしんいったい）	状態や情勢が、良くなったり悪くなったりすること。

語句

見出し語	意味
□一石二鳥（いっせきにちょう）	一つのことをして、二つの利益を得ること。
□一朝一夕（いっちょういっせき）	わずかな時間。 ポイント 「一朝一夕には～できない」など、下に否定の表現を伴った形で多く用いられます。「信用は一朝一夕で得られるものではない。」のように使います。
□意味深長（いみしんちょう）	深い意味が含まれていること。
□栄枯盛衰（えいこせいすい）	国や家が栄えたり衰えたりすること。
□我田引水（がでんいんすい）	自分の利益になるように、言ったり、したりすること。
□勧善懲悪（かんぜんちょうあく）	良い行いを勧め、悪事をこらしめること。
□危機一髪（ききいっぱつ）	髪の毛一本ほどの差で危機が迫っている、切羽詰まった状態のこと。 ポイント 「危機一髪で衝突を逃れる。」のように使います。
□起承転結（きしょうてんけつ）	漢詩の絶句の組み立て方。文章や物事の順序、組み立てのこと。

- □ 喜怒哀楽（きどあいらく）
  喜び・怒り（いか）・悲しみ・楽しみ。いろいろな感情。
- □ 空前絶後（くうぜんぜつご）
  今までになく、これからもないと思われるほど、非常に珍（めずら）しいこと。
- □ 厚顔無恥（こうがんむち）
  厚かましくて、恥（はじ）知らずな様子。
- □ 巧言令色（こうげんれいしょく）
  巧（たく）みな言葉を用い、表情をとりつくろって、人に気に入られようとすること。
- □ 公明正大（こうめいせいだい）
  公正で良心に恥（は）じるところがなく、堂々としている様子。
- □ 五里霧中（ごりむちゅう）
  物事の事情が全くわからず、どうしたらよいかわからなくなること。
- □ 自画自賛（じがじさん）
  自分で自分のことをほめること。
- □ 自業自得（じごうじとく）
  自分の悪い行いの報いを、自分の身に受けること。
- □ 自問自答（じもんじとう）
  自分で自分に問いかけて、自分で答えること。

ポイント 「空前」はこれまでにないこと、「絶後」は今後もありそうにないことです。「空前絶後」の類義語には、「前代未聞（ぜんだいみもん）」「千載一遇（せんざいいちぐう）」があります。

ポイント 「巧言」は言を巧みにする、つまり、言葉を飾（かざ）り立てて人にこびへつらうことです。「令」は善い、「色」は顔色の意で、「令色」はとりつくろった顔のことです。

語句

語句

見出し語	意味
十人十色（じゅうにんといろ）	人によって考え方や好みなどがさまざまなこと。
支離滅裂（しりめつれつ）	まとまりがなくて、ばらばらである様子。
絶体絶命（ぜったいぜつめい）	追いつめられて、どうすることもできない状態。
千差万別（せんさばんべつ）	さまざまな種類があり、それぞれ違（ちが）っていること。
前代未聞（ぜんだいみもん）	今までに聞いたこともないような珍（めずら）しいこと。
大器晩成（たいきばんせい）	大人物は、ゆっくりと時間をかけて才能があらわれ、大成していく。
泰然自若（たいぜんじじゃく）	ゆったりと落ち着いていて、物事に動じない様子。
大同小異（だいどうしょうい）	少しの違いはあるが、だいたいは同じであること。

ポイント 人の考え方や好みは、十人いれば十人とも違（ちが）っているということです。

「絶対」と書き間違えないようにね。

ポイント 「大同小異」の類義語には、「同工異曲（どうこういきょく）」・「五十歩百歩（ごじっぽひゃっぽ）」があります。

- □ 単刀直入（たんとうちょくにゅう）
  前置きもなく、いきなり話題の中心に入ること。
- □ 東奔西走（とうほんせいそう）
  目的のために、あちこち忙（いそが）しく走り回ること。
- □ 日進月歩（にっしんげっぽ）
  絶え間なく進歩すること。
- □ 半信半疑（はんしんはんぎ）
  半ば信じ、半ば疑うこと。
- □ 美辞麗句（びじれいく）
  美しく飾（かざ）った言葉。
- □ 優柔不断（ゆうじゅうふだん）
  ぐずぐずして、物事をはっきり決められないこと。
- □ 油断大敵（ゆだんたいてき）
  失敗や事故のもとになるので、油断は恐（おそ）ろしい敵であるということ。
- □ 用意周到（よういしゅうとう）
  準備がゆきとどいて、手抜（ぬ）かりがない様子。
- □ 臨機応変（りんきおうへん）
  その場その時に臨んで、物事を適切に処理すること。

ポイント　一本の刀だけをもって、真正面から敵陣（てきじん）に切り込（こ）む意味からできた言葉です。

ポイント　「美辞麗句を連ねるより、その人らしいスピーチのほうが気持ちが伝わる。」のように使います。

【よく出る慣用句〈体の部分を含むもの〉】

見出し語	意味
□足が棒になる	疲れて足がこわばる。
□足もとを見る	弱点を見透かして、弱みにつけこむ。
□顔が広い	知り合いが多いこと。
□顔から火が出る	たいへん恥ずかしくて顔が赤くなる。
□肩を並べる	対等な位置や立場に立つ。
□口をそろえる	誰もが同じ言葉で同じことを言う。
□首を長くする	今か今かと待ち望む。
□腰が低い	いばらないで、へりくだる様子。

ポイント 「足」を使った慣用句には、「足が出る（費用が予算より多くかかる。）」「足をのばす（予定よりもさらに遠くに行く。）」もあります。

ポイント 「顔」を使った慣用句には、「顔が売れる（有名になる。）」「顔をつなぐ（訪問などを通して知り合いの関係を保っておく。）」もあります。

「口を切る（最初に発言する。）」「口が重い（自分からあまりものを言わない様子。）」も覚えよう。

- □舌を巻く ―― 驚き、感心する。
- □手に余る ―― 自分の能力では処理できない。
- □手を打つ ―― ある問題について、必要な処置をとる。
- □手を焼く ―― 持て余す。
- □鼻が高い ―― 得意な様子。自慢げである。
- □鼻であしらう ―― 相手を馬鹿にして、冷たく扱う。
- □歯に衣着せぬ ―― 相手に遠慮せずに、思っていることを率直に言うこと。
- □額を集める ―― 集まって熱心に相談する。

ワンポイント 「目に余る（やることがひどいので、黙って見ていられない。）」と、しっかり区別しましょう。

ワンポイント 「手が込む（技巧が細かく綿密である様子。）」「手が足りない（働く人が足りない様子。）」も一緒に覚えましょう。

「鼻つまみ」は嫌われ者のこと。「鼻にかける」は自慢げに振る舞うこと。これは、「鼻持ちならない（がまんがならない。）」ね。

語句

見出し語	意味
□耳が痛い	弱点を言われて、聞くのがつらい。
□耳を疑う	聞いたことが信じられない。
□胸が騒ぐ	不安で心が落ち着かない。
□目が高い	物の価値を見極める力がある。
□目がない	非常に好む。度を超えて好きである。
□目からうろこが落ちる	わからなかったことが突然わかるようになる。
□目星を付ける	だいたいの見当をつける。
□目をつぶる	あやまちなどに気づいていても、気づかないふりをする。
□目を盗む	人に見つからないように、こっそりする。

ポイント 「耳が早い（物音やうわさなどを聞きつけるのが早い。）」「耳をそろえる（必要な数量・金額をきちんとそろえる。）」もよく使います。

ポイント 「胸を打つ（強く心を動かされる。）」「胸を借りる（自分より上位の者に練習の相手をしてもらう。）」もあります。

ポイント 「目が高い」と似た意味で、「目が肥えている（価値のあるものを見定める力がある。）」もあります。

〈体の部分を含(ふく)むもの以外の慣用句〉

□油を売る
無駄(むだ)話などで時間をつぶして怠(なま)けること。

□息を呑(の)む
驚(おど)いて、思わず息を止める。

□馬が合う
気が合う。

□襟(えり)を正す
姿勢を正して気を引きしめる。

□釘(くぎ)を刺(さ)す
あとで問題にならないように、前もって念を押(お)す。

□さじを投げる
見込(みこ)みがないとあきらめる。

□しびれを切らす
待ちくたびれて、がまんできなくなる。

□二の足を踏(ふ)む
どうしようかと、行動をためらう。

□火に油を注ぐ
物事の勢いをいちだんと激しくさせる。

ポイント 動物の名を含(ふく)んだ慣用句には、「犬も食わない（全く相手にする価値がない。）」「借りてきた猫(ねこ)（普段(ふだん)より遠慮(えんりょ)しておとなしくしている様子。）」「烏(からす)の行水（入浴時間がきわめて短いこと。）」「鶴(つる)の一声(ひとこえ)（権威(けんい)ある者の一言で決着をみること。）」などもあります。

前の人と同じ失敗を繰(く)り返すという意味の「二の舞(ま)いを演じる」と区別しよう。

【よく出ることわざ】

見出し語	意味
□青菜(あおな)に塩(しお)	急に元気をなくして沈(しず)んでいる様子。
□雨(あめ)降(ふ)って地固(じかた)まる	もめごとの後、かえって事態が安定すること。
□石橋(いしばし)をたたいて渡(わた)る	非常に用心深く行動する。
□魚心(うおごころ)あれば水心(みずごころ)あり	相手が好意をもてば、こちらも好意をもつようになる。
□帯(おび)に短(みじか)し襷(たすき)に長(なが)し	中途半端(ちゅうとはんぱ)で役に立たない。
□風(かぜ)が吹(ふ)けば桶屋(おけや)がもうかる	一見何の関係もないようなことがつながって、思わぬ結果が生じること。
□果報(かほう)は寝(ね)て待(ま)て	幸運は人の力でどうにかできないから、あせらずに、運が向くのを待つのが良い。
□けがの功名(こうみょう)	失敗が思いがけなく良い結果を生むこと。

ポイント 青菜に塩を振(ふ)りかけるとしおれることから、その様子を人に用いたものです。

ポイント 似た意味のことわざに「転ばぬ先のつえ」「念には念を入れよ」があります。

帯として使うには短すぎ、かといって襷として使うには長すぎるのでは、どっちにも使えないね。

語句

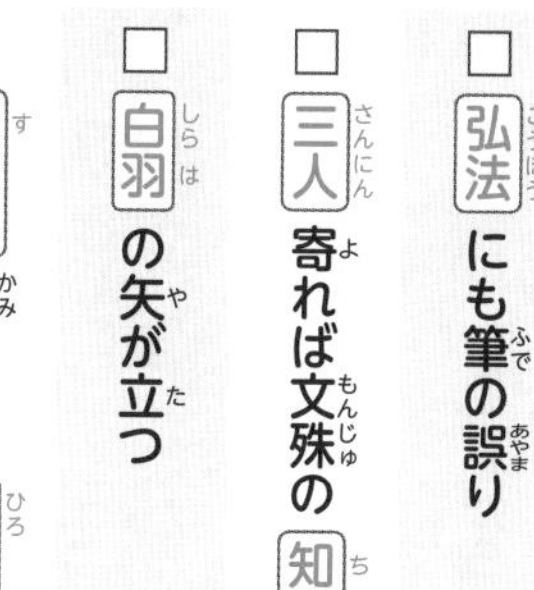

- □ **弘法にも筆の誤り**
  名人といわれる人でも、時には失敗する。
  - 「猿も木から落ちる」「かっぱの川流れ」も同じ意味です。
- □ **三人寄れば文殊の知恵**
  一人では難しいことでも、みんなで話し合えばよい考えが浮かぶものだ。
- □ **白羽の矢が立つ**
  多くの人の中から、特に選び出されること。
- □ **捨てる神あれば拾う神あり**
  世間はいろいろなので、見捨てる人もいれば、助けてくれる人もいる。
- □ **背に腹はかえられない**
  さし迫った危機を切り抜けるためには、少々の犠牲はしかたがない。
- □ **船頭多くして船山に登る**
  指示を出す者が多いと、統一がとれず、かえってとんでもない方向に進むものである。
- □ **立つ鳥跡を濁さず**
  去りぎわをきれいにする。
- □ **月とすっぽん**
  形は似ているが二つのものの違いが、比べものにならないほど大きいこと。
  - 形は似ていても比較にならないほど両者が隔たっていて、釣り合いがとれないことをいいます。似た意味のことわざに「提灯に釣り鐘」があります。
- □ **灯台下暗し**
  身近なことは、かえって気がつかないこと。

見出し語	意味	語句
□どんぐりの背比べ	似たり寄ったりで、平凡なものばかりであること。	
□泣き面に蜂	不幸・不運の上に、さらに良くないことが重なること。	ポイント「弱り目にたたり目」「踏んだりけったり」「傷口に塩」も似た意味です。
□情けは人のためならず	人にかけた情けは、いつか自分に返ってくる。	
□二階から目薬	効き目がないこと。回りくどいこと。	
□二兎を追う者は一兎をも得ず	同時に二つのことを得ようとすると、一つも得ることができない。	ポイント両方をねらって、結局どちらも手に入らない、「虻蜂とらず」は似た意味のことわざ、「一石二鳥」は対義語です。
□ぬかに釘	何の手ごたえもなく、効き目がないこと。	ポイント「のれんに腕押し」「豆腐にかすがい」も似た意味です。
□ぬれ手で粟	苦労しないで利益を得ること。	
□猫に小判	価値のあるものでも、持つ人によっては何の役にも立たない。	
□箸にも棒にもかからぬ	あまりにもひどくて取り扱いようがない。	

「猫に小判」は、意味が似ている「豚に真珠」「馬の耳に念仏」と一緒に覚えよう。

□火のないところに煙は立たぬ
うわさが立つのは、原因になることがあるからだ。

□百聞は一見にしかず
話を何度も聞くより、一度実際に見るほうがよくわかる。

□待てば海路の日和あり
あせらないで気長に待っていれば、必ず良いことがある。

□身から出た錆
自分自身のした悪い行いの報いとして、苦しみにあうこと。

ポイント　「自業自得」「因果応報」は似た意味の四字熟語です。

□三つ子の魂百まで
幼いときの性質は、年をとっても変わるものではないということ。

□焼け石に水
努力や援助がわずかで、効き目がないこと。

□柳の下にいつもどじょうはいない
一度うまくいったからといって、いつもうまくいくとは限らない。

□良薬は口に苦し
良く効く薬は苦くて飲みにくいように、身のためになる忠告は聞きづらい。

ポイント　孔子の言葉に「良薬は口に苦けれども病に利あり。忠言は耳に逆らえども行いに利あり（良薬は苦いが飲めば病気を治してくれる。忠言は聞きづらいが、行動のためになる。）」とあります。

□渡りに船
何かしようとしたときに、都合よく条件が整うこと。

【よく出る故事成語】

見出し語	意味
□青は藍より出でて藍より青し	教えを受けた弟子が努力して、先生よりも優れた人になること。
□羹に懲りて膾を吹く	一度の失敗に懲りて、必要以上の心配をすること。
□石に漱ぎ流れに枕す	負け惜しみが強いこと。無理にこじつけて、自分の説を通そうとすること。
□一挙両得	一つのことをして、同時に二つの利益を得ること。
□一炊の夢	人生の栄華のはかないことのたとえ。
□烏合の衆	規律もまとまりもない人々の集まり。
□温故知新	昔の物事を調べ、そこから新しい知識や考えを引き出すこと。
□臥薪嘗胆	ある目的を達成するために、大変な努力や苦労をすること。

ポイント 「石に枕し流れに漱ぐ（俗世間を離れ、人里離れたところで自由に暮らす）」と言うべきところを「石に漱ぎ流れに枕す」と言い誤った者が、「流れに枕するのは俗事を聞いて汚れた耳をすすぐためであり、石に漱ぐのは歯を磨くためだ」とこじつけたという故事に基づきます。「（夏目）漱石」という筆名は、この言葉に由来します。

ポイント 「故」は古いということ、「温」は、たずね求める、復習するという意味です。

- □画竜点睛を欠く
  物事を完成させるために最後に加える大切な仕上げが足りない。
- □間髪を容れず
  間をおかずに。すぐに。
- □疑心暗鬼を生ず
  一度疑いの心が生じると、何でもないことまで怪しく思えるようになってしまうこと。
- □木に縁りて魚を求む
  方法が誤っていると物事が達成できないということ。
- □杞憂
  余計な心配をすること。取り越し苦労。
- □玉石混交
  優れたものとつまらないものとが入りまじっていること。
- □漁夫(漁父)の利
  二者が争っているすきに、関係ない人が利益を横取りすること。
- □鶏口となるも牛後となるなかれ
  大きな組織で人の後ろにつくよりも、小さな組織でもその長となるほうがよい。
- □蛍雪の功
  苦労して学問に励み、成功すること。

ポイント
「睛」は瞳のこと。寺の壁に竜を描いていたところ、最後に瞳を描き入れたとたん、描かれた竜が天に飛び去ったという中国の故事に基づきます。
「睛」は「晴」と書き誤りやすいので注意しましょう。

「玉」は宝石、「石」は値打ちのない石、つまらないものを指すよ。「玉石混淆」とも書くよ。

見出し語	意味
□逆鱗に触れる	天子や君主、または目上の人をひどく怒らせること。
□呉越同舟	仲の悪い者同士が同席すること。また、行動を共にすること。
□虎穴に入らずんば虎子を得ず	危険を冒さなければ、大きな利益や功績は得られないこと。
□五十歩百歩	違うように見えても、実際はほとんど変わりがないこと。
□塞翁が馬	人間の幸・不幸は予測できないものだということ。
□四面楚歌	自分の周りがみな敵で、助けもなく孤立すること。
□助長	不要な助けで、かえって相手を害すること。
□推敲	詩や文章の表現を、何度も練り直すこと。

ポイント　中国春秋時代の呉の国と越の国は互いに争っていたが、たまたま二つの国の人が同じ舟に乗り合わせました。その時、嵐で転覆しそうになり、普段の恨みは忘れて助け合ったという故事に基づきます。

ポイント　楚の国の項羽は漢軍と戦っていたが、部下が次々と漢軍に寝返り、形勢が悪化していきました。ある日、楚軍を包囲している漢軍から楚の民謡を歌う声が聞こえ、項羽は敗北を悟ったという故事に基づきます。

よく出る故事成語

□杜撰（ずさん）	いい加減で、誤りが多いこと。
□青天の霹靂（せいてんのへきれき）	突然起こる、思いがけない出来事や大事件。
□他山の石（たざんのいし）	自分より劣った人の言動やつまらないことでも、自分の向上の役に立つこと。
□蛇足（だそく）	よけいなもの。あっても役に立たないもの。
□断腸の思い（だんちょうのおもい）	はらわたがちぎれるほどの痛切な思い。深い悲しみ。
□朝三暮四（ちょうさんぼし）	うまい言葉で人をだますこと。目先の違いに気をとられ、結果が同じことに気がつかないこと。
□登竜門（とうりゅうもん）	そこを通れば出世できるといわれる関門。
□虎の威を借る狐（とらのいをかるきつね）	強い者の力や勢いを頼っていばる人のこと。
□背水の陣（はいすいのじん）	あとに引けない状況下で全力を尽くすこと。

ワンポイント

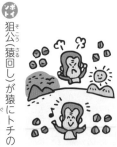

狙公（猿回し）が猿にトチの実を朝に三つ、夕暮れに四つ与えると言ったら猿が怒り出したので、朝に四つ、夕暮れに三つやると言ったところ喜んだという故事がもとになっています。

見出し語	意味
□白眉	多くの優れたものの中で、最も優れているもの。
□破竹の勢い	猛烈な勢いで進むこと。
□覆水盆に返らず	一度してしまったことは取り返しがつかないこと。
□傍若無人	人にかまわず勝手気ままに振る舞うこと。
□矛盾	二つの事柄のつじつまが合わないこと。
□孟母三遷	母親が教育に熱心なこと。また、教育には環境が大切だという教え。
□李下に冠を正さず	疑われやすい行いは避けたほうがよいということ。

訓読では「傍らに人無きが若し」と読むよ。

ワンポイント
「瓜田に履を納れず李下に冠を正さず」という古い詩に基づきます。瓜畑では靴を履き直すと瓜を盗むのかと疑われ、スモモの木の下で冠をかぶり直すと実を盗むかと疑われるので、そのような行動はすべきではないという意味です。

【覚えておきたい語句・表現】

見出し語	意味	例文
□侮(あなど)る	相手を軽くみる。見くびる。ばかにする。	対戦相手を**侮る**。
□息が詰(つ)まる	①呼吸が十分にできなくなる。 ②緊張(きんちょう)で息苦しくなる。	①**息が詰まり**そうな人込(ご)みだ。 ②堅苦(かたくる)しい席で**息が詰まり**そうだ。
□息を呑(の)む	驚(おどろ)いて、思わず息を止める。	思いがけない光景に**息を呑む**。
□畏敬(いけい)の念	力を認めて、おそれうやまう気持ち。	自然界に**畏敬の念**を覚える。
□いそしむ	一生懸命(けんめい)に励(はげ)む。精を出す。	勉学に**いそしむ**。
□いたずらに	無駄(むだ)に。むなしく。	**いたずらに**時間が過ぎる。

ワンポイント「畏敬の念」は、主に自然や神仏など人間の力が及(およ)ばないものに対して用います。

悪ふざけという意味の「いたずら」ではないよ。

見出し語	意味	例文
□痛ましい	見ていられないほどにかわいそうだ。痛々しい。	**痛ましい**事故が起こる。
□色あせる	色が薄くなったり、感動が薄れたりしてくる。	昔の写真が**色あせる**。
□おずおず(と)	ためらいながら行動する様子。	**おずおずと**尋ねる。
□おびただしい	数や量が非常に多い。程度がはなはだしい。	**おびただしい**人の数。
□おもむろに	静かに、ゆっくりと。	**おもむろに**口を開く。
□かきたてる	人の心にはたらいて、その気持ちを強くわき立たせる。	好奇心を**かきたてる**。

「色あせる」は「色あせた思い出」のように色に直接関係がない文のときにも使われるよ。

ポイント 「おずおず」は、「こわごわ」「おそるおそる」と同じような意味。

□**気前がいい**
お金や品物をけちけちしないで使う気質。
祖父はとても**気前がいい**。

□**きめ細かい**
①表面などがなめらかな様子。②注意や心配りがよく行き届いている様子。
①**きめ細かい**肌。
②**きめ細かい**対応をする。

□**繰り広げる**
次から次に行う。事柄・場面などを次々に展開する。
競技場では、連日熱戦が**繰り広げ**られている。
ポイント 「繰り広げる」の「繰り」は「順に」という意味をもっています。

□**けりがつく**
決着がつく。終わりになる。
争いに**けりがつく**。

□**心もとない**
頼りにならなくて不安だ。
子どもだけでは**心もとない**。
ポイント 「心もとない」の類義語は「心細い」や「危なっかしい」。「心細い」は、頼るものが少ない場合に使います。
▼心細い⇔心強い

□**こしゃくな**
相手が生意気で、しゃくにさわる様子。
妹が**こしゃくな**ことを言う。

□**言葉を挟む**
人の話に割りこんで、自分の話をする。
黙っていられずに、**言葉を挟む**。

見出し語	意味	例文
□込(こ)み上げる	おさえきれなくて、あふれ出そうになる。	・涙(なみだ)が**込み上げる**。 ・怒(いか)りが**込み上げる**。
□コントロール	①程度がすぎないように調整すること。②スポーツで、ボールを思うところにあやつること。	①温度を**コントロール**する。 ②**コントロール**のいい投手。
□策を講じる	計画を考えて、適切な手段をとる。	安全のため、万全の**策を講じる**。
□さしずめ	①結局のところ。②今のところは。さしあたって。	①社長は**さしずめ**一国の領主だ。 ②**さしずめ**食うには困らない。
□さながら	①ちょうど。まるで。あたかも。 ②～(と)同然。そのまま。	①草原は、**さながら**海のようだった。 ②本番**さながら**に行う。
□しぐさ	物事をするときの体の動かし方や、態度や表情。	子どもの**しぐさ**は愛らしい。

ポイント　感動や興奮のために心が高まることを「熱いものが込み上げる。」と言います。「好きな曲を聴いて熱いものが込み上げてきた。」のように使われます。

ポイント　「さながら」の類義語は、「まるで」「ちょうど」「同然」など。
①草原は、まるで海のようだった。
②本番そっくりに行う。
のようになります。

□しつらえる	用意する。設ける。	広間に祭壇をしつらえる。
□しどろもどろ	あわてていて、話す内容が整っていない様子。	責任を追及されて、しどろもどろな答弁になる。
□切羽詰まる	追い詰められて、どうしようもなくなる。	切羽詰まって、口から出まかせを言う。
□造作ない	大した手間もかからず、たやすくできる様子。（造作＝手間・面倒）	二回戦まで造作なく勝ち上がった。
□立ちすくむ	恐ろしさなどのために立ったまま動けなくなる。	あまりの恐ろしさにその場に立ちすくむ。
□盾に取る	手段にする。口実にする。	人質を盾に取って、金を要求する。
□ためらう	迷って心が決まらない。思い切りがつかなくて行動に移れない。	話すのをためらう。

「しつらえる」は、「注文して希望通りの品物を作らせる。」という意味の「あつらえる」と区別しましょう。

「切羽詰まる」は、「追い立てられる。」「尻に火がつく。」「追い詰められる。」の類義語だよ。

見出し語	意味	例文
□竹馬(ちくば)の友	幼い時、一緒(いっしょ)に遊んだ友。幼友達。	**竹馬の友**に偶然(ぐうぜん)再会する。
□つちかう	力や性質などを養い育てる。	体力を**つちかう**。
□手のひらを返すよう	今まで言ってきたことや、それまでの態度を、急に大きく変える様子。	彼(かれ)の**手のひらを返すよう**な態度にあきれる。
□照れくさい	ほめられたり注目されたりして、恥(は)ずかしく、きまりがわるい。	**照(て)れくさく**て顔が上げられない。
□ときめく	喜びや期待などで、胸がどきどきする。心がおどる。	素敵な出会いに心が**ときめく**。
□とって付けたよう	態度や言動が不自然でわざとらしい様子。	**とって付けたよう**なお世辞は聞きたくない。

ポイント

「竹馬の友」は中国の故事がもとになっています。「竹馬」は、馬に見立てて先(せん)端(たん)にたてがみをつけた竹の棒のこと。「竹馬(ちくば)」を「たけうま」と読まないようにしましょう。

□ **途方に暮れる**（とほうにくれる）
方法がなくてどうしようもない。どうしたらよいかわからなくなって、困りきる。
目標を失って**途方に暮れる**。
ポイント 類義語は「思案に暮れる」

□ **途方もない**
道理からはずれている。並はずれている。とんでもない。
途方もない計画を立てる。

□ **名残惜しい**（なごりおしい）
心が引かれて、別れるのがつらい。
卒業して、みんなと別れるのは**名残惜しい**。

「名残惜しい」は「なごりおしい」ときちんと読めるようにしよう。

□ **なぞらえる**
①他のものに似せる。まねる。
②他の似ているものにたとえる。
①海に**なぞらえ**て石庭を造る。
②人生を旅に**なぞらえる**。

□ **なだれ込む**（なだれこむ）
多くの人が、雪崩（なだれ）のようになって、一度にどっと入ってくる。
バーゲン会場に客が**なだれ込む**。

□ **根掘り葉掘り**（ねほりはほり）
細かいところまで残らず。
わけを**根掘り葉掘り**聞き出す。
ポイント 「根掘り葉掘り」の「葉掘り」は、「根元から枝葉に至るまで。」の意味を表すために、「根掘り」に語調を合わせて付け加えたもの。根は掘れても葉は掘れません。

□ **年季が入る**（ねんきがはいる）
長い年月その仕事を続けて、熟練している。
おじは**年季が入っ**た大工だ。

語句

見出し語	意味	例文
□念頭に置く	心にかける。覚えていて考えに入れる。	いつも、安全を**念頭に置い**て作業を進める。
□図らずも	思いがけなくも。意外にも。	**図らずも**友人と同じ列車に乗り合わせた。
□はたと	急に状況が変化する様子。突然。完全に。全く。	**はたと**風がやむ。
□非の打ち所がない	少しも欠点がない。完全である。	彼は容姿といい性格といい、**非の打ち所がない**。
□微妙(な)	①細部に意味や味わいがあり、簡単に言い表せない様子。②物事のなりゆきがはっきりわからない様子。	①色彩の**微妙な**違いを見分ける。②両国の関係は**微妙な**段階にある。
□ひるむ	恐れて気力がくじける。	強敵にも**ひるま**ない。

ポイント 「非の打ち所がない」と似た意味の表現は、「完璧な」「完全無欠の」など。

ポイント 「微妙」は、「今の判定は微妙ですね。」などのように、「あまりよくないこと」という意味でも使います。

□ **巻き添えを食う**	自分に関係のない事故や事件に関わってしまい、思わぬ損害や迷惑をこうむること。	事故の**巻き添えを食っ**て、試験に遅刻する。
□ **またたく**	①目をぱちぱちする。まばたきをする。②光がちらちらする。	①目を**またたかせる**。②町の灯が**またたく**。
□ **まどろむ**	ちょっとの間、うとうとする。仮眠をとる。	窓辺で**まどろむ**。
□ **マニュアル**	作業や操作の手順についてまとめたもの。手引き書。	**マニュアル**のとおりに操作する。
□ **まばゆい**	光がまぶしい。目をあけていられないほどに美しい。	**まばゆい**夏の太陽を思い出す。
□ **ままならない**	思いどおりにならない。自由にならない。	筋肉痛で、歩くことも**ままならない**。
□ **まみれる**	汗・ほこり・血などが一面についてよごれる。	汗に**まみれ**て働く姿が美しく見えた。

ポイント
「またたく」がもとになった「瞬く間」は、まばたきをするほどのきわめて短い時間、あっという間という意味。「瞬く間に作り上げる。」「瞬く間の出来事。」のように使います。

「マニュアル」の語源は「手に持った本」を意味するラテン語。「事務手順書」や「使用説明書」や「操作説明書」など、いろいろな意味に使われているよ。

見出し語	意味	例文
□三日にあげず	毎日のように。たびたび。しょっちゅう。	彼は**三日にあげず**遊びに来る。
□むさぼる	①満足することなく欲しがる。 ②飽きることなくいつまでも続ける。	①利益を**むさぼる**。 ②本を**むさぼり**読む。
□目を細くする	うれしさやかわいさに、うっとりとした顔つきになる。「目を細める」とも言う。	祖父母が孫の遊ぶ様子に**目を細くする**。
□面食らう	突然のことに驚いて慌てる。まごつく。	不意の指名に**面食らう**。
□持ち前	その人の本来の性質。生まれつき。	**持ち前**のサービス精神を発揮する。
□もってこい	能力や状態がそのことを行うのにまさに適している様子。ちょうどいい。	運動会には**もってこい**の天気だ。

ポイント 他にも、怒ったり、夢中になったりする様子を表す「目の色を変える」や、じっと見つめる様子を表す「目を凝らす」も覚えましょう。

ポイント 「面食らう」と似た意味の表現に「驚く・慌てる・慌てふためく・うろたえる・取り乱す」などがあります。

中学で習う全漢字リスト

※部首、画数は、『漢検要覧２～10級対応』（日本漢字能力検定協会）に従っています。辞典、教科書によって、本書と異なる場合があります。

ア行

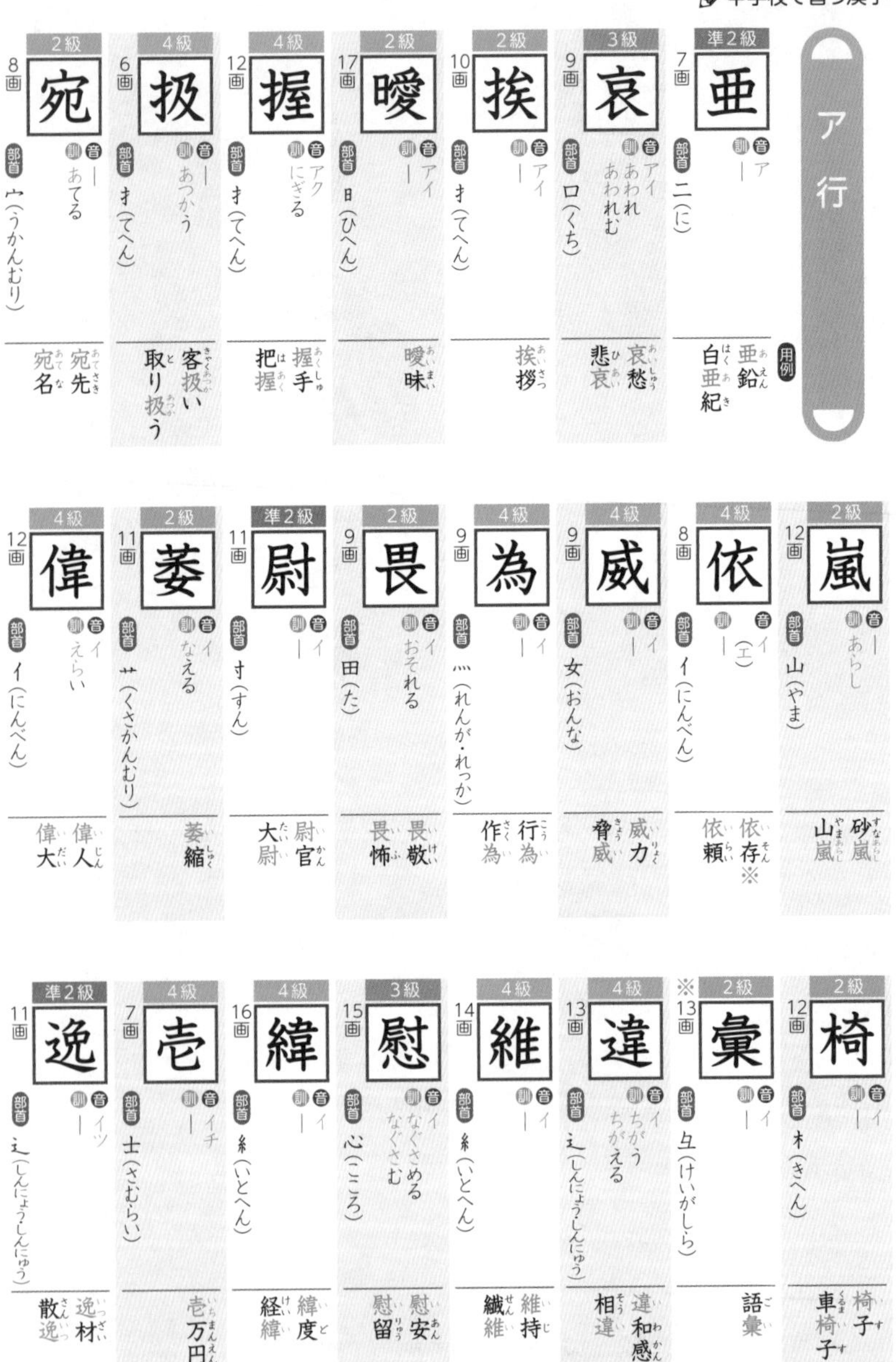

漢字	級	画数	音	訓	部首	用例
亜	準2級	7画	ア	—	二(に)	亜鉛(あえん)　白亜紀(はくあき)
哀	3級	9画	アイ	あわれ　あわれむ	口(くち)	哀愁(あいしゅう)　悲哀(ひあい)
挨	2級	10画	アイ	—	扌(てへん)	挨拶(あいさつ)
曖	2級	17画	アイ	—	日(ひへん)	曖昧(あいまい)
握	4級	12画	アク	にぎる	扌(てへん)	握手(あくしゅ)　把握(はあく)
扱	4級	6画	—	あつかう	扌(てへん)	客扱い(きゃくあつかい)　取り扱う(とりあつかう)
宛	2級	8画	—	あてる	宀(うかんむり)	宛先(あてさき)　宛名(あてな)
嵐	2級	12画	—	あらし	山(やま)	砂嵐(すなあらし)　山嵐(やまあらし)
依	4級	8画	イ　(エ)	—	亻(にんべん)	依存(いそん)※　依頼(いらい)
威	4級	9画	イ	—	女(おんな)	威力(いりょく)　脅威(きょうい)
為	4級	9画	イ	—	灬(れんが・れっか)	行為(こうい)　作為(さくい)
畏	2級	9画	イ	おそれる	田(た)	畏敬(いけい)　畏怖(いふ)
尉	準2級	11画	イ	—	寸(すん)	尉官(いかん)　大尉(たいい)
萎	2級	11画	イ	なえる	艹(くさかんむり)	萎縮(いしゅく)
偉	4級	12画	イ	えらい	亻(にんべん)	偉人(いじん)　偉大(いだい)
椅	2級	12画	イ	—	木(きへん)	椅子(いす)　車椅子(くるまいす)
彙 ※	2級	13画	イ	—	彑(けいがしら)	語彙(ごい)
違	4級	13画	イ	ちがう　ちがえる	辶(しんにょう・しんにゅう)	違和感(いわかん)　相違(そうい)
維	4級	14画	イ	—	糸(いとへん)	維持(いじ)　繊維(せんい)
慰	3級	15画	イ	なぐさめる　なぐさむ	心(こころ)	慰安(いあん)　慰留(いりゅう)
緯	4級	16画	イ	—	糸(いとへん)	緯度(いど)　経緯(けいい)
壱	4級	7画	イチ	—	士(さむらい)	壱万円(いちまんえん)
逸	準2級	11画	イツ	—	辶(しんにょう・しんにゅう)	逸材(いつざい)　散逸(さんいつ)

※「いぞん」とも読む。　※「彙」も可。

芋 4級 6画
音 —　訓 いも
部首 艹（くさかんむり）
用例 芋虫（いもむし）　焼き芋（やきいも）

咽 2級 9画
音 イン　訓 —
部首 口（くちへん）
用例 咽喉（いんこう）　咽頭（いんとう）

姻 準2級 9画
音 イン　訓 —
部首 女（おんなへん）
用例 姻戚関係（いんせきかんけい）　婚姻届（こんいんとどけ）

淫 ※ 2級 11画
音 イン　訓 （みだら）
部首 氵（さんずい）
用例 淫行（いんこう）

陰 4級 11画
音 イン　訓 かげ　かげる
部首 阝（こざとへん）
用例 陰気（いんき）　日陰（ひかげ）

隠 4級 14画
音 イン　訓 かくす　かくれる
部首 阝（こざとへん）
用例 隠居（いんきょ）　雲隠れ（くもがくれ）

韻 準2級 19画
音 イン　訓 —
部首 音（おと）
用例 韻文（いんぶん）　音韻（おんいん）

唄 2級 10画
音 —　訓 うた
部首 口（くちへん）
用例 小唄（こうた）　長唄（ながうた）

鬱 2級 29画
音 ウツ　訓 —
部首 鬯（ちょう）
用例 鬱憤（うっぷん）　憂鬱（ゆううつ）

畝 準2級 10画
音 —　訓 うね
部首 田（た）
用例 畝（うね）

浦 準2級 10画
音 —　訓 うら
部首 氵（さんずい）
用例 浦里（うらざと）　津津浦浦（つつうらうら）

詠 3級 12画
音 エイ　訓 （よむ）
部首 言（ごんべん）
用例 詠嘆（えいたん）　朗詠（ろうえい）

影 4級 15画
音 エイ　訓 かげ
部首 彡（さんづくり）
用例 影響（えいきょう）　影絵（かげえ）

鋭 4級 15画
音 エイ　訓 するどい
部首 金（かねへん）
用例 鋭利（えいり）　精鋭（せいえい）

疫 準2級 9画
音 エキ　（ヤク）　訓 —
部首 疒（やまいだれ）
用例 疫病（えきびょう）　免疫（めんえき）

悦 3級 10画
音 エツ　訓 —
部首 忄（りっしんべん）
用例 悦楽（えつらく）　愉悦（ゆえつ）

越 4級 12画
音 エツ　訓 こす　こえる
部首 走（そうにょう）
用例 優越感（ゆうえつかん）　年越し（としこし）

謁 準2級 15画
音 エツ　訓 —
部首 言（ごんべん）
用例 謁見（えっけん）　拝謁（はいえつ）

閲 3級 15画
音 エツ　訓 —
部首 門（もんがまえ）
用例 閲覧（えつらん）　校閲（こうえつ）

炎 3級 8画
音 エン　訓 ほのお
部首 火（ひ）
用例 炎上（えんじょう）　火炎（かえん）

怨 2級 9画
音 （エン）　オン　訓 —
部首 心（こころ）
用例 怨念（おんねん）　怨霊（おんりょう）

宴 3級 10画
音 エン　訓 —
部首 宀（うかんむり）
用例 宴会（えんかい）　酒宴（しゅえん）

援 4級 12画
音 エン　訓 —
部首 扌（てへん）
用例 援護（えんご）　応援（おうえん）

煙 4級 13画
音 エン　訓 けむる　けむり　けむい
部首 火（ひへん）
用例 煙突（えんとつ）　禁煙（きんえん）

※「淫」も可。

エン→オン

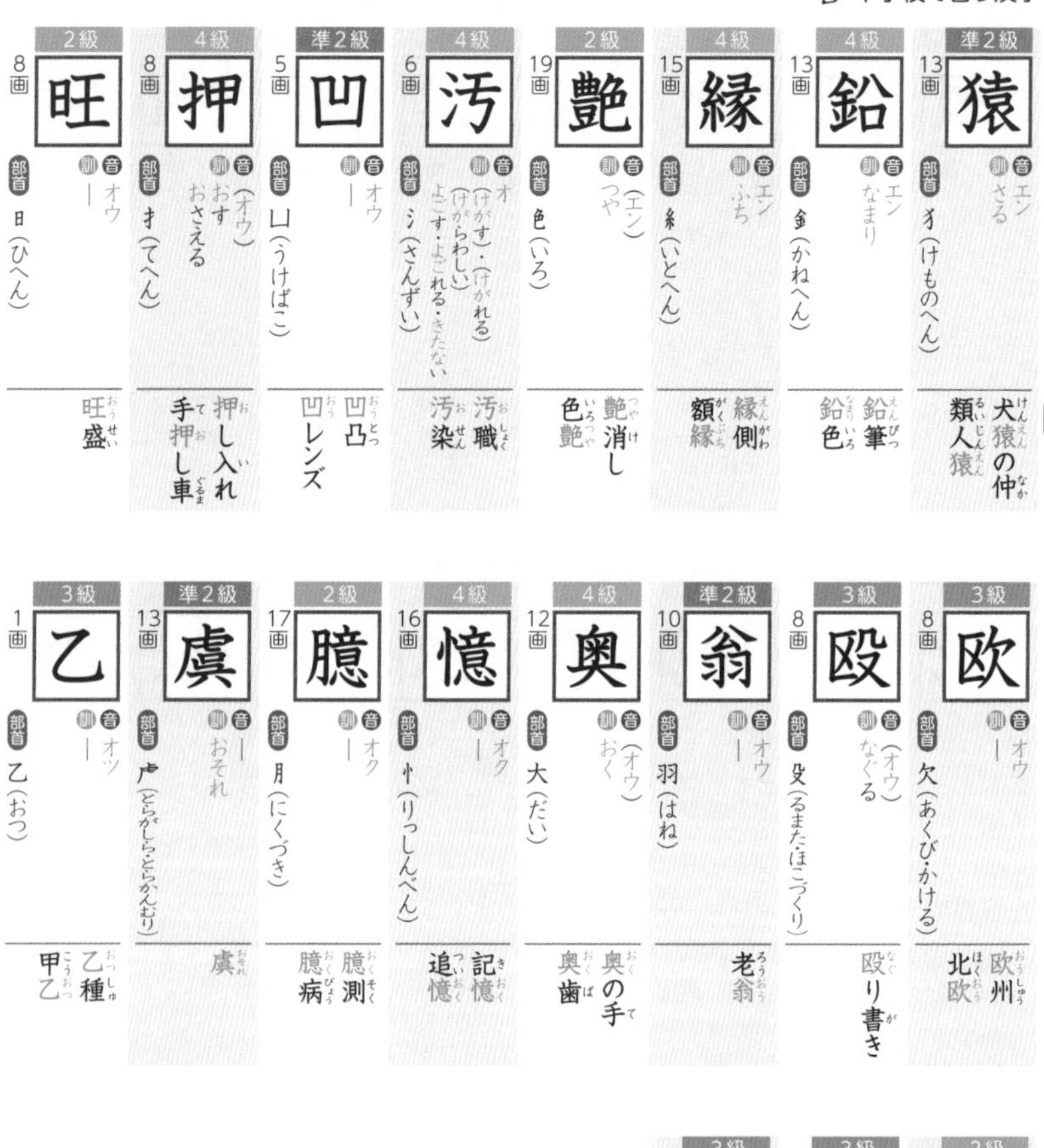

猿（準2級・13画） 音 エン 訓 さる 部首 犭（けものへん） 用例 犬猿の仲・類人猿

鉛（4級・13画） 音 エン 訓 なまり 部首 金（かねへん） 用例 鉛筆・鉛色

縁（4級・15画） 音 エン 訓 ふち 部首 糸（いとへん） 用例 縁側・額縁

艶（2級・19画） 音 （エン） 訓 つや 部首 色（いろ） 用例 艶消し・色艶

汚（4級・6画） 音 オ 訓 （けがす）・（けがれる）・（けがらわしい）・よごす・よごれる・きたない 部首 氵（さんずい） 用例 汚職・汚染

凹（準2級・5画） 音 オウ 訓 ― 部首 凵（うけばこ） 用例 凹凸・凹レンズ

押（4級・8画） 音 （オウ） 訓 おす・おさえる 部首 扌（てへん） 用例 押し入れ・手押し車

旺（2級・8画） 音 オウ 訓 ― 部首 日（ひへん） 用例 旺盛

欧（3級・8画） 音 オウ 訓 ― 部首 欠（あくび・かける） 用例 欧州・北欧

殴（3級・8画） 音 （オウ） 訓 なぐる 部首 殳（るまた・ほこづくり） 用例 殴り書き

翁（準2級・10画） 音 オウ 訓 ― 部首 羽（はね） 用例 老翁

奥（4級・12画） 音 （オウ） 訓 おく 部首 大（だい） 用例 奥の手・奥歯

憶（4級・16画） 音 オク 訓 ― 部首 忄（りっしんべん） 用例 記憶・追憶

臆（2級・17画） 音 オク 訓 ― 部首 月（にくづき） 用例 臆測・臆病

虞（準2級・13画） 音 ― 訓 おそれ 部首 虍（とらがしら・とらかんむり） 用例 虞

乙（3級・1画） 音 オツ 訓 ― 部首 乙（おつ） 用例 乙種・甲乙

俺（2級・10画） 音 ― 訓 おれ 部首 亻（にんべん） 用例 俺

卸（3級・9画） 音 ― 訓 おろす・おろし 部首 卩（わりふ・ふしづくり） 用例 卸し金・卸売り

穏（3級・16画） 音 オン 訓 おだやか 部首 禾（のぎへん） 用例 穏健・平穏

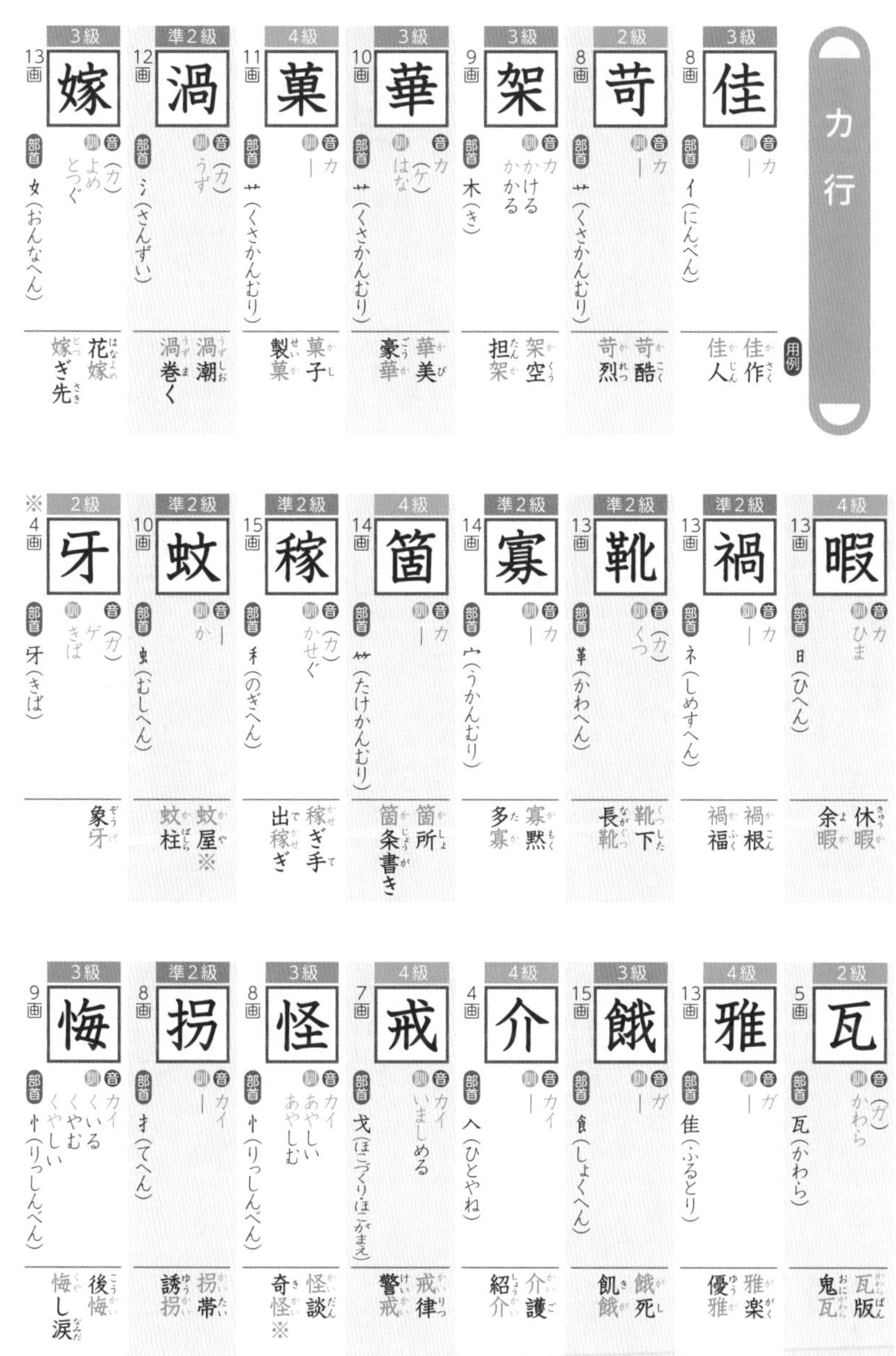

カ行

漢字	級	画数	音	訓	部首	用例
佳	3級	8画	カ	―	亻(にんべん)	佳作(かさく)　佳人(かじん)
苛	2級	8画	カ	―	艹(くさかんむり)	苛酷(かこく)　苛烈(かれつ)
架	3級	9画	カ	かける　かかる	木(き)	架空(かくう)　担架(たんか)
華	3級	10画	カ　(ケ)	はな	艹(くさかんむり)	華美(かび)　豪華(ごうか)
菓	4級	11画	カ	―	艹(くさかんむり)	菓子(かし)　製菓(せいか)
渦	準2級	12画	(カ)	うず	氵(さんずい)	渦潮(うずしお)　渦巻く(うずまく)
嫁	3級	13画	(カ)	よめ　とつぐ	女(おんなへん)	花嫁(はなよめ)　嫁ぎ先(とつぎさき)
暇	4級	13画	カ	ひま	日(ひへん)	休暇(きゅうか)　余暇(よか)
禍	準2級	13画	カ	―	ネ(しめすへん)	禍根(かこん)　禍福(かふく)
靴	準2級	13画	(カ)	くつ	革(かわへん)	靴下(くつした)　長靴(ながぐつ)
寡	準2級	14画	カ	―	宀(うかんむり)	寡黙(かもく)　多寡(たか)
箇	4級	14画	カ	―	竹(たけかんむり)	箇所(かしょ)　箇条書き(かじょうがき)
稼	準2級	15画	(カ)	かせぐ	禾(のぎへん)	稼ぎ手(かせぎて)　出稼ぎ(でかせぎ)
蚊	準2級	10画	―	か	虫(むしへん)	蚊屋(かや)※　蚊柱(かばしら)
牙	2級	※4画	(ガ)　ゲ	きば	牙(きば)	象牙(ぞうげ)
瓦	2級	5画	(ガ)	かわら	瓦(かわら)	瓦版(かわらばん)　鬼瓦(おにがわら)
雅	4級	13画	ガ	―	隹(ふるとり)	雅楽(ががく)　優雅(ゆうが)
餓	3級	15画	ガ	―	食(しょくへん)	餓死(がし)　飢餓(きが)
介	4級	4画	カイ	―	𠆢(ひとやね)	介護(かいご)　紹介(しょうかい)
戒	4級	7画	カイ	いましめる	戈(ほこづくり/ほこがまえ)	戒律(かいりつ)　警戒(けいかい)
怪	3級	8画	カイ	あやしい　あやしむ	忄(りっしんべん)	怪談(かいだん)　奇怪(きかい)※
拐	準2級	8画	カイ	―	扌(てへん)	拐帯(かいたい)　誘拐(ゆうかい)
悔	3級	9画	カイ	くいる　くやむ　くやしい	忄(りっしんべん)	後悔(こうかい)　悔し涙(くやしなみだ)

※「蚊帳」とも書く。　※「牙」(5画)も可。　※「きっかい」とも読む。

漢字	級	画数	音	訓	部首	用例
皆	4級	9画	カイ	みな	白（しろ）	皆無（かいむ）、皆様（みなさま）
塊	3級	13画	カイ	かたまり	土（つちへん）	金塊（きんかい）、団塊（だんかい）
楷	2級	13画	カイ	―	木（きへん）	楷書（かいしょ）
潰	2級	15画	カイ	つぶす、つぶれる	氵（さんずい）	潰瘍（かいよう）、胃潰瘍（いかいよう）
壊	4級	16画	カイ	こわす、こわれる	土（つちへん）	壊滅（かいめつ）、破壊（はかい）
懐	準2級	16画	カイ	（ふところ）・（なつかしい）・（なつかしむ）・（なつく）・（なつける）	忄（りっしんべん）	懐疑（かいぎ）、述懐（じゅっかい）
諧	2級	16画	カイ	―	言（ごんべん）	諧調（かいちょう）、俳諧（はいかい）
劾	準2級	8画	ガイ	―	力（ちから）	弾劾（だんがい）、弾劾裁判所（だんがいさいばんしょ）
崖	2級	11画	ガイ	がけ	山（やま）	断崖（だんがい）、崖っ縁（がけっぷち）
涯	準2級	11画	ガイ	―	氵（さんずい）	生涯（しょうがい）、天涯孤独（てんがいこどく）
慨	3級	13画	ガイ	―	忄（りっしんべん）	感慨（かんがい）、憤慨（ふんがい）
蓋	2級	13画	ガイ	ふた	艹（くさかんむり）	頭蓋骨（ずがいこつ）、かさ蓋（ぶた）
該	3級	13画	ガイ	―	言（ごんべん）	該当（がいとう）、当該（とうがい）
概	3級	14画	ガイ	―	木（きへん）	概念（がいねん）、大概（たいがい）
骸	2級	16画	ガイ	―	骨（ほねへん）	骸骨（がいこつ）、形骸化（けいがいか）
垣	準2級	9画	―	かき	土（つちへん）	垣根（かきね）、生け垣（いけがき）
柿	2級	9画	―	かき	木（きへん）	柿色（かきいろ）、渋柿（しぶがき）
核	準2級	10画	カク	―	木（きへん）	核心（かくしん）、結核（けっかく）
殻	準2級	11画	カク	から	殳（るまたほこづくり）	地殻（ちかく）、貝殻（かいがら）
郭	3級	11画	カク	―	阝（おおざと）	外郭（がいかく）、輪郭（りんかく）
較	4級	13画	カク	―	車（くるまへん）	比較（ひかく）
隔	3級	13画	カク	へだてる、へだたる	阝（こざとへん）	隔離（かくり）、遠隔（えんかく）
獲	4級	16画	カク	える	犭（けものへん）	獲得（かくとく）、獲物（えもの）
嚇	準2級	17画	カク	―	口（くちへん）	威嚇（いかく）、威嚇射撃（いかくしゃげき）

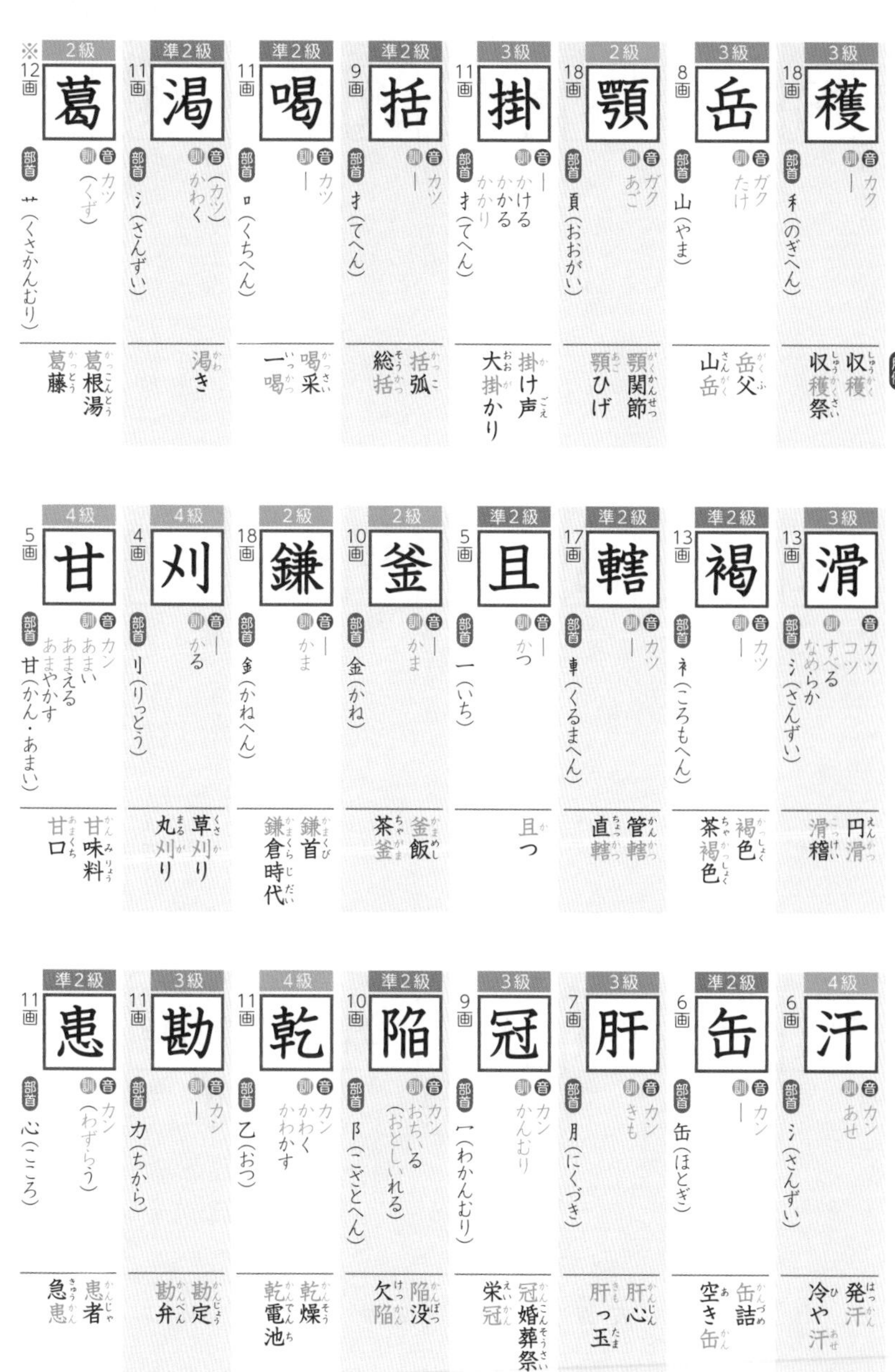

漢字	級	画数	音	訓	部首	用例
穫	3級	18画	カク	―	禾（のぎへん）	収穫（しゅうかく）、収穫祭（しゅうかくさい）
岳	3級	8画	ガク	たけ	山（やま）	岳父（がくふ）、山岳（さんがく）
顎	2級	18画	ガク	あご	頁（おおがい）	顎関節（がくかんせつ）、顎（あご）ひげ
掛	3級	11画	―	かける、かかる、かかり	扌（てへん）	掛（か）け声（ごえ）、大掛（おおが）かり
括	準2級	9画	カツ	―	扌（てへん）	括弧（かっこ）、総括（そうかつ）
喝	準2級	11画	カツ	―	口（くちへん）	喝采（かっさい）、一喝（いっかつ）
渇	準2級	11画	（カツ）	かわく	氵（さんずい）	渇（かわ）き
葛	※2級	12画	カツ	（くず）	艹（くさかんむり）	葛根湯（かっこんとう）、葛藤（かっとう）
滑	3級	13画	カツ、コツ	すべる、なめらか	氵（さんずい）	円滑（えんかつ）、滑稽（こっけい）
褐	準2級	13画	カツ	―	衤（ころもへん）	褐色（かっしょく）、茶褐色（ちゃかっしょく）
轄	準2級	17画	カツ	―	車（くるまへん）	管轄（かんかつ）、直轄（ちょっかつ）
且	準2級	5画	―	かつ	一（いち）	且（か）つ
釜	2級	10画	―	かま	金（かね）	釜飯（かまめし）、茶釜（ちゃがま）
鎌	2級	18画	―	かま	金（かねへん）	鎌首（かまくび）、鎌倉時代（かまくらじだい）
刈	4級	4画	―	かる	刂（りっとう）	草刈（くさか）り、丸刈（まるが）り
甘	4級	5画	カン	あまい、あまえる、あまやかす	甘（かん・あまい）	甘味料（かんみりょう）、甘口（あまくち）
汗	4級	6画	カン	あせ	氵（さんずい）	発汗（はっかん）、冷（ひ）や汗（あせ）
缶	準2級	6画	カン	―	缶（ほとぎ）	缶詰（かんづめ）、空（あ）き缶（かん）
肝	3級	7画	カン	きも	月（にくづき）	肝心（かんじん）、肝（きも）っ玉（たま）
冠	3級	9画	カン	かんむり	冖（わかんむり）	冠婚葬祭（かんこんそうさい）、栄冠（えいかん）
陥	準2級	10画	カン	おちいる、（おとしいれる）	阝（こざとへん）	陥没（かんぼつ）、欠陥（けっかん）
乾	4級	11画	カン	かわく、かわかす	乙（おつ）	乾燥（かんそう）、乾電池（かんでんち）
勘	3級	11画	カン	―	力（ちから）	勘定（かんじょう）、勘弁（かんべん）
患	準2級	11画	カン	（わずらう）	心（こころ）	患者（かんじゃ）、急患（きゅうかん）

※「葛」（11画）も可。

漢字	級	画数	音	訓	部首	用例
貫	3級	11画	カン	つらぬく	貝(かい・こがい)	貫徹(かんてつ)、一貫(いっかん)
喚	3級	12画	カン	―	口(くちへん)	喚起(かんき)、召喚(しょうかん)
堪	準2級	12画	(カン)	たえる	土(つちへん)	堪える(た)
換	3級	12画	カン	かえる、かわる	扌(てへん)	換気(かんき)、交換(こうかん)
敢	3級	12画	カン	―	攵(のぶん・ぼくづくり)	敢然(かんぜん)、勇敢(ゆうかん)
棺	準2級	12画	カン	―	木(きへん)	棺おけ(かん)、出棺(しゅっかん)
款	準2級	12画	カン	―	欠(あくび・かける)	借款(しゃっかん)、落款(らっかん)
閑	準2級	12画	カン	―	門(もんがまえ)	閑散(かんさん)、閑静(かんせい)
勧	4級	13画	カン	すすめる	力(ちから)	勧告(かんこく)、勧誘(かんゆう)
寛	準2級	13画	カン	―	宀(うかんむり)	寛大(かんだい)、寛容(かんよう)
歓	4級	15画	カン	―	欠(あくび・かける)	歓迎(かんげい)、歓声(かんせい)
監	4級	15画	カン	―	皿(さら)	監視(かんし)、監督(かんとく)
緩	3級	15画	カン	ゆるい・ゆるやか、ゆるむ・ゆるめる	糸(いとへん)	緩急(かんきゅう)、緩慢(かんまん)
憾	準2級	16画	カン	―	忄(りっしんべん)	遺憾(いかん)
還	準2級	16画	カン	―	辶(しんにょう・しんにゅう)	還元(かんげん)、返還(へんかん)
環	4級	17画	カン	―	王(おうへん・たまへん)	環境(かんきょう)、循環(じゅんかん)
韓	2級	18画	カン	―	韋(なめしがわ)	韓国(かんこく)、大韓民国(だいかんみんこく)
艦	準2級	21画	カン	―	舟(ふねへん)	艦隊(かんたい)、軍艦(ぐんかん)
鑑	4級	23画	カン	(かんがみる)	金(かねへん)	鑑賞(かんしょう)、図鑑(ずかん)
含	4級	7画	ガン	ふくむ、ふくめる	口(くち)	含蓄(がんちく)、含有(がんゆう)
玩	2級	8画	ガン	―	王(おうへん・たまへん)	玩具(がんぐ)、愛玩(あいがん)
頑	準2級	13画	ガン	―	頁(おおがい)	頑固(がんこ)、頑丈(がんじょう)
企	3級	6画	キ	くわだてる	人(ひとやね)	企画(きかく)、企業(きぎょう)
伎	2級	6画	キ	―	亻(にんべん)	歌舞伎(かぶき)

漢字	級	画数	音	訓	部首	用例
忌	3級	7画	キ	(いむ) (いまわしい)	心(こころ)	忌中(きちゅう) 禁忌(きんき)
奇	4級	8画	キ	—	大(だい)	奇跡(きせき) 数奇(すうき)
祈	4級	8画	キ	いのる	ネ(しめすへん)	祈願(きがん) 祈念(きねん)
軌	3級	9画	キ	—	車(くるまへん)	軌跡(きせき) 常軌(じょうき)
既	3級	10画	キ	すでに	旡(なしぶ・すでのつくり)	既成(きせい) 皆既月食(かいきげっしょく)
飢	準2級	10画	キ	うえる	食(しょくへん)	飢餓(きが) 飢え(うえ)
鬼	4級	10画	キ	おに	鬼(おに)	鬼気(きき) 疑心暗鬼(ぎしんあんき)
亀	2級	11画	キ	かめ	亀(かめ)	亀裂(きれつ) 亀の甲(かめのこう)
幾	4級	12画	キ	いく	幺(よう・いとがしら)	幾何学(きかがく) 幾分(いくぶん)
棋	3級	12画	キ	—	木(きへん)	棋士(きし) 将棋(しょうぎ)
棄	3級	13画	キ	—	木(き)	棄権(きけん) 放棄(ほうき)
毀	2級	13画	キ	—	殳(るまた・ほこづくり)	毀誉褒貶(きよほうへん) 名誉毀損(めいよきそん)
畿	2級	15画	キ	—	田(た)	畿内(きない) 近畿(きんき)
輝	4級	15画	キ	かがやく	車(くるま)	輝度(きど) 光輝(こうき)
騎	3級	18画	キ	—	馬(うまへん)	騎士(きし) 一騎当千(いっきとうせん)
宜	準2級	8画	ギ	—	宀(うかんむり)	適宜(てきぎ) 便宜(べんぎ)
偽	準2級	11画	ギ	いつわる (にせ)	イ(にんべん)	偽名(ぎめい) 真偽(しんぎ)
欺	3級	12画	ギ	あざむく	欠(あくび・かける)	欺まん(ぎまん) 詐欺(さぎ)
儀	4級	15画	ギ	—	イ(にんべん)	儀式(ぎしき) 礼儀(れいぎ)
戯	4級	15画	ギ	(たわむれる)	戈(ほこづくり・ほこがまえ)	戯曲(ぎきょく) 遊戯(ゆうぎ)
擬	準2級	17画	ギ	—	扌(てへん)	擬人法(ぎじんほう) 模擬(もぎ)
犠	3級	17画	ギ	—	牛(うしへん)	犠牲(ぎせい) 犠打(ぎだ)
菊	3級	11画	キク	—	艹(くさかんむり)	菊人形(きくにんぎょう) 春菊(しゅんぎく)
吉	3級	6画	キチ キツ	—	口(くち)	吉日(きちじつ) 不吉(ふきつ)

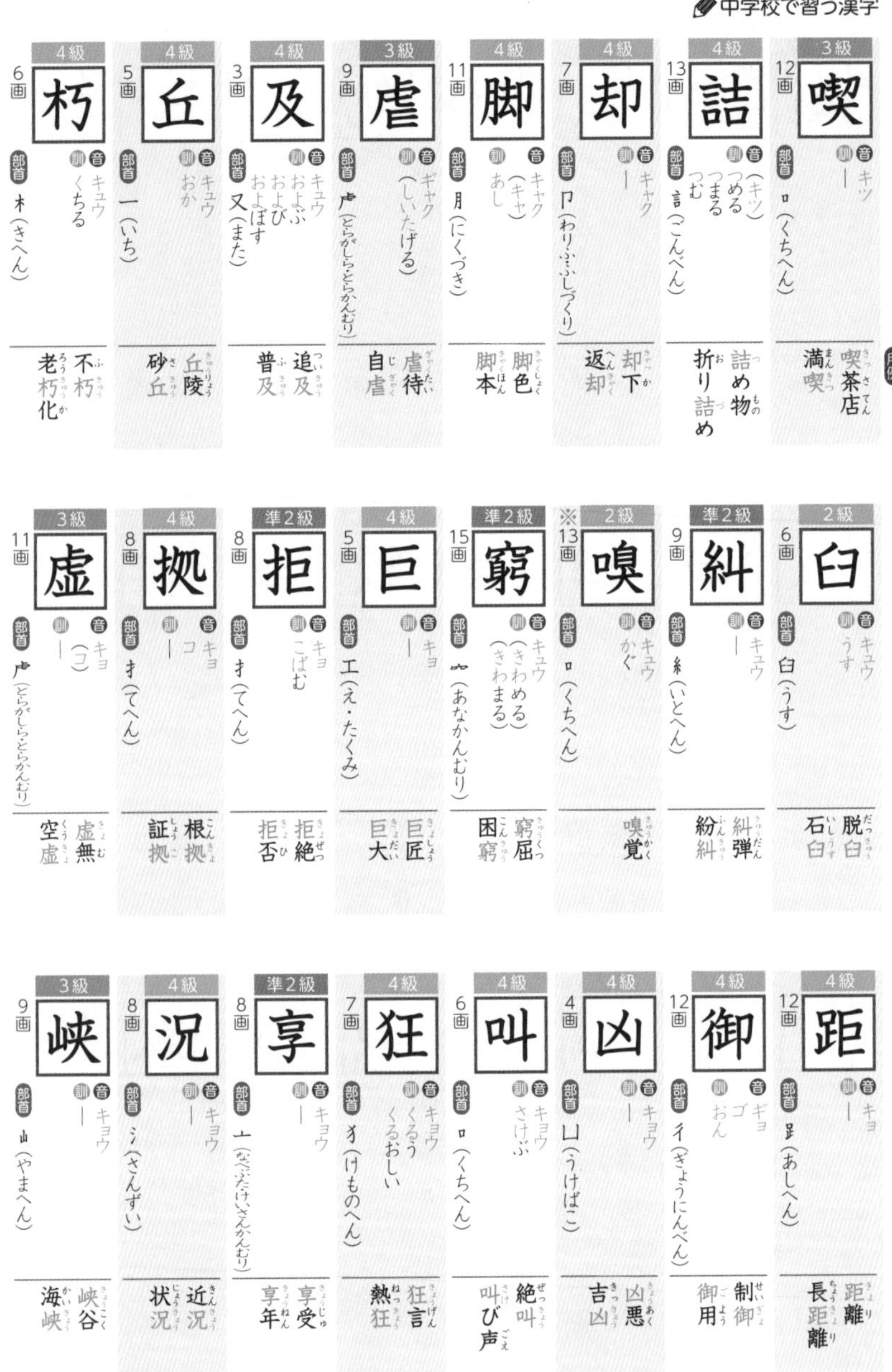

漢字	級	画数	音	訓	部首	用例
喫	3級	12画	キツ	―	口（くちへん）	喫茶店（きっさてん）　満喫（まんきつ）
詰	4級	13画	（キツ）	つめる　つまる　つむ	言（ごんべん）	詰め物（つめもの）　折り詰め（おりづめ）
却	4級	7画	キャク	―	卩（わりふ・ふしづくり）	却下（きゃっか）　返却（へんきゃく）
脚	4級	11画	キャク　（キャ）	あし	月（にくづき）	脚色（きゃくしょく）　脚本（きゃくほん）
虐	3級	9画	ギャク	（しいたげる）	虍（とらがしら・とらかんむり）	虐待（ぎゃくたい）　自虐（じぎゃく）
及	4級	3画	キュウ	およぶ　および　およぼす	又（また）	追及（ついきゅう）　普及（ふきゅう）
丘	4級	5画	キュウ	おか	一（いち）	丘陵（きゅうりょう）　砂丘（さきゅう）
朽	4級	6画	キュウ	くちる	木（きへん）	不朽（ふきゅう）　老朽化（ろうきゅうか）
臼	2級	6画	キュウ	うす	臼（うす）	脱臼（だっきゅう）　石臼（いしうす）
糾	準2級	9画	キュウ	―	糸（いとへん）	糾弾（きゅうだん）　紛糾（ふんきゅう）
嗅	※2級	13画	キュウ	かぐ	口（くちへん）	嗅覚（きゅうかく）
窮	準2級	15画	キュウ	（きわめる）　（きわまる）	穴（あなかんむり）	窮屈（きゅうくつ）　困窮（こんきゅう）
巨	4級	5画	キョ	―	工（え・たくみ）	巨匠（きょしょう）　巨大（きょだい）
拒	準2級	8画	キョ	こばむ	扌（てへん）	拒絶（きょぜつ）　拒否（きょひ）
拠	4級	8画	キョ　コ	―	扌（てへん）	根拠（こんきょ）　証拠（しょうこ）
虚	3級	11画	キョ　（コ）	―	虍（とらがしら・とらかんむり）	虚無（きょむ）　空虚（くうきょ）
距	4級	12画	キョ	―	𧾷（あしへん）	距離（きょり）　長距離（ちょうきょり）
御	4級	12画	ギョ　ゴ	おん	彳（ぎょうにんべん）	制御（せいぎょ）　御用（ごよう）
凶	4級	4画	キョウ	―	凵（うけばこ）	凶悪（きょうあく）　吉凶（きっきょう）
叫	4級	6画	キョウ	さけぶ	口（くちへん）	絶叫（ぜっきょう）　叫び声（さけびごえ）
狂	4級	7画	キョウ	くるう　くるおしい	犭（けものへん）	狂言（きょうげん）　熱狂（ねっきょう）
享	準2級	8画	キョウ	―	亠（なべぶた、けいさんかんむり）	享受（きょうじゅ）　享年（きょうねん）
況	4級	8画	キョウ	―	氵（さんずい）	近況（きんきょう）　状況（じょうきょう）
峡	3級	9画	キョウ	―	山（やまへん）	峡谷（きょうこく）　海峡（かいきょう）

※「嗅」（12画）も可。

漢字	級	画数	音	訓	部首	用例
挟	準2級	9画	(キョウ)	はさむ、はさまる	扌(てへん)	挟み撃ち、洗濯挟み
狭	4級	9画	(キョウ)	せまい、せばめる、せばまる	犭(けものへん)	狭苦しい、手狭
恐	4級	10画	キョウ	おそれる、おそろしい	心(こころ)	恐縮、恐怖
恭	準2級	10画	キョウ	(うやうやしい)	㣺(したごころ)	恭賀新年、恭順
脅	3級	10画	キョウ	(おびやかす)、おどす、おどかす	肉(にく)	脅威、脅迫
矯	準2級	17画	キョウ	(ためる)	矢(やへん)	矯正、奇矯
響	4級	20画	キョウ	ひびく	音(おと)	影響、交響曲
驚	4級	22画	キョウ	おどろく、おどろかす	馬(うま)	驚異、驚嘆※

漢字	級	画数	音	訓	部首	用例
仰	4級	6画	ギョウ、コウ	あおぐ、(おおせ)	亻(にんべん)	仰天、信仰
暁	準2級	12画	(ギョウ)	あかつき	日(ひへん)	暁
凝	3級	16画	ギョウ	こる、こらす	冫(にすい)	凝視、凝り性
巾	2級	3画	キン	—	巾(はば)	巾着、雑巾
斤	3級	4画	キン	—	斤(きん)	斤量、一斤
菌	準2級	11画	キン	—	艹(くさかんむり)	細菌、殺菌
琴	準2級	12画	キン	こと	王(おう)	琴線、木琴
僅	※2級	13画	キン	わずか	亻(にんべん)	僅差、僅少

漢字	級	画数	音	訓	部首	用例
緊	3級	15画	キン	—	糸(いと)	緊急、緊張
錦	2級	16画	キン	にしき	金(かねへん)	錦秋、錦絵
謹	準2級	17画	キン	つつしむ	言(ごんべん)	謹賀新年、謹慎
襟	準2級	18画	(キン)	えり	衤(ころもへん)	襟首、襟元
吟	準2級	7画	ギン	—	口(くちへん)	吟味、詩吟
駆	4級	14画	ク	かける、かる	馬(うまへん)	駆除、先駆者
惧	※2級	11画	グ	—	忄(りっしんべん)	危惧
愚	3級	13画	グ	おろか	心(こころ)	愚者、愚痴

※「驚歎」とも書く。　※「僅」(12画)も可。　※「惧」も可。

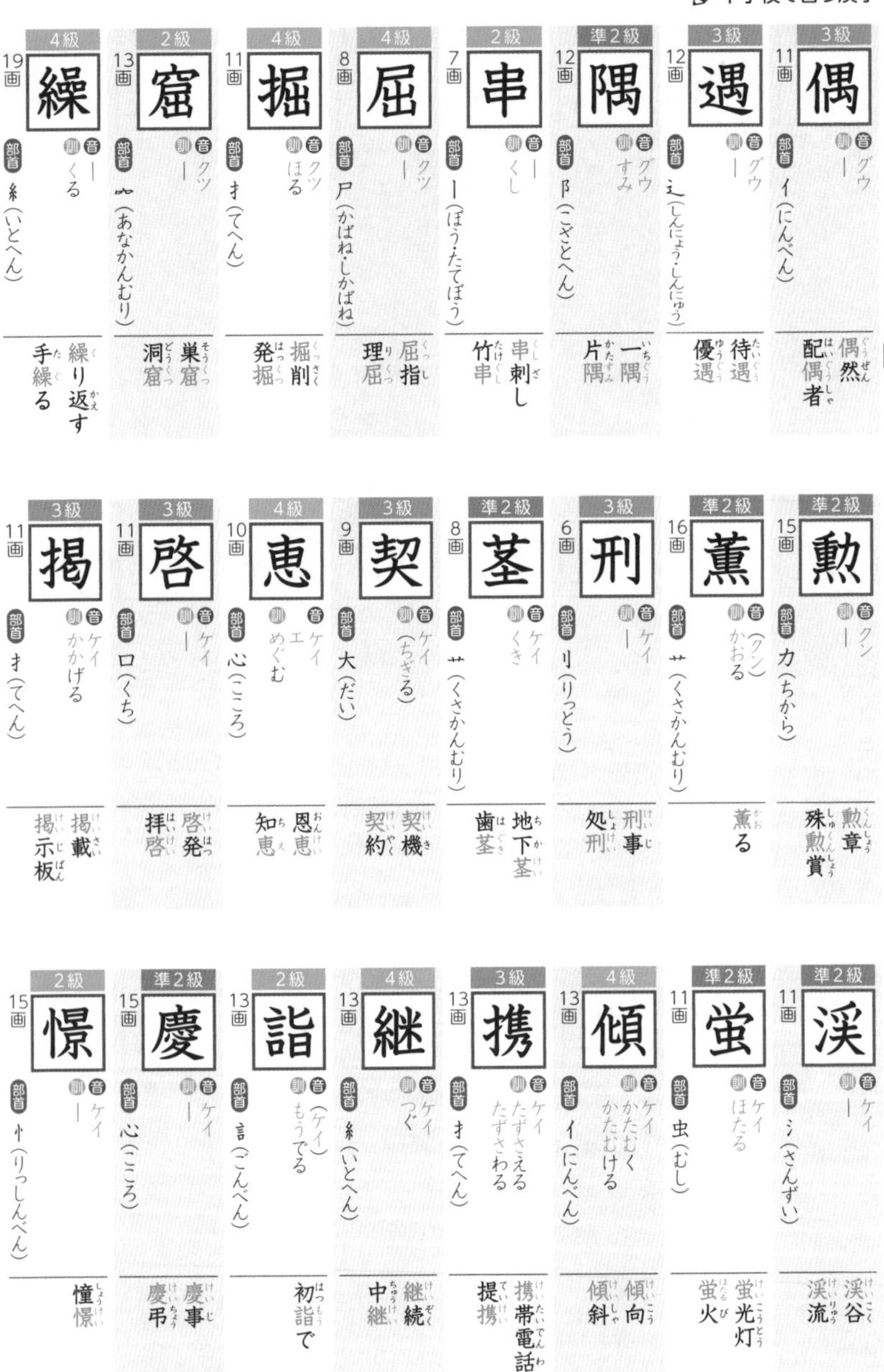

級	画数	漢字	音	訓	部首	用例
3級	11画	偶	グウ	―	亻（にんべん）	偶然（ぐうぜん）／配偶者（はいぐうしゃ）
3級	12画	遇	グウ	―	辶（しんにょう・しんにゅう）	待遇（たいぐう）／優遇（ゆうぐう）
準2級	12画	隅	グウ	すみ	阝（こざとへん）	一隅（いちぐう）／片隅（かたすみ）
2級	7画	串	―	くし	丨（ぼう・たてぼう）	串刺し（くしざし）／竹串（たけぐし）
4級	8画	屈	クツ	―	尸（かばね・しかばね）	屈指（くっし）／理屈（りくつ）
4級	11画	掘	クツ	ほる	扌（てへん）	掘削（くっさく）／発掘（はっくつ）
2級	13画	窟	クツ	―	穴（あなかんむり）	巣窟（そうくつ）／洞窟（どうくつ）
4級	19画	繰	―	くる	糸（いとへん）	繰り返す（くりかえす）／手繰る（たぐる）
準2級	15画	勲	クン	―	力（ちから）	勲章（くんしょう）／殊勲賞（しゅくんしょう）
準2級	16画	薫	（クン）	かおる	艹（くさかんむり）	薫る（かおる）
3級	6画	刑	ケイ	―	刂（りっとう）	刑事（けいじ）／処刑（しょけい）
準2級	8画	茎	ケイ	くき	艹（くさかんむり）	地下茎（ちかけい）／歯茎（はぐき）
3級	9画	契	ケイ	（ちぎる）	大（だい）	契機（けいき）／契約（けいやく）
4級	10画	恵	ケイ、エ	めぐむ	心（こころ）	恩恵（おんけい）／知恵（ちえ）
3級	11画	啓	ケイ	―	口（くち）	啓発（けいはつ）／拝啓（はいけい）
3級	11画	掲	ケイ	かかげる	扌（てへん）	掲載（けいさい）／掲示板（けいじばん）
準2級	11画	渓	ケイ	―	氵（さんずい）	渓谷（けいこく）／渓流（けいりゅう）
準2級	11画	蛍	ケイ	ほたる	虫（むし）	蛍光灯（けいこうとう）／蛍火（ほたるび）
4級	13画	傾	ケイ	かたむく、かたむける	亻（にんべん）	傾向（けいこう）／傾斜（けいしゃ）
3級	13画	携	ケイ	たずさえる、たずさわる	扌（てへん）	携帯電話（けいたいでんわ）／提携（ていけい）
4級	13画	継	ケイ	つぐ	糸（いとへん）	継続（けいぞく）／中継（ちゅうけい）
2級	13画	詣	（ケイ）	もうでる	言（ごんべん）	初詣で（はつもうで）
準2級	15画	慶	ケイ	―	心（こころ）	慶事（けいじ）／慶弔（けいちょう）
2級	15画	憬	ケイ	―	忄（りっしんべん）	憧憬（しょうけい）

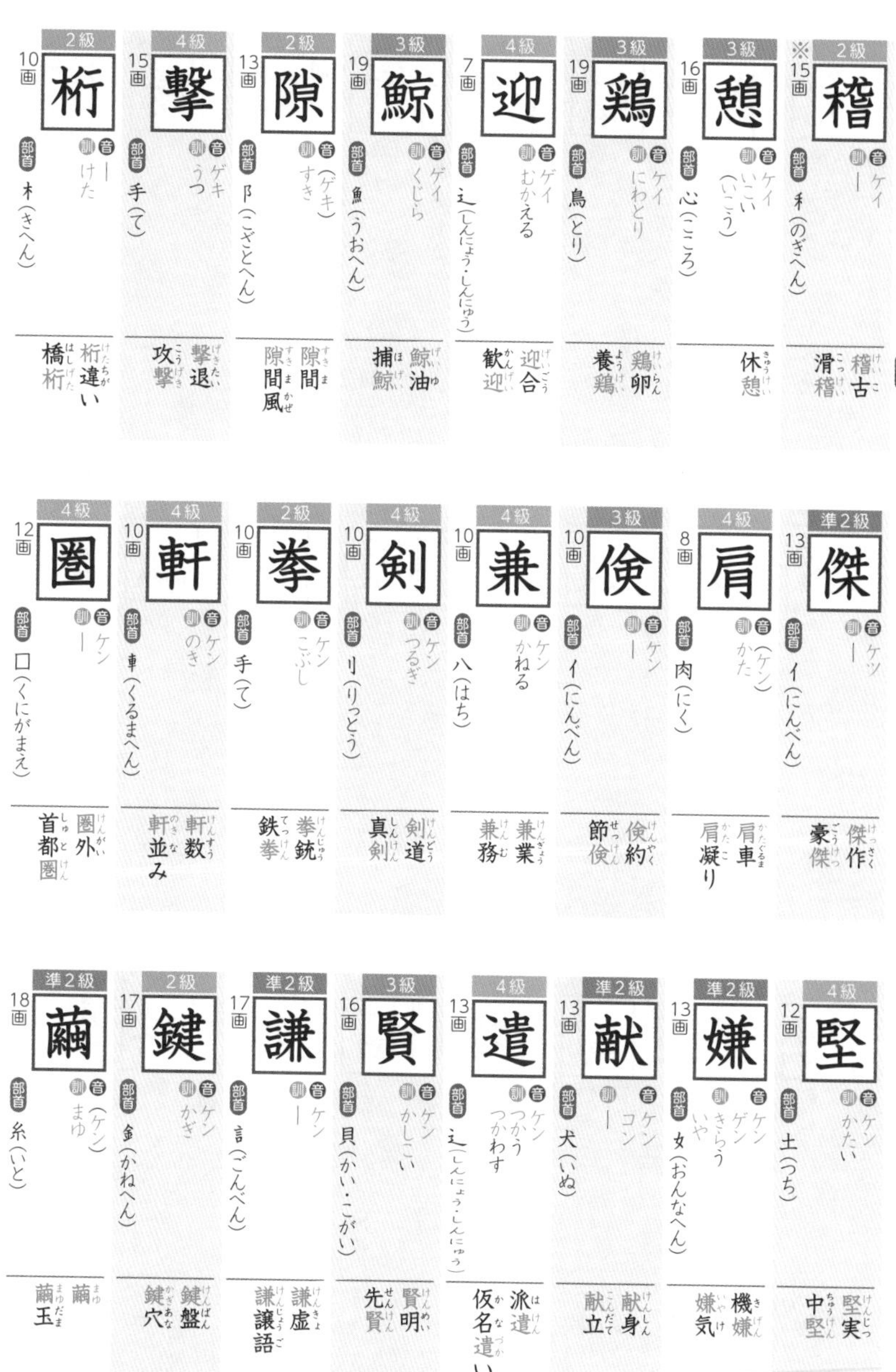

漢字	級	画数	音	訓	部首	用例
稽※	2級	15画	ケイ	―	禾（のぎへん）	稽古（けいこ）・滑稽（こっけい）
憩	3級	16画	ケイ	いこい・（いこう）	心（こころ）	休憩（きゅうけい）
鶏	3級	19画	ケイ	にわとり	鳥（とり）	鶏卵（けいらん）・養鶏（ようけい）
迎	4級	7画	ゲイ	むかえる	⻌（しんにょう・しんにゅう）	迎合（げいごう）・歓迎（かんげい）
鯨	3級	19画	ゲイ	くじら	魚（うおへん）	鯨油（げいゆ）・捕鯨（ほげい）
隙	2級	13画	（ゲキ）	すき	阝（こざとへん）	隙間（すきま）・隙間風（すきまかぜ）
撃	4級	15画	ゲキ	うつ	手（て）	撃退（げきたい）・攻撃（こうげき）
桁	2級	10画	―	けた	木（きへん）	桁違い（けたちがい）・橋桁（はしげた）
傑	準2級	13画	ケツ	―	イ（にんべん）	傑作（けっさく）・豪傑（ごうけつ）
肩	4級	8画	（ケン）	かた	肉（にく）	肩車（かたぐるま）・肩凝り（かたこり）
倹	3級	10画	ケン	―	イ（にんべん）	倹約（けんやく）・節倹（せっけん）
兼	4級	10画	ケン	かねる	八（はち）	兼業（けんぎょう）・兼務（けんむ）
剣	4級	10画	ケン	つるぎ	刂（りっとう）	剣道（けんどう）・真剣（しんけん）
拳	2級	10画	ケン	こぶし	手（て）	拳銃（けんじゅう）・鉄拳（てっけん）
軒	4級	10画	ケン	のき	車（くるまへん）	軒数（けんすう）・軒並み（のきなみ）
圏	4級	12画	ケン	―	囗（くにがまえ）	圏外（けんがい）・首都圏（しゅとけん）
堅	4級	12画	ケン	かたい	土（つち）	堅実（けんじつ）・中堅（ちゅうけん）
嫌	準2級	13画	ケン・ゲン	きらう・いや	女（おんなへん）	機嫌（きげん）・嫌気（いやけ）
献	準2級	13画	ケン・コン	―	犬（いぬ）	献身（けんしん）・献立（こんだて）
遣	4級	13画	ケン	つかう・つかわす	⻌（しんにょう・しんにゅう）	派遣（はけん）・仮名遣い（かなづかい）
賢	3級	16画	ケン	かしこい	貝（かい・こがい）	賢明（けんめい）・先賢（せんけん）
謙	準2級	17画	ケン	―	言（ごんべん）	謙虚（けんきょ）・謙譲語（けんじょうご）
鍵	2級	17画	ケン	かぎ	金（かねへん）	鍵盤（けんばん）・鍵穴（かぎあな）
繭	準2級	18画	（ケン）	まゆ	糸（いと）	繭（まゆ）・繭玉（まゆだま）

※「稽」（16画）も可。

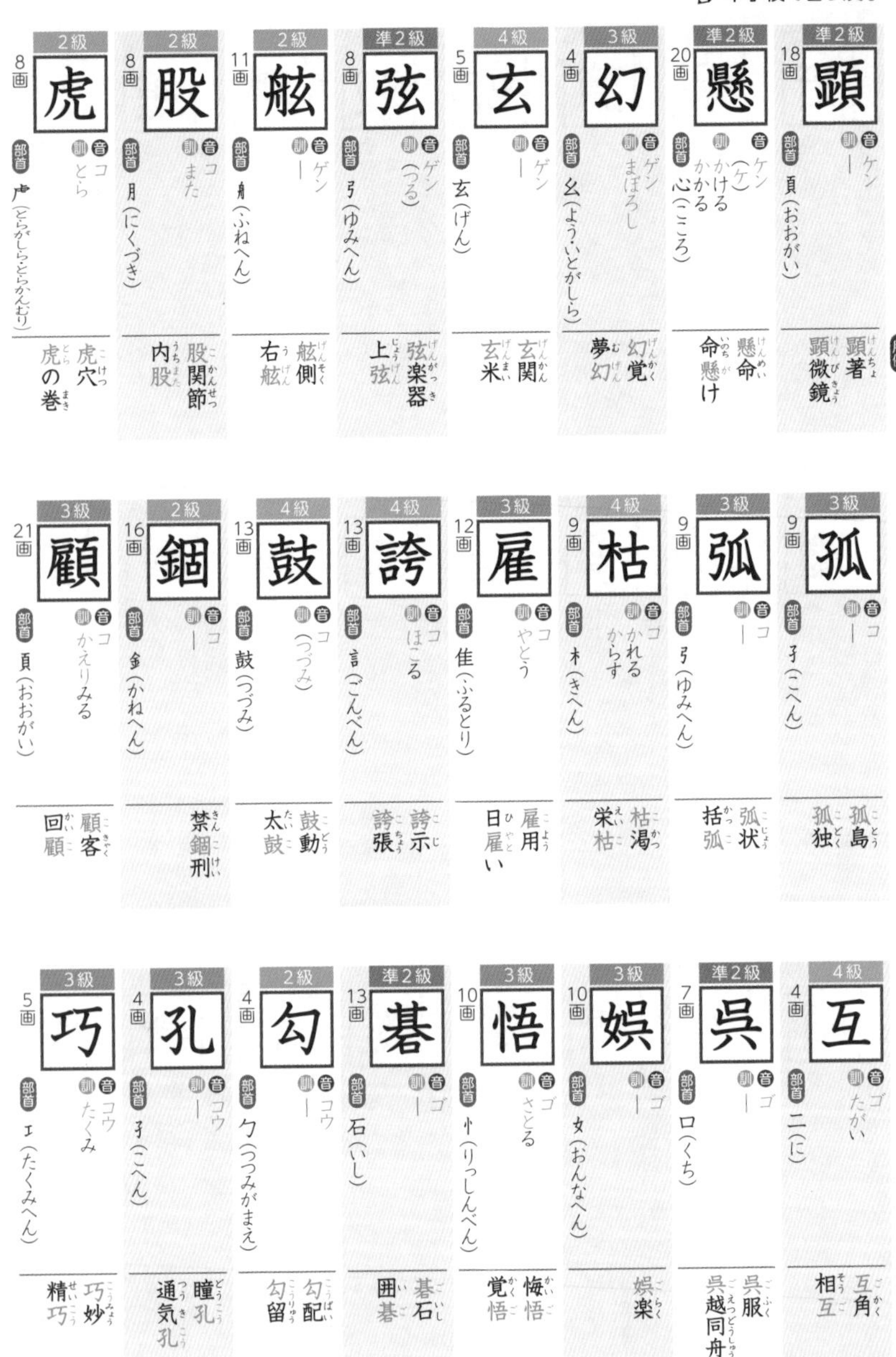

漢字	画数	級	音	訓	部首	用例
顕	18画	準2級	ケン	ー	頁（おおがい）	顕著（けんちょ）、顕微鏡（けんびきょう）
懸	20画	準2級	ケン、（ケ）	かける、かかる	心（こころ）	懸命（けんめい）、命懸け（いのちがけ）
幻	4画	3級	ゲン	まぼろし	幺（よう・いとがしら）	幻覚（げんかく）、夢幻（むげん）
玄	5画	4級	ゲン	ー	玄（げん）	玄関（げんかん）、玄米（げんまい）
弦	8画	準2級	ゲン	（つる）	弓（ゆみへん）	弦楽器（げんがっき）、上弦（じょうげん）
舷	11画	2級	ゲン	ー	舟（ふねへん）	舷側（げんそく）、右舷（うげん）
股	8画	2級	コ	また	月（にくづき）	股関節（こかんせつ）、内股（うちまた）
虎	8画	2級	コ	とら	虍（とらがしら・とらかんむり）	虎穴（こけつ）、虎の巻（とらのまき）
孤	9画	3級	コ	ー	子（こへん）	孤島（ことう）、孤独（こどく）
弧	9画	3級	コ	ー	弓（ゆみへん）	弧状（こじょう）、括弧（かっこ）
枯	9画	4級	コ	かれる、からす	木（きへん）	枯渇（こかつ）、栄枯（えいこ）
雇	12画	3級	コ	やとう	隹（ふるとり）	雇用（こよう）、日雇い（ひやとい）
誇	13画	4級	コ	ほこる	言（ごんべん）	誇示（こじ）、誇張（こちょう）
鼓	13画	4級	コ	（つづみ）	鼓（つづみ）	鼓動（こどう）、太鼓（たいこ）
錮	16画	2級	コ	ー	金（かねへん）	禁錮刑（きんこけい）
顧	21画	3級	コ	かえりみる	頁（おおがい）	顧客（こきゃく）、回顧（かいこ）
互	4画	4級	ゴ	たがい	二（に）	互角（ごかく）、相互（そうご）
呉	7画	準2級	ゴ	ー	口（くち）	呉服（ごふく）、呉越同舟（ごえつどうしゅう）
娯	10画	3級	ゴ	ー	女（おんなへん）	娯楽（ごらく）
悟	10画	3級	ゴ	さとる	忄（りっしんべん）	悔悟（かいご）、覚悟（かくご）
碁	13画	準2級	ゴ	ー	石（いし）	碁石（ごいし）、囲碁（いご）
勾	4画	2級	コウ	ー	勹（つつみがまえ）	勾配（こうばい）、勾留（こうりゅう）
孔	4画	3級	コウ	ー	子（こへん）	瞳孔（どうこう）、通気孔（つうきこう）
巧	5画	3級	コウ	たくみ	工（たくみへん）	巧妙（こうみょう）、精巧（せいこう）

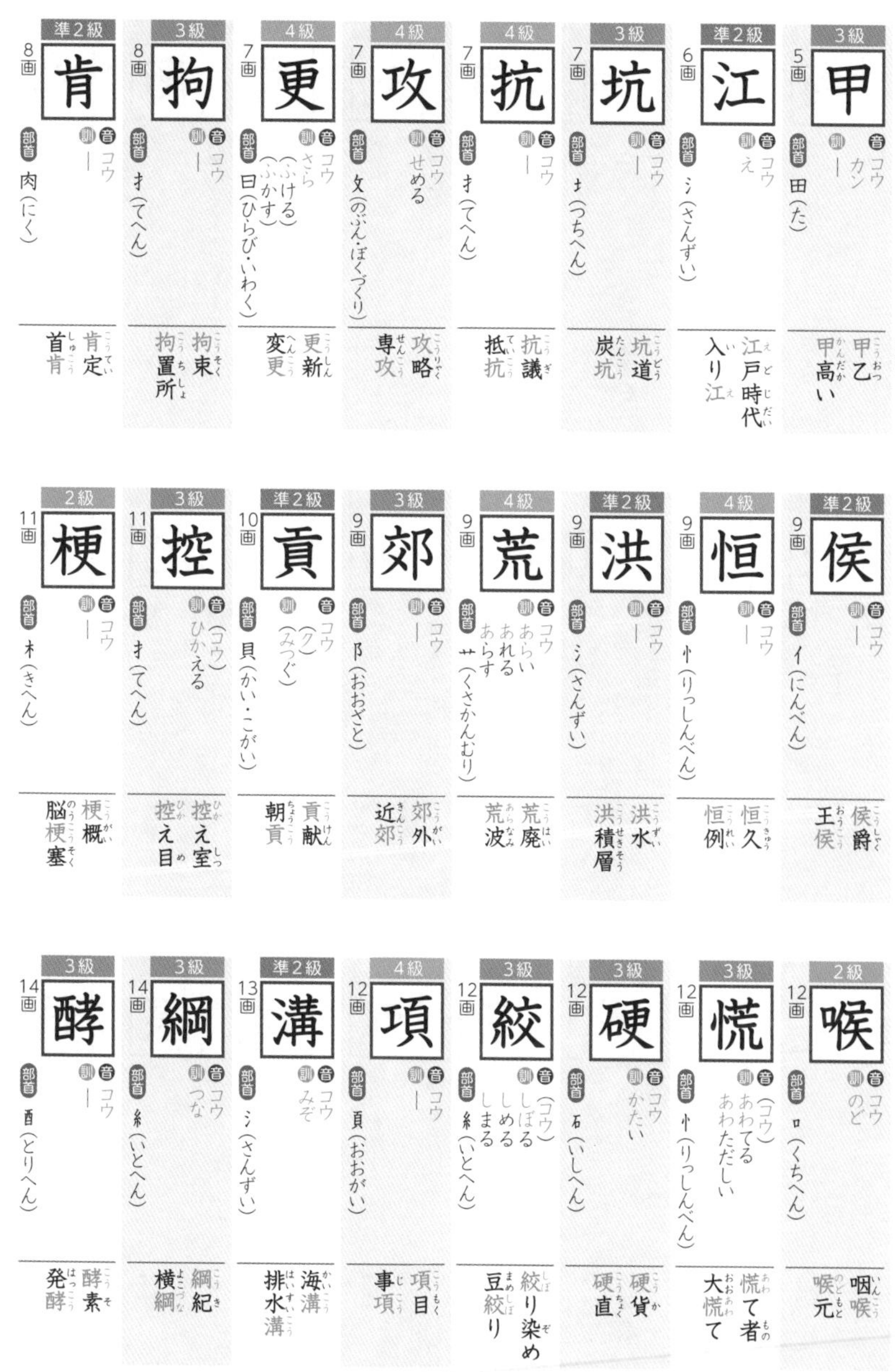

漢字	級	画数	音	訓	部首	用例
甲	3級	5画	コウ カン	—	田(た)	甲乙(こうおつ) 甲高い(かんだかい)
江	準2級	6画	コウ	え	氵(さんずい)	江戸時代(えどじだい) 入り江(いりえ)
坑	3級	7画	コウ	—	土(つちへん)	坑道(こうどう) 炭坑(たんこう)
抗	4級	7画	コウ	—	扌(てへん)	抗議(こうぎ) 抵抗(ていこう)
攻	4級	7画	コウ	せめる	攵(のぶん・ぼくづくり)	攻略(こうりゃく) 専攻(せんこう)
更	4級	7画	コウ	さら (ふける) (ふかす)	曰(ひらび・いわく)	更新(こうしん) 変更(へんこう)
拘	3級	8画	コウ	—	扌(てへん)	拘束(こうそく) 拘置所(こうちしょ)
肯	準2級	8画	コウ	—	肉(にく)	肯定(こうてい) 首肯(しゅこう)
侯	準2級	9画	コウ	—	亻(にんべん)	侯爵(こうしゃく) 王侯(おうこう)
恒	4級	9画	コウ	—	忄(りっしんべん)	恒久(こうきゅう) 恒例(こうれい)
洪	準2級	9画	コウ	—	氵(さんずい)	洪水(こうずい) 洪積層(こうせきそう)
荒	4級	9画	コウ	あらい あれる あらす	艹(くさかんむり)	荒廃(こうはい) 荒波(あらなみ)
郊	3級	9画	コウ	—	阝(おおざと)	郊外(こうがい) 近郊(きんこう)
貢	準2級	10画	コウ (ク)	(みつぐ)	貝(かい・こがい)	貢献(こうけん) 朝貢(ちょうこう)
控	3級	11画	(コウ)	ひかえる	扌(てへん)	控え室(ひかえしつ) 控え目(ひかえめ)
梗	2級	11画	コウ	—	木(きへん)	梗概(こうがい) 脳梗塞(のうこうそく)
喉	2級	12画	コウ	のど	口(くちへん)	咽喉(いんこう) 喉元(のどもと)
慌	3級	12画	(コウ)	あわてる あわただしい	忄(りっしんべん)	慌て者(あわてもの) 大慌て(おおあわて)
硬	3級	12画	コウ	かたい	石(いしへん)	硬貨(こうか) 硬直(こうちょく)
絞	3級	12画	(コウ)	しぼる しめる しまる	糸(いとへん)	絞り染め(しぼりぞめ) 豆絞り(まめしぼり)
項	4級	12画	コウ	—	頁(おおがい)	項目(こうもく) 事項(じこう)
溝	準2級	13画	コウ	みぞ	氵(さんずい)	海溝(かいこう) 排水溝(はいすいこう)
綱	3級	14画	コウ	つな	糸(いとへん)	綱紀(こうき) 横綱(よこづな)
酵	3級	14画	コウ	—	酉(とりへん)	酵素(こうそ) 発酵(はっこう)

漢字	級	画数	音	訓	部首	用例
稿	4級	15画	コウ	―	禾（のぎへん）	原稿（げんこう）、投稿（とうこう）
衡	準2級	16画	コウ	―	行（ぎょうがまえ・ゆきがまえ）	均衡（きんこう）、平衡（へいこう）
購	準2級	17画	コウ	―	貝（かいへん）	購読（こうどく）、購買（こうばい）
乞	2級	3画	―	こう	乙（おつ）	雨乞い（あまごい）
拷	準2級	9画	ゴウ	―	扌（てへん）	拷問（ごうもん）
剛	準2級	10画	ゴウ	―	刂（りっとう）	剛健（ごうけん）、金剛石（こんごうせき）
傲	2級	13画	ゴウ	―	亻（にんべん）	傲然（ごうぜん）、傲慢（ごうまん）
豪	4級	14画	ゴウ	―	豕（ぶた・いのこ）	豪雨（ごうう）、文豪（ぶんごう）
克	3級	7画	コク	―	儿（ひとあし・にんにょう）	克服（こくふく）、克明（こくめい）
酷	準2級	14画	コク	―	酉（とりへん）	酷暑（こくしょ）、残酷（ざんこく）
獄	3級	14画	ゴク	―	犭（けものへん）	獄中（ごくちゅう）、地獄（じごく）
駒	2級	15画	―	こま	馬（うまへん）	駒鳥（こまどり）、持ち駒（もちごま）
込	4級	5画	―	こむ こめる	辶（しんにょう・しんにゅう）	仕込む（しこむ）、見込む（みこむ）
頃	2級	11画	―	ころ	頁（おおがい）	頃合い（ころあい）、日頃（ひごろ）
昆	準2級	8画	コン	―	日（ひ）	昆虫（こんちゅう）、昆布（こんぶ）
恨	3級	9画	コン	うらむ うらめしい	忄（りっしんべん）	悔恨（かいこん）、逆恨み（さかうらみ）
婚	4級	11画	コン	―	女（おんなへん）	婚約（こんやく）、結婚（けっこん）
痕	2級	11画	コン	あと	疒（やまいだれ）	血痕（けっこん）、傷痕（きずあと）
紺	3級	11画	コン	―	糸（いとへん）	紺青（こんじょう）、濃紺（のうこん）
魂	3級	14画	コン	たましい	鬼（おに）	魂胆（こんたん）、精魂（せいこん）
墾	3級	16画	コン	―	土（つち）	墾田（こんでん）、開墾（かいこん）
懇	準2級	17画	コン	（ねんごろ）	心（こころ）	懇意（こんい）、懇親会（こんしんかい）

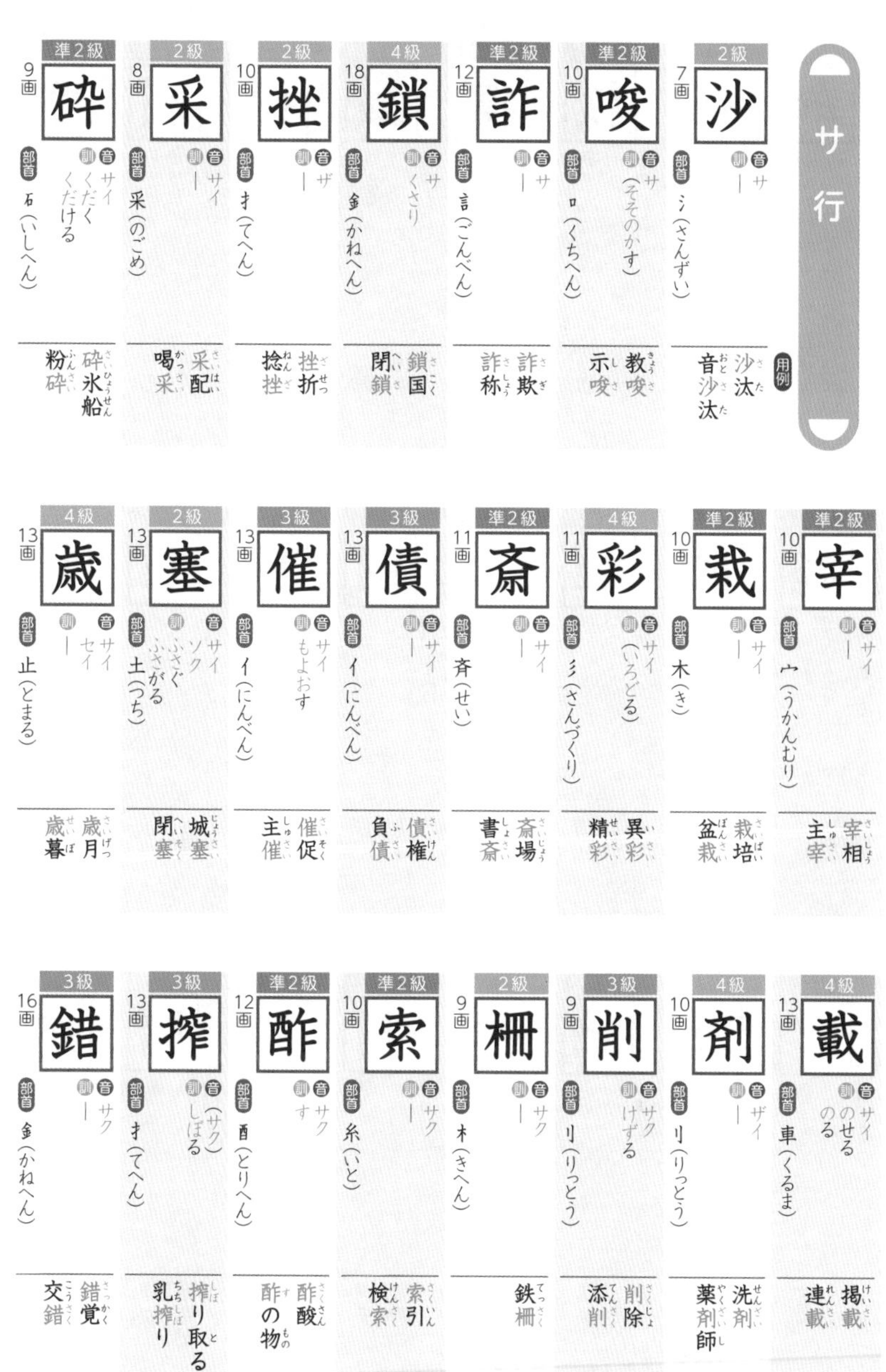

サ行

漢字	級	画数	音	訓	部首	用例
沙	2級	7画	サ	—	氵(さんずい)	沙汰(さた)、音沙汰(おとさた)
唆	準2級	10画	サ	(そそのかす)	口(くちへん)	教唆(きょうさ)、示唆(しさ)
詐	準2級	12画	サ	—	言(ごんべん)	詐欺(さぎ)、詐称(さしょう)
鎖	4級	18画	サ	くさり	金(かねへん)	鎖国(さこく)、閉鎖(へいさ)
挫	2級	10画	ザ	—	扌(てへん)	挫折(ざせつ)、捻挫(ねんざ)
采	2級	8画	サイ	—	釆(のごめ)	采配(さいはい)、喝采(かっさい)
砕	準2級	9画	サイ	くだく、くだける	石(いしへん)	砕氷船(さいひょうせん)、粉砕(ふんさい)
宰	準2級	10画	サイ	—	宀(うかんむり)	宰相(さいしょう)、主宰(しゅさい)
栽	準2級	10画	サイ	—	木(き)	栽培(さいばい)、盆栽(ぼんさい)
彩	4級	11画	サイ	(いろどる)	彡(さんづくり)	異彩(いさい)、精彩(せいさい)
斎	準2級	11画	サイ	—	斉(せい)	斎場(さいじょう)、書斎(しょさい)
債	3級	13画	サイ	—	亻(にんべん)	債権(さいけん)、負債(ふさい)
催	3級	13画	サイ	もよおす	亻(にんべん)	催促(さいそく)、主催(しゅさい)
塞	2級	13画	サイ、ソク	ふさぐ、ふさがる	土(つち)	城塞(じょうさい)、閉塞(へいそく)
歳	4級	13画	サイ、セイ	—	止(とまる)	歳月(さいげつ)、歳暮(せいぼ)
載	4級	13画	サイ	のせる、のる	車(くるま)	掲載(けいさい)、連載(れんさい)
剤	4級	10画	ザイ	—	刂(りっとう)	洗剤(せんざい)、薬剤師(やくざいし)
削	3級	9画	サク	けずる	刂(りっとう)	削除(さくじょ)、添削(てんさく)
柵	2級	9画	サク	—	木(きへん)	鉄柵(てっさく)
索	準2級	10画	サク	—	糸(いと)	索引(さくいん)、検索(けんさく)
酢	準2級	12画	サク	す	酉(とりへん)	酢酸(さくさん)、酢の物(すのもの)
搾	3級	13画	(サク)	しぼる	扌(てへん)	搾り取る(しぼりとる)、乳搾り(ちちしぼり)
錯	3級	16画	サク	—	金(かねへん)	錯覚(さっかく)、交錯(こうさく)

用例

級	画	漢字	音	訓	部首	用例
4級	9画	咲	—	さく	口(くちへん)	遅咲き、早咲き
2級	8画	刹	(サツ) セツ	—	刂(りっとう)	刹那
2級	9画	拶	サツ	—	扌(てへん)	挨拶
3級	15画	撮	サツ	とる	扌(てへん)	撮影、特撮
3級	17画	擦	サツ	する、すれる	扌(てへん)	摩擦、擦り傷
準2級	10画	桟	サン	—	木(きへん)	桟道、桟橋
4級	11画	惨	サン (ザン)	(みじめ)	忄(りっしんべん)	惨状、悲惨
準2級	12画	傘	(サン)	かさ	人(ひとやね)	雨傘、日傘
2級	11画	斬	ザン	きる	斤(おのづくり)	斬首、斬新
3級	15画	暫	ザン	—	日(ひ)	暫時、暫定
4級	6画	旨	シ	(むね)	日(ひ)	趣旨、要旨
4級	7画	伺	(シ)	うかがう	亻(にんべん)	お伺い、進退伺い
4級	8画	刺	シ	さす、ささる	刂(りっとう)	刺激、刺身
3級	8画	祉	シ	—	ネ(しめすへん)	福祉
準2級	8画	肢	シ	—	月(にくづき)	肢体、選択肢
3級	9画	施	シ (セ)	ほどこす	方(ほうへんかたへん)	施設、実施
※2級	10画	恣	シ	—	心(こころ)	恣意的
4級	10画	脂	シ	あぶら	月(にくづき)	脂肪、脱脂綿
4級	12画	紫	シ	むらさき	糸(いと)	紫外線、紫色
準2級	13画	嗣	シ	—	口(くち)	嗣子、嫡嗣
4級	14画	雌	シ	め、めす	隹(ふるとり)	雌雄、雌花
2級	15画	摯	シ	—	手(て)	真摯
準2級	15画	賜	(シ)	たまわる	貝(かいへん)	賜り物
3級	16画	諮	シ	はかる	言(ごんべん)	諮問

※「恣」も可。

級	漢字	画数	音	訓	部首	用例
3級	侍	8画	ジ	さむらい	亻(にんべん)	侍医(じい)、侍従(じじゅう)
3級	慈	13画	ジ	いつくしむ	心(こころ)	慈愛(じあい)、慈善(じぜん)
※2級	餌	15画	(ジ)	えさ、え	飠(しょくへん)	餌食(えじき)、餌付け(えづけ)
準2級	璽	19画	ジ	—	玉(たま)	御璽(ぎょじ)、国璽(こくじ)
3級	軸	12画	ジク	—	車(くるまへん)	車軸(しゃじく)、新機軸(しんきじく)
※2級	叱	5画	シツ	しかる	口(くちへん)	叱責(しっせき)、叱咤激励(しったげきれい)
3級	疾	10画	シツ	—	疒(やまいだれ)	疾患(しっかん)、疾風(しっぷう)
4級	執	11画	シツ、シュウ	とる	土(つち)	執筆(しっぴつ)、執着(しゅうちゃく)
3級	湿	12画	シツ	しめる、しめす	氵(さんずい)	湿地(しっち)、湿り気(しめりけ)
2級	嫉	13画	シツ	—	女(おんなへん)	嫉妬(しっと)
準2級	漆	14画	シツ	うるし	氵(さんずい)	漆黒(しっこく)、漆塗り(うるしぬり)
4級	芝	6画	—	しば	艹(くさかんむり)	芝居(しばい)、芝刈り機(しばかりき)
3級	赦	11画	シャ	—	赤(あか)	赦免(しゃめん)、容赦(ようしゃ)
4級	斜	11画	シャ	ななめ	斗(とます)	斜面(しゃめん)、傾斜(けいしゃ)
4級	煮	12画	(シャ)	にる、にえる、にやす	灬(れんが・れっか)	煮物(にもの)、雑煮(ぞうに)
準2級	遮	14画	シャ	さえぎる	辶(しんにょう・しんにゅう)	遮光(しゃこう)、遮断(しゃだん)
3級	邪	8画	ジャ	—	阝(おおざと)	邪悪(じゃあく)、無邪気(むじゃき)
準2級	蛇	11画	ジャ、ダ	へび	虫(むしへん)	蛇口(じゃぐち)、長蛇(ちょうだ)
準2級	酌	10画	シャク	(くむ)	酉(とりへん)	媒酌人(ばいしゃくにん)、晩酌(ばんしゃく)
4級	釈	11画	シャク	—	釆(のごめへん)	釈明(しゃくめい)、解釈(かいしゃく)
準2級	爵	17画	シャク	—	爫(つめかんむり・つめがしら)	爵位(しゃくい)、伯爵(はくしゃく)
4級	寂	11画	ジャク、(セキ)	さび、さびしい・さびれる	宀(うかんむり)	閑寂(かんじゃく)、静寂(せいじゃく)
4級	朱	6画	シュ	—	木(き)	朱肉(しゅにく)、朱筆(しゅひつ)※
4級	狩	9画	シュ	かる、かり	犭(けものへん)	狩猟(しゅりょう)、潮干狩り(しおひがり)

※「餌」(14画)も可。　※「叱」も可。　※「しゅふで」とも読む。

漢字	級	画数	音	訓	部首	用例
殊	3級	10画	シュ	こと	歹(かばねへん・いちたへん・がつへん)	特殊(とくしゅ)、殊の外(ことのほか)
珠	準2級	10画	シュ	—	王(おうへん・たまへん)	珠玉(しゅぎょく)、真珠(しんじゅ)
腫	2級	13画	シュ	はれる、はらす	月(にくづき)	腫瘍(しゅよう)、腫れ物(はれもの)
趣	4級	15画	シュ	おもむき	走(そうにょう)	趣向(しゅこう)、趣味(しゅみ)
寿	3級	7画	ジュ	ことぶき	寸(すん)	寿命(じゅみょう)、長寿(ちょうじゅ)
呪	2級	8画	ジュ	のろう	口(くちへん)	呪縛(じゅばく)、呪文(じゅもん)
需	4級	14画	ジュ	—	雨(あめかんむり)	需要(じゅよう)、必需品(ひつじゅひん)
儒	準2級	16画	ジュ	—	亻(にんべん)	儒学(じゅがく)、儒教(じゅきょう)
囚	準2級	5画	シュウ	—	口(くにがまえ)	囚人(しゅうじん)、模範囚(もはんしゅう)
舟	4級	6画	シュウ	ふね、ふな	舟(ふね)	舟艇(しゅうてい)、ささ舟(ぶね)
秀	4級	7画	シュウ	(ひいでる)	禾(のぎ)	秀才(しゅうさい)、優秀(ゆうしゅう)
臭	準2級	9画	シュウ	くさい、におう	自(みずから)	悪臭(あくしゅう)、防臭(ぼうしゅう)
袖	2級	10画	(シュウ)	そで	衤(ころもへん)	半袖(はんそで)、振り袖(ふりそで)
羞	2級	11画	シュウ	—	羊(ひつじ)	羞恥心(しゅうちしん)、含羞(がんしゅう)
愁	準2級	13画	シュウ	(うれえる)、(うれい)	心(こころ)	哀愁(あいしゅう)、郷愁(きょうしゅう)
酬	準2級	13画	シュウ	—	酉(とりへん)	応酬(おうしゅう)、報酬(ほうしゅう)
醜	準2級	17画	シュウ	みにくい	酉(とりへん)	醜態(しゅうたい)、美醜(びしゅう)
蹴	2級	19画	シュウ	ける	𧾷(あしへん)	一蹴(いっしゅう)、蹴飛ばす(けとばす)
襲	4級	22画	シュウ	おそう	衣(ころも)	襲撃(しゅうげき)、踏襲(とうしゅう)
汁	準2級	5画	ジュウ	しる	氵(さんずい)	墨汁(ぼくじゅう)、汁粉(しるこ)
充	準2級	6画	ジュウ	(あてる)	儿(ひとあし・にんにょう)	充実(じゅうじつ)、補充(ほじゅう)
柔	4級	9画	ジュウ、ニュウ	やわらか、やわらかい	木(き)	柔軟(じゅうなん)、柔和(にゅうわ)
渋	準2級	11画	ジュウ	しぶ、しぶい、しぶる	氵(さんずい)	渋滞(じゅうたい)、茶渋(ちゃしぶ)
銃	準2級	14画	ジュウ	—	金(かねへん)	銃弾(じゅうだん)、猟銃(りょうじゅう)

漢字	級	画数	音	訓	部首	用例
獣	4級	16画	ジュウ	けもの	犬(いぬ)	猛獣(もうじゅう)、獣道(けものみち)
叔	準2級	8画	シュク	—	又(また)	伯叔(はくしゅく)
淑	準2級	11画	シュク	—	氵(さんずい)	淑女(しゅくじょ)、私淑(ししゅく)
粛	準2級	11画	シュク	—	聿(ふでづくり)	厳粛(げんしゅく)、自粛(じしゅく)
塾	準2級	14画	ジュク	—	土(つち)	塾生(じゅくせい)、学習塾(がくしゅうじゅく)
俊	準2級	9画	シュン	—	亻(にんべん)	俊足(しゅんそく)、俊敏(しゅんびん)
瞬	4級	18画	シュン	(またたく)	目(めへん)	瞬間(しゅんかん)、一瞬(いっしゅん)
旬	4級	6画	ジュン、シュン	—	日(ひ)	下旬(げじゅん)、初旬(しょじゅん)
巡	4級	6画	ジュン	めぐる	巛(かわ)	巡回(じゅんかい)、一巡(いちじゅん)
盾	4級	9画	ジュン	たて	目(め)	矛盾(むじゅん)、後ろ盾(うしろだて)
准	準2級	10画	ジュン	—	冫(にすい)	准教授(じゅんきょうじゅ)、批准(ひじゅん)
殉	準2級	10画	ジュン	—	歹(かばねへん・いちたへん・がつへん)	殉死(じゅんし)、殉職(じゅんしょく)
循	準2級	12画	ジュン	—	彳(ぎょうにんべん)	循環(じゅんかん)、因循(いんじゅん)
潤	3級	15画	ジュン	うるおう、うるおす、うるむ	氵(さんずい)	潤沢(じゅんたく)、湿潤(しつじゅん)
遵	3級	15画	ジュン	—	辶(しんにょう・しんにゅう)	遵守(じゅんしゅ)、遵法(じゅんぽう)
庶	準2級	11画	ショ	—	广(まだれ)	庶民的(しょみんてき)、庶務(しょむ)
緒	準2級	14画	ショ、チョ	お	糸(いとへん)	一緒(いっしょ)、情緒(じょうちょ)※
如	3級	6画	ジョ、(ニョ)	—	女(おんなへん)	欠如(けつじょ)、突如(とつじょ)
叙	準2級	9画	ジョ	—	又(また)	叙述(じょじゅつ)、叙情詩(じょじょうし)
徐	3級	10画	ジョ	—	彳(ぎょうにんべん)	徐行(じょこう)、徐徐に(じょじょに)
升	準2級	4画	ショウ	ます	十(じゅう)	一升瓶(いっしょうびん)、升目(ますめ)
召	4級	5画	ショウ	めす	口(くち)	召集(しょうしゅう)、召し上がる(めしあがる)
匠	3級	6画	ショウ	—	匚(はこがまえ)	巨匠(きょしょう)、師匠(ししょう)
床	4級	7画	ショウ	とこ、ゆか	广(まだれ)	起床(きしょう)、床の間(とこのま)

※「じょうしょ」とも読む。

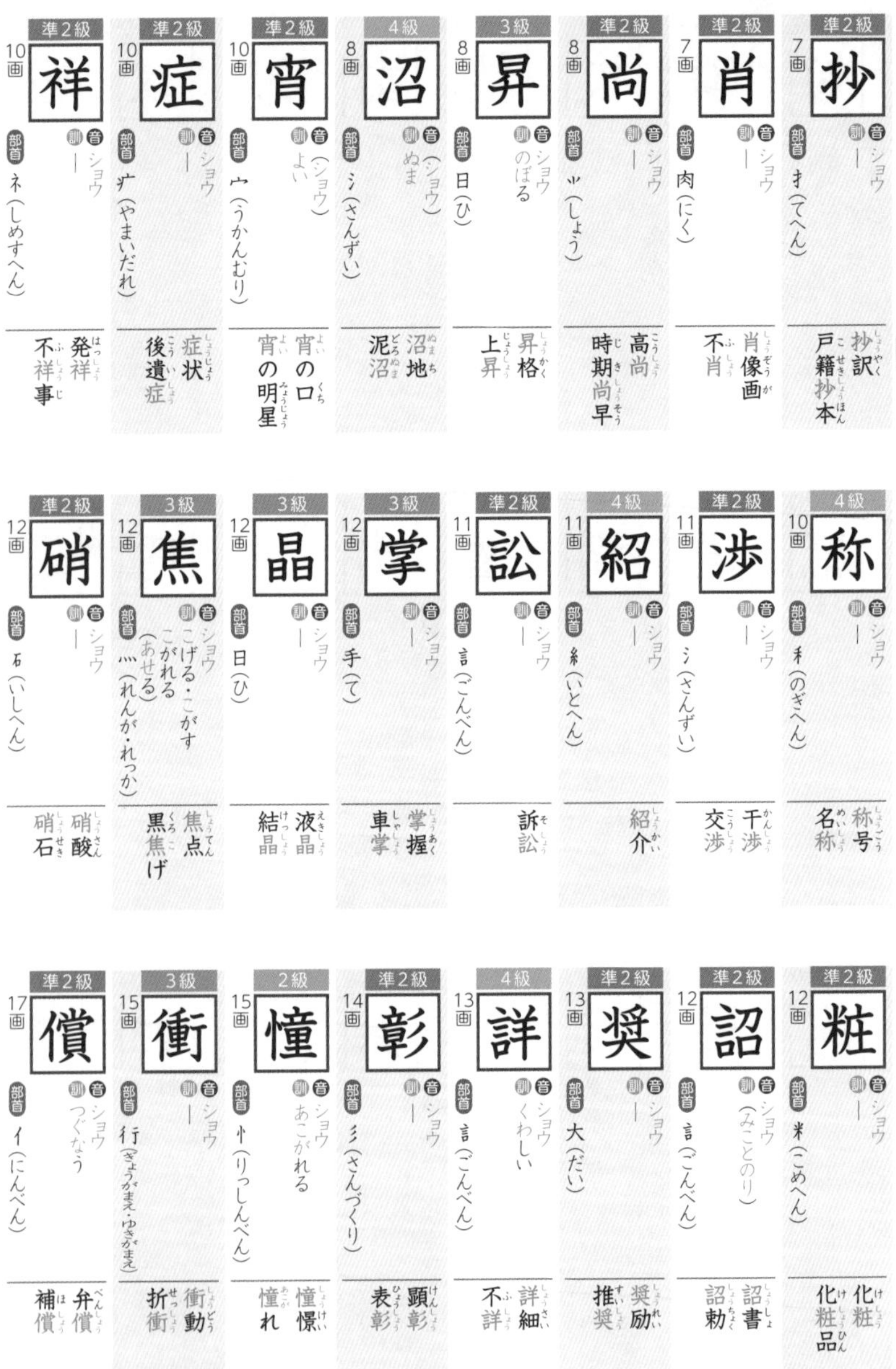

漢字	級	画数	音	訓	部首	用例
抄	準2級	7画	ショウ	―	扌(てへん)	抄訳(しょうやく)、戸籍抄本(こせきしょうほん)
肖	準2級	7画	ショウ	―	肉(にく)	肖像画(しょうぞうが)、不肖(ふしょう)
尚	準2級	8画	ショウ	―	⺌(しょう)	高尚(こうしょう)、時期尚早(じきしょうそう)
昇	3級	8画	ショウ	のぼる	日(ひ)	昇格(しょうかく)、上昇(じょうしょう)
沼	4級	8画	(ショウ)	ぬま	氵(さんずい)	沼地(ぬまち)、泥沼(どろぬま)
宵	準2級	10画	(ショウ)	よい	宀(うかんむり)	宵の口(よいのくち)、宵の明星(よいのみょうじょう)
症	準2級	10画	ショウ	―	疒(やまいだれ)	症状(しょうじょう)、後遺症(こういしょう)
祥	準2級	10画	ショウ	―	礻(しめすへん)	発祥(はっしょう)、不祥事(ふしょうじ)
称	4級	10画	ショウ	―	禾(のぎへん)	称号(しょうごう)、名称(めいしょう)
渉	準2級	11画	ショウ	―	氵(さんずい)	干渉(かんしょう)、交渉(こうしょう)
紹	4級	11画	ショウ	―	糸(いとへん)	紹介(しょうかい)
訟	準2級	11画	ショウ	―	言(ごんべん)	訴訟(そしょう)
掌	3級	12画	ショウ	―	手(て)	掌握(しょうあく)、車掌(しゃしょう)
晶	3級	12画	ショウ	―	日(ひ)	液晶(えきしょう)、結晶(けっしょう)
焦	3級	12画	ショウ	こげる・こがす・こがれる・(あせる)	灬(れんが・れっか)	焦点(しょうてん)、黒焦げ(くろこげ)
硝	準2級	12画	ショウ	―	石(いしへん)	硝酸(しょうさん)、硝石(しょうせき)
粧	準2級	12画	ショウ	―	米(こめへん)	化粧(けしょう)、化粧品(けしょうひん)
詔	準2級	12画	ショウ	(みことのり)	言(ごんべん)	詔書(しょうしょ)、詔勅(しょうちょく)
奨	準2級	13画	ショウ	―	大(だい)	奨励(しょうれい)、推奨(すいしょう)
詳	4級	13画	ショウ	くわしい	言(ごんべん)	詳細(しょうさい)、不詳(ふしょう)
彰	準2級	14画	ショウ	―	彡(さんづくり)	顕彰(けんしょう)、表彰(ひょうしょう)
憧	2級	15画	ショウ	あこがれる	忄(りっしんべん)	憧憬(しょうけい)、憧れ(あこがれ)
衝	3級	15画	ショウ	―	行(ぎょうがまえ・ゆきがまえ)	衝動(しょうどう)、折衝(せっしょう)
償	準2級	17画	ショウ	つぐなう	亻(にんべん)	弁償(べんしょう)、補償(ほしょう)

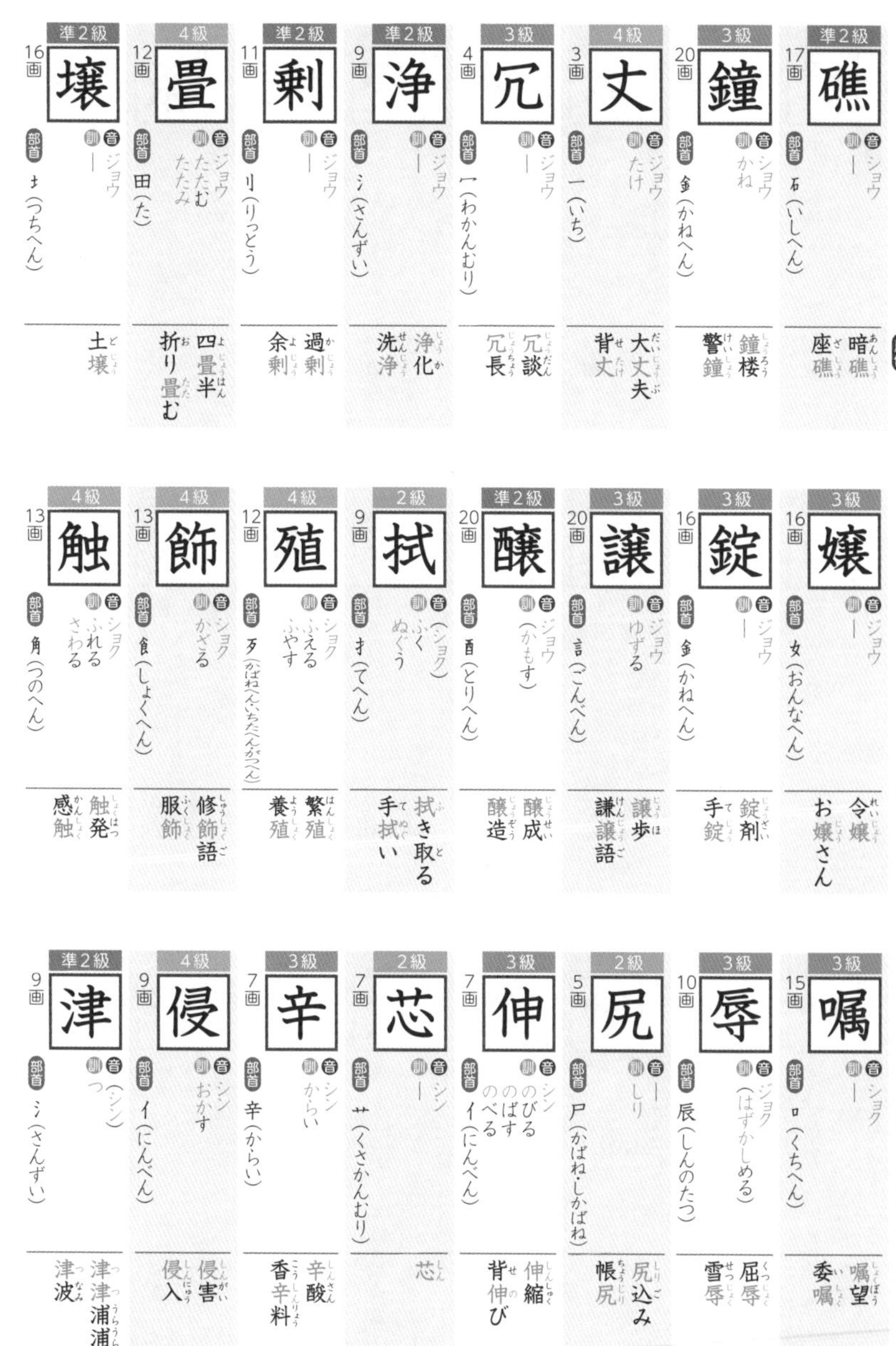

漢字	級	画数	音	訓	部首	用例
礁	準2級	17画	ショウ	—	石(いしへん)	暗礁(あんしょう) 座礁(ざしょう)
鐘	3級	20画	ショウ	かね	金(かねへん)	鐘楼(しょうろう) 警鐘(けいしょう)
丈	4級	3画	ジョウ	たけ	一(いち)	大丈夫(だいじょうぶ) 背丈(せたけ)
冗	3級	4画	ジョウ	—	冖(わかんむり)	冗談(じょうだん) 冗長(じょうちょう)
浄	準2級	9画	ジョウ	—	氵(さんずい)	浄化(じょうか) 洗浄(せんじょう)
剰	準2級	11画	ジョウ	—	刂(りっとう)	過剰(かじょう) 余剰(よじょう)
畳	4級	12画	ジョウ	たたむ たたみ	田(た)	四畳半(よじょうはん) 折(お)り畳(たた)む
壌	準2級	16画	ジョウ	—	土(つちへん)	土壌(どじょう)
嬢	3級	16画	ジョウ	—	女(おんなへん)	令嬢(れいじょう) お嬢さん
錠	3級	16画	ジョウ	—	金(かねへん)	錠剤(じょうざい) 手錠(てじょう)
譲	3級	20画	ジョウ	ゆずる	言(ごんべん)	譲歩(じょうほ) 謙譲語(けんじょうご)
醸	準2級	20画	ジョウ	(かもす)	酉(とりへん)	醸成(じょうせい) 醸造(じょうぞう)
拭	2級	9画	(ショク)	ふく ぬぐう	扌(てへん)	拭(ふ)き取(と)る 手拭(てぬぐ)い
殖	4級	12画	ショク	ふえる ふやす	歹(かばねへん・いちたへん・がつへん)	繁殖(はんしょく) 養殖(ようしょく)
飾	4級	13画	ショク	かざる	飠(しょくへん)	修飾語(しゅうしょくご) 服飾(ふくしょく)
触	4級	13画	ショク	ふれる さわる	角(つのへん)	触発(しょくはつ) 感触(かんしょく)
嘱	3級	15画	ショク	—	口(くちへん)	嘱望(しょくぼう) 委嘱(いしょく)
辱	3級	10画	ジョク	(はずかしめる)	辰(しんのたつ)	屈辱(くつじょく) 雪辱(せつじょく)
尻	2級	5画	—	しり	尸(かばね・しかばね)	尻込(しりご)み 帳尻(ちょうじり)
伸	3級	7画	シン	のびる のばす のべる	亻(にんべん)	伸縮(しんしゅく) 背伸(せの)び
芯	2級	7画	シン	—	艹(くさかんむり)	芯(しん)
辛	3級	7画	シン	からい	辛(からい)	辛酸(しんさん) 香辛料(こうしんりょう)
侵	4級	9画	シン	おかす	亻(にんべん)	侵害(しんがい) 侵入(しんにゅう)
津	準2級	9画	(シン)	つ	氵(さんずい)	津津浦浦(つつうらうら) 津波(つなみ)

漢字	級	画数	音	訓	部首	用例
唇	準2級	10画	(シン)	くちびる	口(くち)	上唇(うわくちびる)、下唇(したくちびる)
娠	準2級	10画	シン	—	女(おんなへん)	妊娠(にんしん)
振	4級	10画	シン	ふる、ふるう、ふれる	扌(てへん)	振動(しんどう)、不振(ふしん)
浸	4級	10画	シン	ひたす、ひたる	氵(さんずい)	浸透(しんとう)、水浸し(みずびたし)
紳	準2級	11画	シン	—	糸(いとへん)	紳士的(しんしてき)、紳士服(しんしふく)
診	準2級	12画	シン	みる	言(ごんべん)	診断(しんだん)、打診(だしん)
寝	4級	13画	シン	ねる、ねかす	宀(うかんむり)	就寝(しゅうしん)、昼寝(ひるね)
慎	4級	13画	シン	つつしむ	忄(りっしんべん)	慎重(しんちょう)、謹慎(きんしん)
審	3級	15画	シン	—	宀(うかんむり)	審査(しんさ)、不審(ふしん)
震	4級	15画	シン	ふるう、ふるえる	雨(あめかんむり)	地震(じしん)、身震い(みぶるい)
薪	4級	16画	シン	たきぎ	艹(くさかんむり)	薪水(しんすい)、薪炭(しんたん)
刃	準2級	3画	(ジン)	は	刀(かたな)	刃先(はさき)、刃物(はもの)
尽	4級	6画	ジン	つくす、つきる、つかす	尸(かばね・しかばね)	尽力(じんりょく)、理不尽(りふじん)
迅	準2級	6画	ジン	—	辶(しんにょう・しんにゅう)	迅速(じんそく)、奮迅(ふんじん)
甚	準2級	9画	(ジン)	はなはだ、はなはだしい	甘(かん・あまい)	甚だ(はなはだ)、甚だしい
陣	4級	10画	ジン	—	阝(こざとへん)	陣地(じんち)、円陣(えんじん)
尋	4級	12画	ジン	たずねる	寸(すん)	尋常(じんじょう)、尋問(じんもん)
腎	2級	13画	ジン	—	肉(にく)	腎臓(じんぞう)
須	2級	12画	ス	—	頁(おおがい)	急須(きゅうす)、必須(ひっす)
吹	4級	7画	スイ	ふく	口(くちへん)	吹奏楽(すいそうがく)、吹き流し(ふきながし)
炊	3級	8画	スイ	たく	火(ひへん)	炊事(すいじ)、自炊(じすい)
帥	準2級	9画	スイ	—	巾(はば)	元帥(げんすい)、統帥(とうすい)
粋	3級	10画	スイ	いき	米(こめへん)	純粋(じゅんすい)、抜粋(ばっすい)
衰	3級	10画	スイ	おとろえる	衣(ころも)	衰退(すいたい)、老衰(ろうすい)

漢字リスト

スイ→セキ

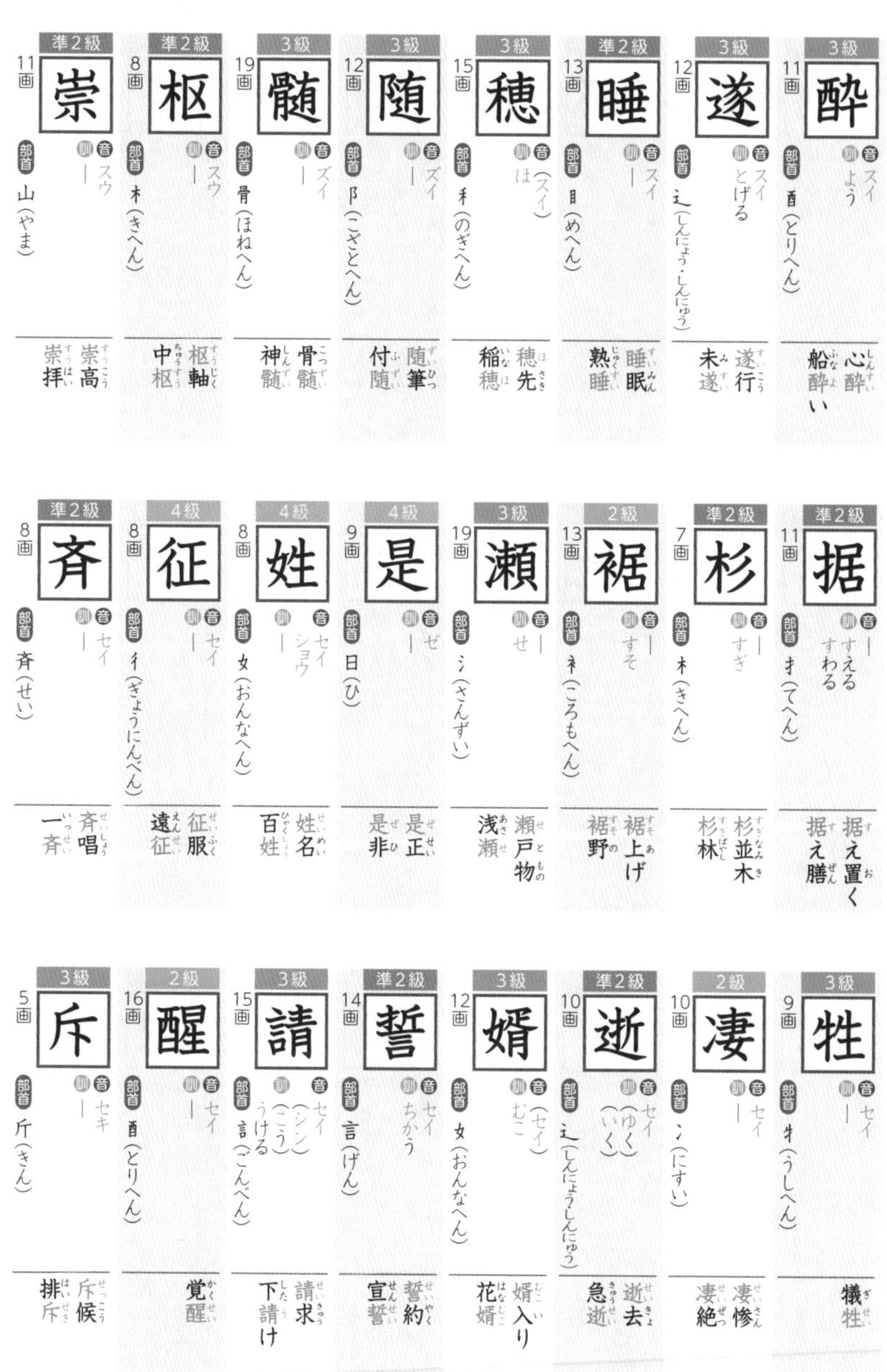

漢字	級	画数	音	訓	部首	用例
酔	3級	11画	スイ	よう	酉（とりへん）	心酔（しんすい）、船酔い（ふなよい）
遂	3級	12画	スイ	とげる	辶（しんにょう・しんにゅう）	遂行（すいこう）、未遂（みすい）
睡	準2級	13画	スイ	―	目（めへん）	睡眠（すいみん）、熟睡（じゅくすい）
穂	3級	15画	（スイ）	ほ	禾（のぎへん）	穂先（ほさき）、稲穂（いなほ）
随	3級	12画	ズイ	―	阝（こざとへん）	随筆（ずいひつ）、付随（ふずい）
髄	3級	19画	ズイ	―	骨（ほねへん）	骨髄（こつずい）、神髄（しんずい）
枢	準2級	8画	スウ	―	木（きへん）	枢軸（すうじく）、中枢（ちゅうすう）
崇	準2級	11画	スウ	―	山（やま）	崇高（すうこう）、崇拝（すうはい）
据	準2級	11画	―	すえる、すわる	扌（てへん）	据え置く（すえおく）、据え膳（すえぜん）
杉	準2級	7画	―	すぎ	木（きへん）	杉並木（すぎなみき）、杉林（すぎばやし）
裾	2級	13画	―	すそ	衤（ころもへん）	裾上げ（すそあげ）、裾野（すその）
瀬	3級	19画	―	せ	氵（さんずい）	瀬戸物（せともの）、浅瀬（あさせ）
是	4級	9画	ゼ	―	日（ひ）	是正（ぜせい）、是非（ぜひ）
姓	4級	8画	セイ、ショウ	―	女（おんなへん）	姓名（せいめい）、百姓（ひゃくしょう）
征	4級	8画	セイ	―	彳（ぎょうにんべん）	征服（せいふく）、遠征（えんせい）
斉	準2級	8画	セイ	―	斉（せい）	斉唱（せいしょう）、一斉（いっせい）
牲	3級	9画	セイ	―	牛（うしへん）	犠牲（ぎせい）
凄	2級	10画	セイ	―	冫（にすい）	凄惨（せいさん）、凄絶（せいぜつ）
逝	準2級	10画	セイ	（ゆく）、（いく）	辶（しんにょう・しんにゅう）	逝去（せいきょ）、急逝（きゅうせい）
婿	3級	12画	（セイ）	むこ	女（おんなへん）	婿入り（むこいり）、花婿（はなむこ）
誓	準2級	14画	セイ	ちかう	言（げん）	誓約（せいやく）、宣誓（せんせい）
請	3級	15画	セイ、（シン）	（こう）、うける	言（ごんべん）	請求（せいきゅう）、下請け（したうけ）
醒	2級	16画	セイ	―	酉（とりへん）	覚醒（かくせい）
斥	3級	5画	セキ	―	斤（きん）	斥候（せっこう）、排斥（はいせき）

漢字	級	画数	音	訓	部首	用例
析	準2級	8画	セキ	―	木（きへん）	解析（かいせき）、分析（ぶんせき）
脊	2級	10画	セキ	―	肉（にく）	脊髄（せきずい）、脊椎（せきつい）
隻	3級	10画	セキ	―	隹（ふるとり）	数隻（すうせき）、片言隻語（へんげんせきご）
惜	3級	11画	セキ	おしい、おしむ	忄（りっしんべん）	惜別（せきべつ）、愛惜（あいせき）
戚	2級	11画	セキ	―	戈（ほこづくり・ほこがまえ）	遠戚（えんせき）、親戚（しんせき）
跡	4級	13画	セキ	あと	𧾷（あしへん）	遺跡（いせき）、足跡（あしあと）※
籍	3級	20画	セキ	―	竹（たけかんむり）	移籍（いせき）、書籍（しょせき）
拙	準2級	8画	セツ	つたない	扌（てへん）	巧拙（こうせつ）、稚拙（ちせつ）
窃	準2級	9画	セツ	―	穴（あなかんむり）	窃取（せっしゅ）、窃盗（せっとう）
摂	3級	13画	セツ	―	扌（てへん）	摂生（せっせい）、摂理（せつり）
仙	準2級	5画	セン	―	亻（にんべん）	仙人（せんにん）、水仙（すいせん）
占	4級	5画	セン	しめる、うらなう	卜（と・うらない）	独占（どくせん）、星占い（ほしうらない）
扇	4級	10画	セン	おうぎ	戸（とだれ・とかんむり）	扇子（せんす）、扇風機（せんぷうき）
栓	準2級	10画	セン	―	木（きへん）	栓抜き（せんぬき）、元栓（もとせん）
旋	準2級	11画	セン	―	方（ほうへん・かたへん）	旋回（せんかい）、旋律（せんりつ）
煎	※2級	13画	セン	いる	灬（れんが・れっか）	煎じ薬（せんじぐすり）、煎餅（せんべい）
羨	2級	13画	（セン）	うらやむ、うらやましい	羊（ひつじ）	羨む（うらやむ）、羨ましい（うらやましい）
腺	2級	13画	セン	―	月（にくづき）	涙腺（るいせん）、内分泌腺（ないぶんぴつせん）
詮	※2級	13画	セン	―	言（ごんべん）	詮索（せんさく）、所詮（しょせん）
践	準2級	13画	セン	―	𧾷（あしへん）	実践（じっせん）、実践的（じっせんてき）
箋	※2級	14画	セン	―	竹（たけかんむり）	便箋（びんせん）、処方箋（しょほうせん）
潜	3級	15画	セン	ひそむ、もぐる	氵（さんずい）	潜在（せんざい）、潜水艦（せんすいかん）
遷	準2級	15画	セン	―	辶（しんにょう・しんにゅう）	遷都（せんと）、変遷（へんせん）
薦	準2級	16画	セン	すすめる	艹（くさかんむり）	自薦（じせん）、推薦（すいせん）

※「そくせき」とも読む。　※「煎」も可。　※「詮」も可。　※「箋」（12画）も可。

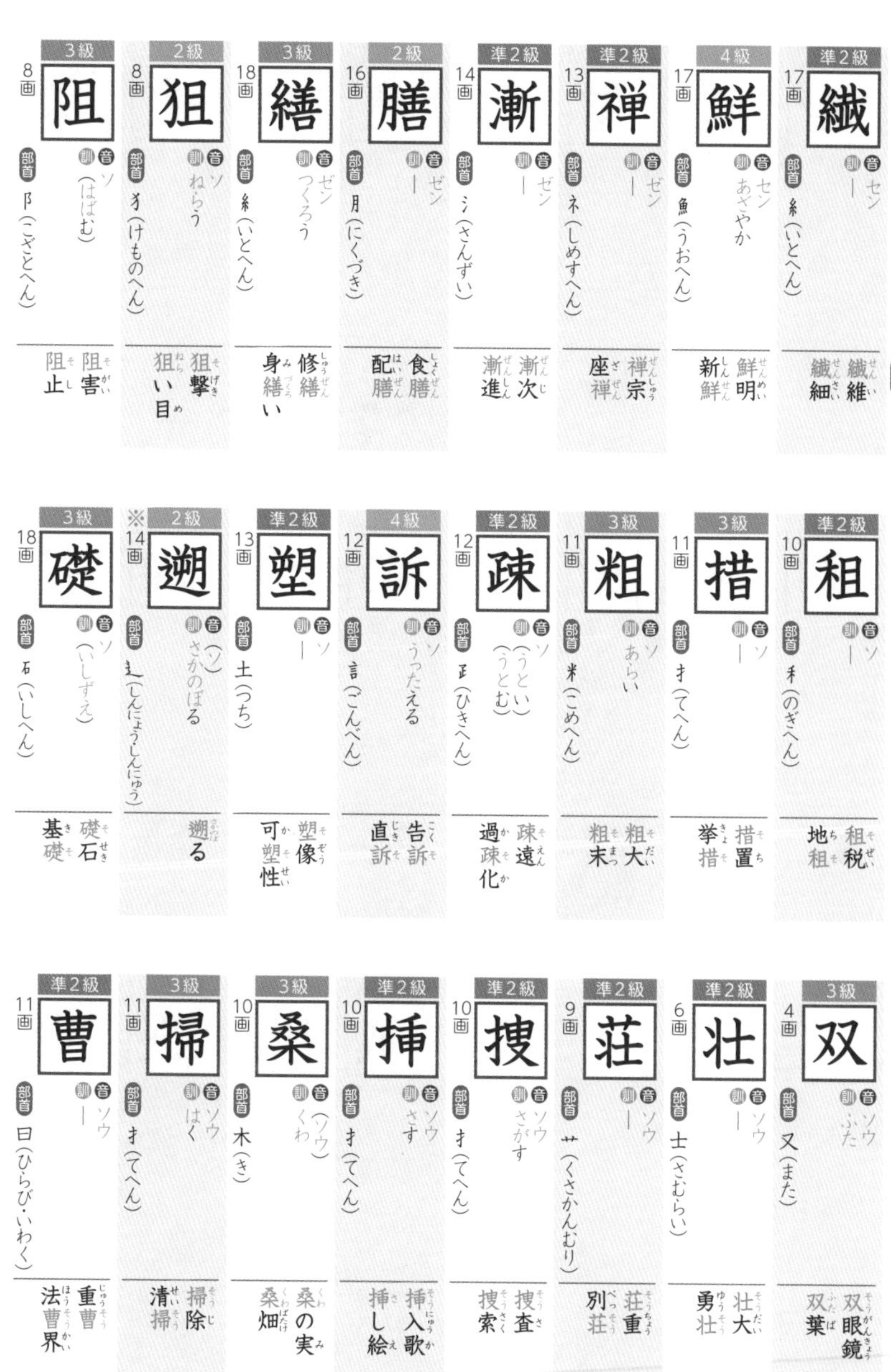

漢字	級	画数	音	訓	部首	用例
繊	準2級	17画	セン	—	糸(いとへん)	繊維(せんい)、繊細(せんさい)
鮮	4級	17画	セン	あざやか	魚(うおへん)	鮮明(せんめい)、新鮮(しんせん)
禅	準2級	13画	ゼン	—	ネ(しめすへん)	禅宗(ぜんしゅう)、座禅(ざぜん)
漸	準2級	14画	ゼン	—	氵(さんずい)	漸次(ぜんじ)、漸進(ぜんしん)
膳	2級	16画	ゼン	—	月(にくづき)	食膳(しょくぜん)、配膳(はいぜん)
繕	3級	18画	ゼン	つくろう	糸(いとへん)	修繕(しゅうぜん)、身繕い(みづくろい)
狙	2級	8画	ソ	ねらう	犭(けものへん)	狙撃(そげき)、狙い目(ねらいめ)
阻	3級	8画	ソ	(はばむ)	阝(こざとへん)	阻害(そがい)、阻止(そし)
租	準2級	10画	ソ	—	禾(のぎへん)	租税(そぜい)、地租(ちそ)
措	3級	11画	ソ	—	扌(てへん)	措置(そち)、挙措(きょそ)
粗	3級	11画	ソ	あらい	米(こめへん)	粗大(そだい)、粗末(そまつ)
疎	準2級	12画	ソ	(うとい)(うとむ)	𤴔(ひきへん)	疎遠(そえん)、過疎化(かそか)
訴	4級	12画	ソ	うったえる	言(ごんべん)	告訴(こくそ)、直訴(じきそ)
塑	準2級	13画	ソ	—	土(つち)	塑像(そぞう)、可塑性(かそせい)
遡	※2級	14画	(ソ)	さかのぼる	辶(しんにょう・しんにゅう)	遡る(さかのぼる)
礎	3級	18画	ソ	(いしずえ)	石(いしへん)	礎石(そせき)、基礎(きそ)
双	3級	4画	ソウ	ふた	又(また)	双眼鏡(そうがんきょう)、双葉(ふたば)
壮	準2級	6画	ソウ	—	士(さむらい)	壮大(そうだい)、勇壮(ゆうそう)
荘	準2級	9画	ソウ	—	艹(くさかんむり)	荘重(そうちょう)、別荘(べっそう)
捜	準2級	10画	ソウ	さがす	扌(てへん)	捜査(そうさ)、捜索(そうさく)
挿	準2級	10画	ソウ	さす	扌(てへん)	挿入歌(そうにゅうか)、挿し絵(さしえ)
桑	3級	10画	(ソウ)	くわ	木(き)	桑の実(くわのみ)、桑畑(くわばたけ)
掃	3級	11画	ソウ	はく	扌(てへん)	掃除(そうじ)、清掃(せいそう)
曹	準2級	11画	ソウ	—	曰(ひらび・いわく)	重曹(じゅうそう)、法曹界(ほうそうかい)

※「遡」(13画)も可。

漢字	級	画数	音	訓	部首	用例
曽	2級	11画	ソウ・ゾ	―	日(ひらび・いわく)	曽祖父(そうそふ)・未曽有(みぞう)
爽	2級	11画	ソウ	さわやか	大(だい)	爽快(そうかい)
喪	準2級	12画	ソウ	も	口(くち)	喪失(そうしつ)・喪服(もふく)
痩	2級	12画	(ソウ)	やせる	疒(やまいだれ)	痩せ我慢(やせがまん)・痩せ地(やせち)
葬	3級	12画	ソウ	(ほうむる)	艹(くさかんむり)	葬式(そうしき)・火葬(かそう)
僧	4級	13画	ソウ	―	亻(にんべん)	僧院(そういん)・小僧(こぞう)
遭	3級	14画	ソウ	あう	辶(しんにょう・しんにゅう)	遭遇(そうぐう)・遭難(そうなん)
槽	準2級	15画	ソウ	―	木(きへん)	水槽(すいそう)・浴槽(よくそう)
踪	2級	15画	ソウ	―	𧾷(あしへん)	失踪(しっそう)
燥	4級	17画	ソウ	―	火(ひへん)	乾燥(かんそう)・焦燥(しょうそう)
霜	準2級	17画	(ソウ)	しも	雨(あめかんむり)	霜柱(しもばしら)・初霜(はつしも)
騒	4級	18画	ソウ	さわぐ	馬(うまへん)	騒音(そうおん)・物騒(ぶっそう)
藻	準2級	19画	ソウ	も	艹(くさかんむり)	海藻(かいそう)・藻くず(もくず)
憎	3級	14画	ゾウ	にくむ・にくい・にくらしい・にくしみ	忄(りっしんべん)	愛憎(あいぞう)・憎まれ口(にくまれぐち)
贈	4級	18画	ゾウ・ソウ	おくる	貝(かいへん)	贈呈(ぞうてい)・贈り物(おくりもの)
即	4級	7画	ソク	―	卩(わりふ・ふしづくり)	即席(そくせき)・即興(そっきょう)

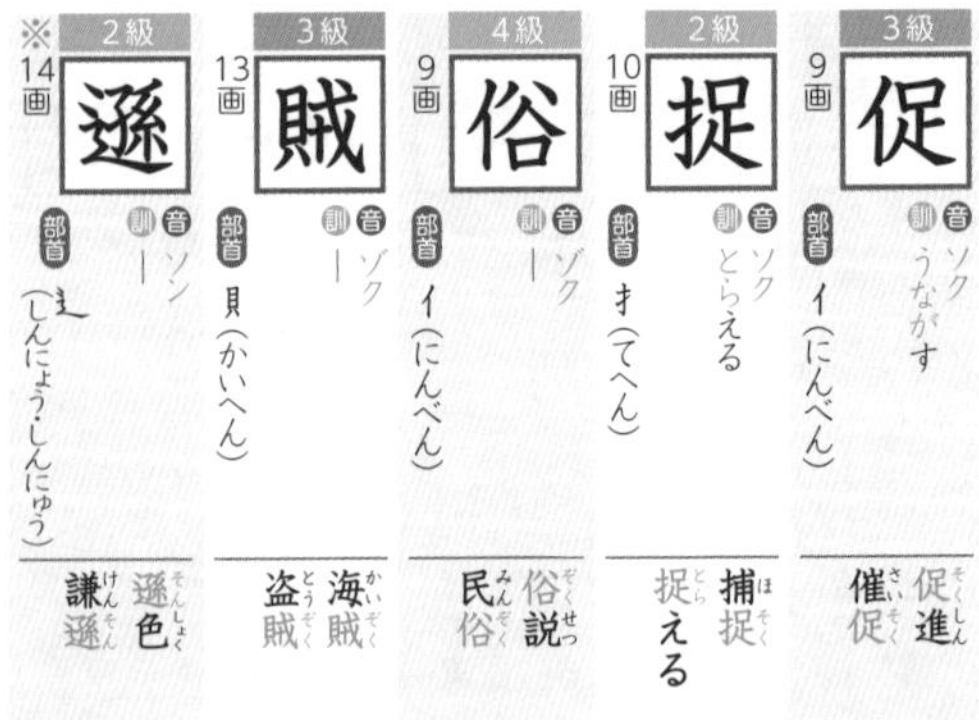

漢字	級	画数	音	訓	部首	用例
促	3級	9画	ソク	うながす	亻(にんべん)	促進(そくしん)・催促(さいそく)
捉	2級	10画	ソク	とらえる	扌(てへん)	捕捉(ほそく)・捉える(とらえる)
俗	4級	9画	ゾク	―	亻(にんべん)	俗説(ぞくせつ)・民俗(みんぞく)
賊	3級	13画	ゾク	―	貝(かいへん)	海賊(かいぞく)・盗賊(とうぞく)
遜※	2級	14画	ソン	―	辶(しんにょう・しんにゅう)	遜色(そんしょく)・謙遜(けんそん)

※「遜」(13画)も可。

タ行

漢字	級	画数	音	訓	部首	用例
汰	2級	7画	タ	―	氵（さんずい）	音沙汰（おとさた）、御無沙汰（ごぶさた）
妥	準2級	7画	ダ	―	女（おんな）	妥協（だきょう）、妥当（だとう）
唾	2級	11画	ダ	つば	口（くちへん）	唾液（だえき）、眉唾物（まゆつばもの）
堕	準2級	12画	ダ	―	土（つち）	堕落（だらく）、自堕落（じだらく）
惰	準2級	12画	ダ	―	忄（りっしんべん）	惰性（だせい）、怠惰（たいだ）
駄	準2級	14画	ダ	―	馬（うまへん）	駄菓子（だがし）、無駄（むだ）
耐	4級	9画	タイ	たえる	而（しかして・しこうして）	耐久力（たいきゅうりょく）、忍耐（にんたい）
怠	3級	9画	タイ	おこたる なまける	心（こころ）	怠慢（たいまん）、怠け者（なまけもの）
胎	3級	9画	タイ	―	月（にくづき）	胎児（たいじ）、母胎（ぼたい）
泰	準2級	10画	タイ	―	氺（したみず）	泰然自若（たいぜんじじゃく）、安泰（あんたい）
堆	2級	11画	タイ	―	土（つちへん）	堆積（たいせき）、堆肥（たいひ）
袋	3級	11画	（タイ）	ふくろ	衣（ころも）	紙袋（かみぶくろ）、手袋（てぶくろ）
逮	3級	11画	タイ	―	辶（しんにょう・しんにゅう）	逮捕（たいほ）、逮捕状（たいほじょう）
替	4級	12画	タイ	かえる かわる	曰（ひらび・いわく）	交替（こうたい）、着替え（きがえ）
滞	3級	13画	タイ	とどこおる	氵（さんずい）	滞在（たいざい）、停滞（ていたい）
戴	2級	17画	タイ	―	戈（ほこづくり・ほこがまえ）	戴冠式（たいかんしき）、頂戴（ちょうだい）
滝	3級	13画	―	たき	氵（さんずい）	滝口（たきぐち）、滝つぼ（たきつぼ）
択	3級	7画	タク	―	扌（てへん）	選択（せんたく）、二者択一（にしゃたくいつ）
沢	4級	7画	タク	さわ	氵（さんずい）	光沢（こうたく）、沢がに（さわがに）
卓	3級	8画	タク	―	十（じゅう）	卓球（たっきゅう）、食卓（しょくたく）
拓	4級	8画	タク	―	扌（てへん）	拓本（たくほん）、開拓（かいたく）
託	3級	10画	タク	―	言（ごんべん）	託児所（たくじしょ）、屈託（くったく）
濯	準2級	17画	タク	―	氵（さんずい）	洗濯（せんたく）

漢字	級	画数	音	訓	部首	用例
諾	3級	15画	ダク	―	言（ごんべん）	許諾（きょだく）、承諾（しょうだく）
濁	4級	16画	ダク	にごる、にごす	氵（さんずい）	濁流（だくりゅう）、清濁（せいだく）
但	準2級	7画	―	ただし	亻（にんべん）	但し書き（ただしがき）
脱	4級	11画	ダツ	ぬぐ、ぬげる	月（にくづき）	脱出（だっしゅつ）、脱線（だっせん）
奪	3級	14画	ダツ	うばう	大（だい）	奪回（だっかい）、争奪（そうだつ）
棚	準2級	12画	―	たな	木（きへん）	棚上げ（たなあげ）、本棚（ほんだな）
誰	2級	15画	―	だれ	言（ごんべん）	誰彼（だれかれ）
丹	4級	4画	タン	―	丶（てん）	丹精（たんせい）、丹念（たんねん）
旦	2級	5画	タン、ダン	―	日（ひ）	元旦（がんたん）、旦那（だんな）
胆	3級	9画	タン	―	月（にくづき）	大胆（だいたん）、落胆（らくたん）
淡	4級	11画	タン	あわい	氵（さんずい）	冷淡（れいたん）、淡雪（あわゆき）
嘆	4級	13画	タン	なげく、なげかわしい	口（くちへん）	嘆願書（たんがんしょ）、感嘆（かんたん）
端	4級	14画	タン	はし、（は）、はた	立（たつへん）	極端（きょくたん）、道端（みちばた）
綻	2級	14画	タン	ほころびる	糸（いとへん）	破綻（はたん）、綻び（ほころび）
鍛	3級	17画	タン	きたえる	金（かねへん）	鍛錬※（たんれん）、鍛え上げる（きたえあげる）
弾	4級	12画	ダン	ひく、はずむ、たま	弓（ゆみへん）	爆弾（ばくだん）、弾き語り（ひきがたり）
壇	3級	16画	ダン、（タン）	―	土（つちへん）	花壇（かだん）、仏壇（ぶつだん）
恥	4級	10画	チ	はじる・はじ、はじらう・はずかしい	心（こころ）	厚顔無恥（こうがんむち）、赤恥（あかはじ）
致	4級	10画	チ	いたす	至（いたる）	致命的（ちめいてき）、一致（いっち）
遅	4級	12画	チ	おくれる、おくらす、おそい	辶（しんにょう・しんにゅう）	遅刻（ちこく）、遅番（おそばん）
痴	準2級	13画	チ	―	疒（やまいだれ）	痴漢（ちかん）、愚痴（ぐち）
稚	3級	13画	チ	―	禾（のぎへん）	稚拙（ちせつ）、幼稚園（ようちえん）
緻	2級	16画	チ	―	糸（いとへん）	緻密（ちみつ）、精緻（せいち）
畜	3級	10画	チク	―	田（た）	畜産業（ちくさんぎょう）、家畜（かちく）

※「鍛練」とも書く。

漢字	級	画数	音	訓	部首	用例
逐	準2級	10画	チク	―	辶(しんにょう・しんにゅう)	逐一(ちくいち)、駆逐(くちく)
蓄	4級	13画	チク	たくわえる	艹(くさかんむり)	蓄積(ちくせき)、貯蓄(ちょちく)
秩	準2級	10画	チツ	―	禾(のぎへん)	秩序(ちつじょ)、無秩序(むちつじょ)
窒	3級	11画	チツ	―	穴(あなかんむり)	窒素(ちっそ)、窒息(ちっそく)
嫡	準2級	14画	チャク	―	女(おんなへん)	嫡出子(ちゃくしゅつし)、嫡男(ちゃくなん)
抽	3級	8画	チュウ	―	扌(てへん)	抽象的(ちゅうしょうてき)、抽選(ちゅうせん)
衷	準2級	9画	チュウ	―	衣(ころも)	衷心(ちゅうしん)、和洋折衷(わようせっちゅう)
酎	2級	10画	チュウ	―	酉(とりへん)	焼酎(しょうちゅう)
鋳	3級	15画	チュウ	いる	金(かねへん)	鋳造(ちゅうぞう)、鋳物(いもの)
駐	3級	15画	チュウ	―	馬(うまへん)	駐車(ちゅうしゃ)、常駐(じょうちゅう)
弔	準2級	4画	チョウ	とむらう	弓(ゆみ)	弔辞(ちょうじ)、弔電(ちょうでん)
挑	準2級	9画	チョウ	いどむ	扌(てへん)	挑戦(ちょうせん)、挑発(ちょうはつ)
彫	3級	11画	チョウ	ほる	彡(さんづくり)	彫刻(ちょうこく)、木彫り(きぼり)
眺	準2級	11画	チョウ	ながめる	目(めへん)	眺望(ちょうぼう)、眺め入る(ながめいる)
釣	準2級	11画	(チョウ)	つる	金(かねへん)	釣り合い(つりあい)、釣り銭(つりせん)
貼	2級	12画	チョウ	はる	貝(かいへん)	貼付(ちょうふ)、貼り紙(はりがみ)
超	3級	12画	チョウ	こえる こす	走(そうにょう)	超越(ちょうえつ)、超人的(ちょうじんてき)
跳	4級	13画	チョウ	はねる とぶ	足(あしへん)	跳躍(ちょうやく)、跳ね返る(はねかえる)
徴	4級	14画	チョウ	―	彳(ぎょうにんべん)	徴収(ちょうしゅう)、象徴(しょうちょう)
嘲※	2級	15画	チョウ	あざける	口(くちへん)	嘲笑(ちょうしょう)、自嘲(じちょう)
澄	4級	15画	(チョウ)	すむ すます	氵(さんずい)	澄み切る(すみきる)、澄まし汁(すましじる)
聴	3級	17画	チョウ	きく	耳(みみへん)	聴覚(ちょうかく)、傍聴(ぼうちょう)
懲	準2級	18画	チョウ	こりる こらす こらしめる	心(こころ)	懲役(ちょうえき)、勧善懲悪(かんぜんちょうあく)
勅	準2級	9画	チョク	―	力(ちから)	勅使(ちょくし)、教育勅語(きょういくちょくご)

※「嘲」も可。

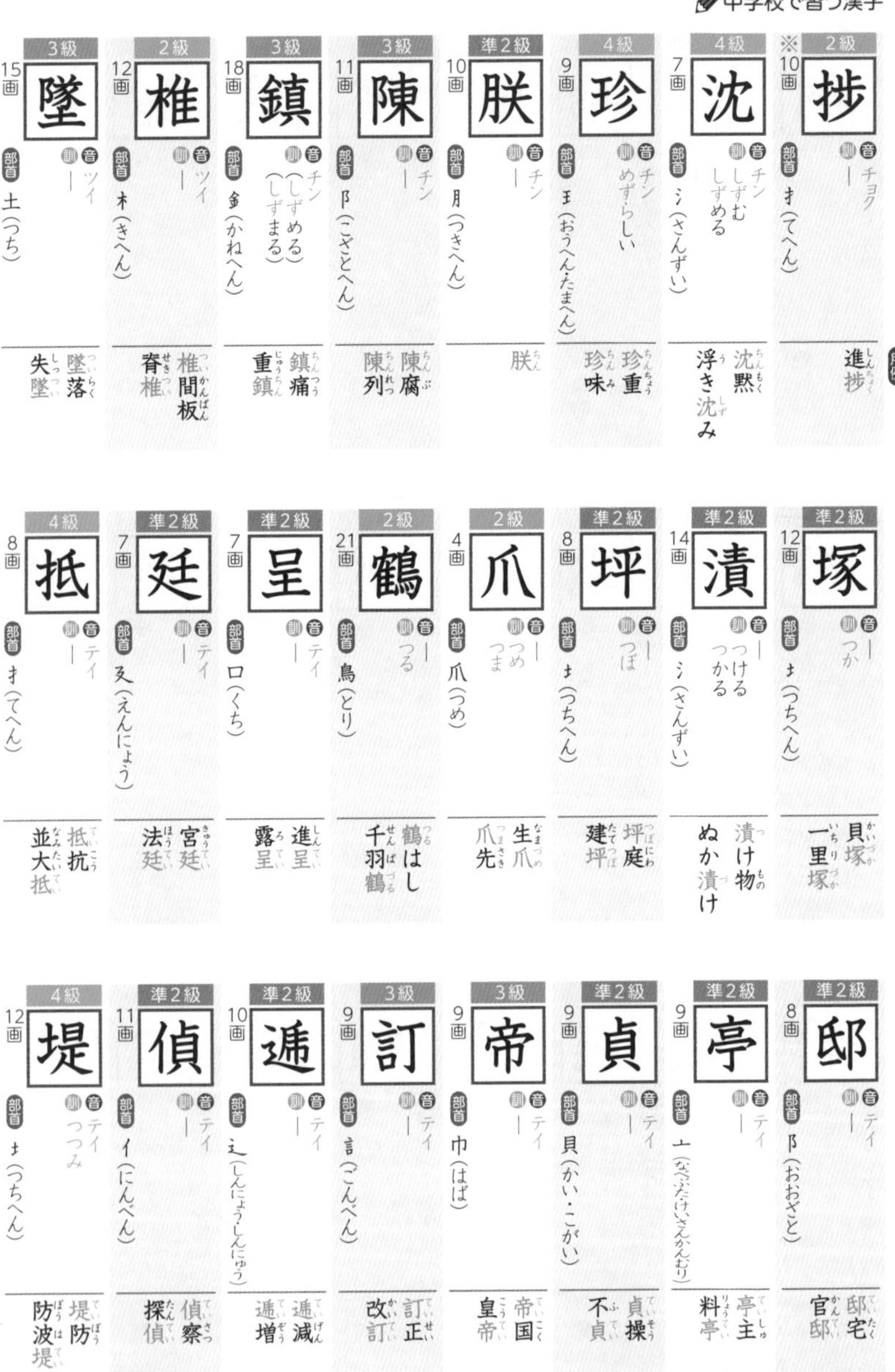

漢字	級	画数	音	訓	部首	用例
捗	※2級	10画	チョク	—	扌（てへん）	進捗（しんちょく）
沈	4級	7画	チン	しずむ・しずめる	氵（さんずい）	沈黙（ちんもく）、浮き沈み（うきしずみ）
珍	4級	9画	チン	めずらしい	王（おうへん・たまへん）	珍重（ちんちょう）、珍味（ちんみ）
朕	準2級	10画	チン	—	月（つきへん）	朕（ちん）
陳	3級	11画	チン	—	阝（こざとへん）	陳腐（ちんぷ）、陳列（ちんれつ）
鎮	3級	18画	チン	（しずめる）（しずまる）	金（かねへん）	鎮痛（ちんつう）、重鎮（じゅうちん）
椎	2級	12画	ツイ	—	木（きへん）	椎間板（ついかんばん）、脊椎（せきつい）
墜	3級	15画	ツイ	—	土（つち）	墜落（ついらく）、失墜（しっつい）
塚	準2級	12画	—	つか	土（つちへん）	貝塚（かいづか）、一里塚（いちりづか）
漬	準2級	14画	—	つける・つかる	氵（さんずい）	漬け物（つけもの）、ぬか漬け（ぬかづけ）
坪	準2級	8画	—	つぼ	土（つちへん）	坪庭（つぼにわ）、建坪（たてつぼ）
爪	2級	4画	—	つめ・つま	爪（つめ）	生爪（なまづめ）、爪先（つまさき）
鶴	2級	21画	—	つる	鳥（とり）	鶴はし（つるはし）、千羽鶴（せんばづる）
呈	準2級	7画	テイ	—	口（くち）	進呈（しんてい）、露呈（ろてい）
廷	準2級	7画	テイ	—	廴（えんにょう）	宮廷（きゅうてい）、法廷（ほうてい）
抵	4級	8画	テイ	—	扌（てへん）	抵抗（ていこう）、並大抵（なみたいてい）
邸	準2級	8画	テイ	—	阝（おおざと）	邸宅（ていたく）、官邸（かんてい）
亭	準2級	9画	テイ	—	亠（なべぶたけいさんかんむり）	亭主（ていしゅ）、料亭（りょうてい）
貞	準2級	9画	テイ	—	貝（かい・こがい）	貞操（ていそう）、不貞（ふてい）
帝	3級	9画	テイ	—	巾（はば）	帝国（ていこく）、皇帝（こうてい）
訂	3級	9画	テイ	—	言（ごんべん）	訂正（ていせい）、改訂（かいてい）
逓	準2級	10画	テイ	—	辶（しんにょう・しんにゅう）	逓減（ていげん）、逓増（ていぞう）
偵	準2級	11画	テイ	—	亻（にんべん）	偵察（ていさつ）、探偵（たんてい）
堤	4級	12画	テイ	つつみ	土（つちへん）	堤防（ていぼう）、防波堤（ぼうはてい）

※「捗」（11画）も可。

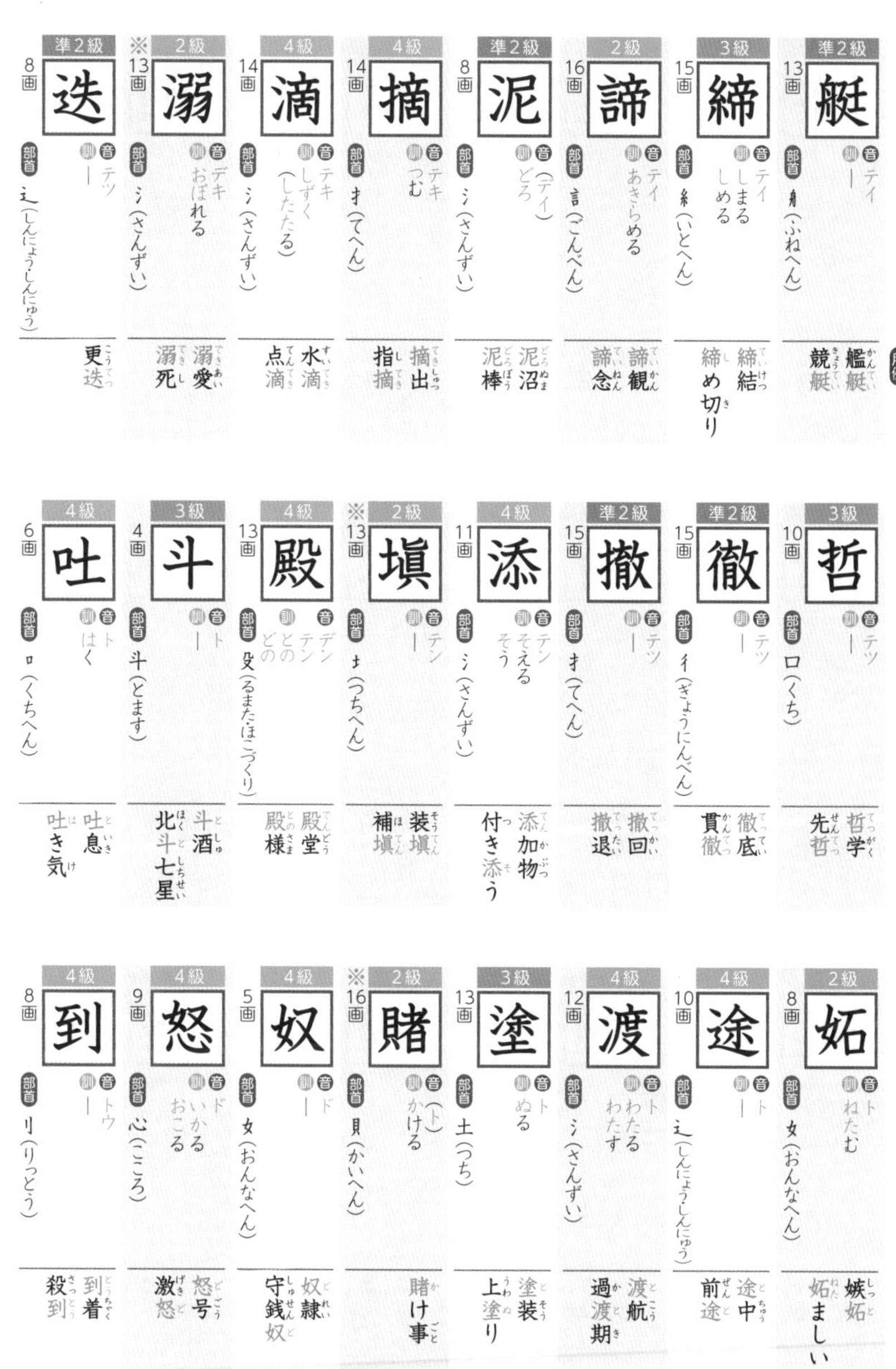

漢字	級	画数	音	訓	部首	用例
艇	準2級	13画	テイ	―	舟(ふねへん)	艦艇(かんてい) 競艇(きょうてい)
締	3級	15画	テイ	しまる しめる	糸(いとへん)	締結(ていけつ) 締め切り(しめきり)
諦	2級	16画	テイ	あきらめる	言(ごんべん)	諦観(ていかん) 諦念(ていねん)
泥	準2級	8画	(デイ)	どろ	氵(さんずい)	泥沼(どろぬま) 泥棒(どろぼう)
摘	4級	14画	テキ	つむ	扌(てへん)	摘出(てきしゅつ) 指摘(してき)
滴	4級	14画	テキ	しずく (したたる)	氵(さんずい)	水滴(すいてき) 点滴(てんてき)
溺	※2級	13画	デキ	おぼれる	氵(さんずい)	溺愛(できあい) 溺死(できし)
迭	準2級	8画	テツ	―	辶(しんにょう・しんにゅう)	更迭(こうてつ)
哲	3級	10画	テツ	―	口(くち)	哲学(てつがく) 先哲(せんてつ)
徹	準2級	15画	テツ	―	彳(ぎょうにんべん)	徹底(てってい) 貫徹(かんてつ)
撤	準2級	15画	テツ	―	扌(てへん)	撤回(てっかい) 撤退(てったい)
添	4級	11画	テン	そえる そう	氵(さんずい)	添加物(てんかぶつ) 付き添う(つきそう)
塡	※2級	13画	テン	―	土(つちへん)	装塡(そうてん) 補塡(ほてん)
殿	4級	13画	デン テン	との どの	殳(るまた・ほこづくり)	殿堂(でんどう) 殿様(とのさま)
斗	3級	4画	ト	―	斗(とます)	斗酒(としゅ) 北斗七星(ほくとしちせい)
吐	4級	6画	ト	はく	口(くちへん)	吐息(といき) 吐き気(はきけ)
妬	2級	8画	ト	ねたむ	女(おんなへん)	嫉妬(しっと) 妬ましい(ねたましい)
途	4級	10画	ト	―	辶(しんにょう・しんにゅう)	途中(とちゅう) 前途(ぜんと)
渡	4級	12画	ト	わたる わたす	氵(さんずい)	渡航(とこう) 過渡期(かとき)
塗	3級	13画	ト	ぬる	土(つち)	塗装(とそう) 上塗り(うわぬり)
賭	※2級	16画	(ト)	かける	貝(かいへん)	賭け事(かけごと)
奴	4級	5画	ド	―	女(おんなへん)	奴隷(どれい) 守銭奴(しゅせんど)
怒	4級	9画	ド	いかる おこる	心(こころ)	怒号(どごう) 激怒(げきど)
到	4級	8画	トウ	―	刂(りっとう)	到着(とうちゃく) 殺到(さっとう)

※「溺」も可。　※「填」も可。　※「賭」(15画)も可。

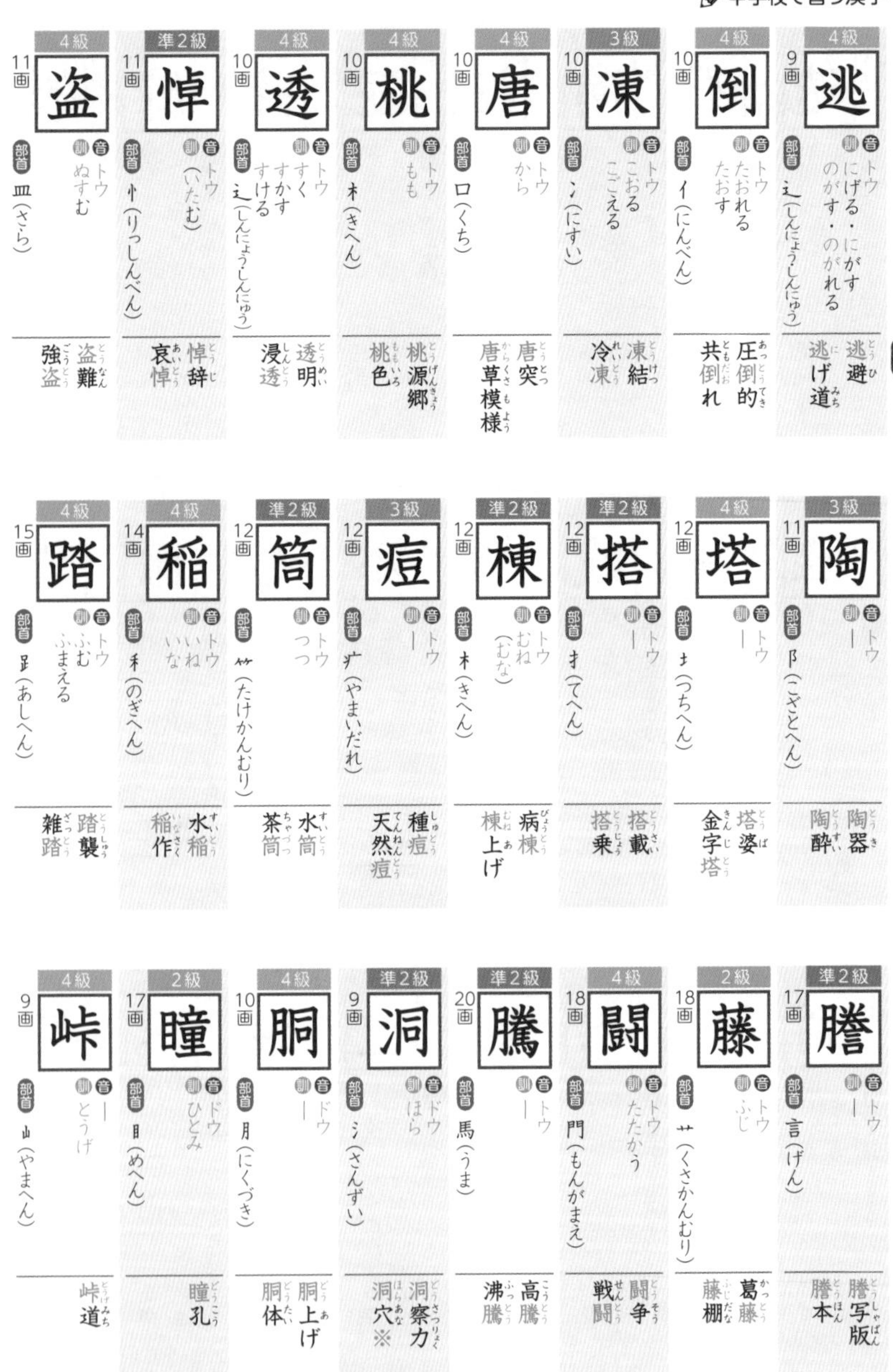

漢字	級	画数	音	訓	部首	用例
逃	4級	9画	トウ	にげる・にがす・のがす・のがれる	辶（しんにょう・しんにゅう）	逃避（とうひ）、逃げ道（にげみち）
倒	4級	10画	トウ	たおれる、たおす	亻（にんべん）	圧倒的（あっとうてき）、共倒れ（ともだおれ）
凍	3級	10画	トウ	こおる、こごえる	冫（にすい）	凍結（とうけつ）、冷凍（れいとう）
唐	4級	10画	トウ	から	口（くち）	唐突（とうとつ）、唐草模様（からくさもよう）
桃	4級	10画	トウ	もも	木（きへん）	桃源郷（とうげんきょう）、桃色（ももいろ）
透	4級	10画	トウ	すく、すかす、すける	辶（しんにょう・しんにゅう）	透明（とうめい）、浸透（しんとう）
悼	準2級	11画	トウ	（いたむ）	忄（りっしんべん）	悼辞（とうじ）、哀悼（あいとう）
盗	4級	11画	トウ	ぬすむ	皿（さら）	盗難（とうなん）、強盗（ごうとう）
陶	3級	11画	トウ	―	阝（こざとへん）	陶器（とうき）、陶酔（とうすい）
塔	4級	12画	トウ	―	土（つちへん）	塔婆（とうば）、金字塔（きんじとう）
搭	準2級	12画	トウ	―	扌（てへん）	搭載（とうさい）、搭乗（とうじょう）
棟	準2級	12画	トウ	むね、（むな）	木（きへん）	病棟（びょうとう）、棟上げ（むねあげ）
痘	3級	12画	トウ	―	疒（やまいだれ）	種痘（しゅとう）、天然痘（てんねんとう）
筒	準2級	12画	トウ	つつ	⺮（たけかんむり）	水筒（すいとう）、茶筒（ちゃづつ）
稲	4級	14画	トウ	いね、いな	禾（のぎへん）	水稲（すいとう）、稲作（いなさく）
踏	4級	15画	トウ	ふむ、ふまえる	𧾷（あしへん）	踏襲（とうしゅう）、雑踏（ざっとう）
謄	準2級	17画	トウ	―	言（げん）	謄写版（とうしゃばん）、謄本（とうほん）
藤	2級	18画	トウ	ふじ	艹（くさかんむり）	葛藤（かっとう）、藤棚（ふじだな）
闘	4級	18画	トウ	たたかう	門（もんがまえ）	闘争（とうそう）、戦闘（せんとう）
騰	準2級	20画	トウ	―	馬（うま）	高騰（こうとう）、沸騰（ふっとう）
洞	準2級	9画	ドウ	ほら	氵（さんずい）	洞察力（どうさつりょく）、洞穴（ほらあな）※
胴	4級	10画	ドウ	―	月（にくづき）	胴上げ（どうあげ）、胴体（どうたい）
瞳	2級	17画	ドウ	ひとみ	目（めへん）	瞳孔（どうこう）
峠	4級	9画	―	とうげ	山（やまへん）	峠道（とうげみち）

※「どうけつ」とも読む。

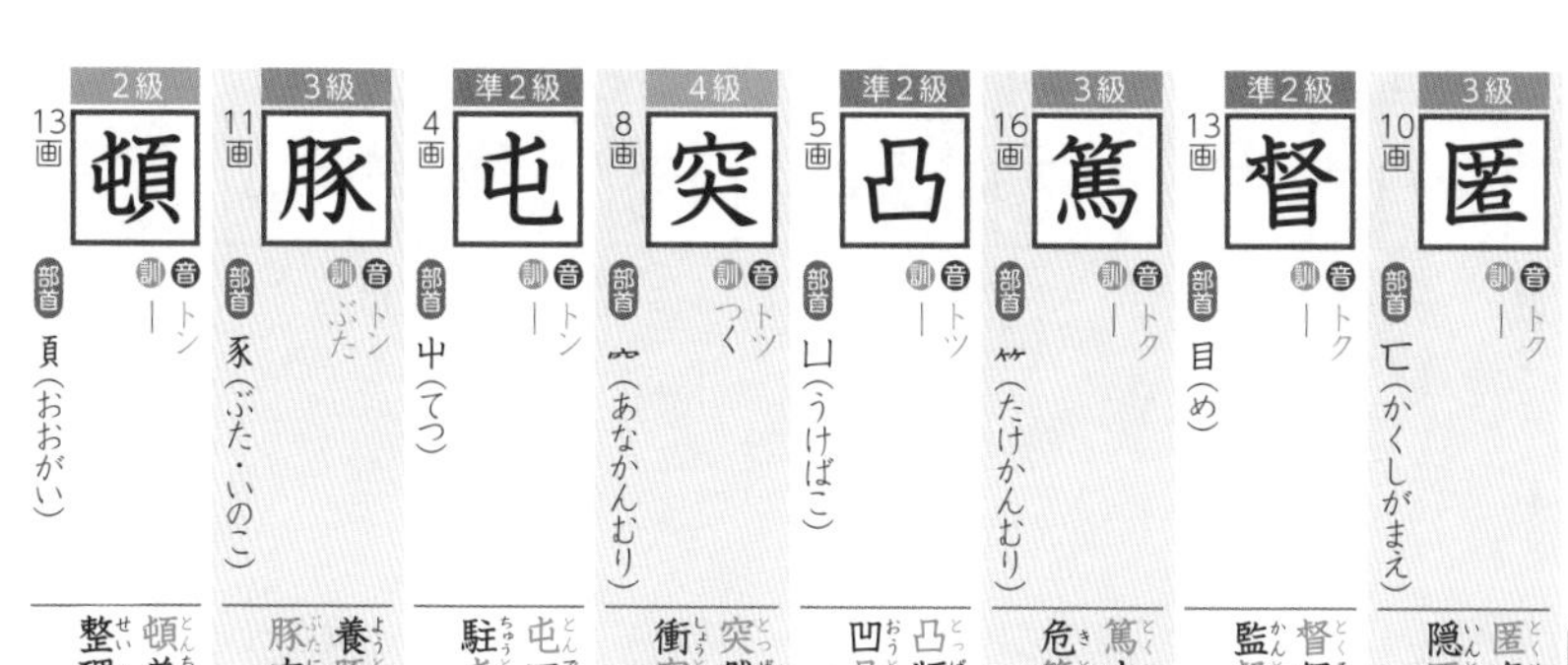

- **匿**（3級・10画）音：トク　訓：―　部首：匸（かくしがまえ）　用例：匿名（とくめい）・隠匿（いんとく）
- **督**（準2級・13画）音：トク　訓：―　部首：目（め）　用例：督促（とくそく）・監督（かんとく）
- **篤**（3級・16画）音：トク　訓：―　部首：⺮（たけかんむり）　用例：篤志家（とくしか）・危篤（きとく）
- **凸**（準2級・5画）音：トツ　訓：―　部首：凵（うけばこ）　用例：凸版（とっぱん）・凹凸（おうとつ）
- **突**（4級・8画）音：トツ　訓：つく　部首：穴（あなかんむり）　用例：突然（とつぜん）・衝突（しょうとつ）
- **屯**（準2級・4画）音：トン　訓：―　部首：屮（てつ）　用例：屯田兵（とんでんへい）・駐屯（ちゅうとん）
- **豚**（3級・11画）音：トン　訓：ぶた　部首：豕（ぶた・いのこ）　用例：養豚業（ようとんぎょう）・豚肉（ぶたにく）
- **頓**（2級・13画）音：トン　訓：―　部首：頁（おおがい）　用例：頓着（とんちゃく）・整理整頓（せいりせいとん）

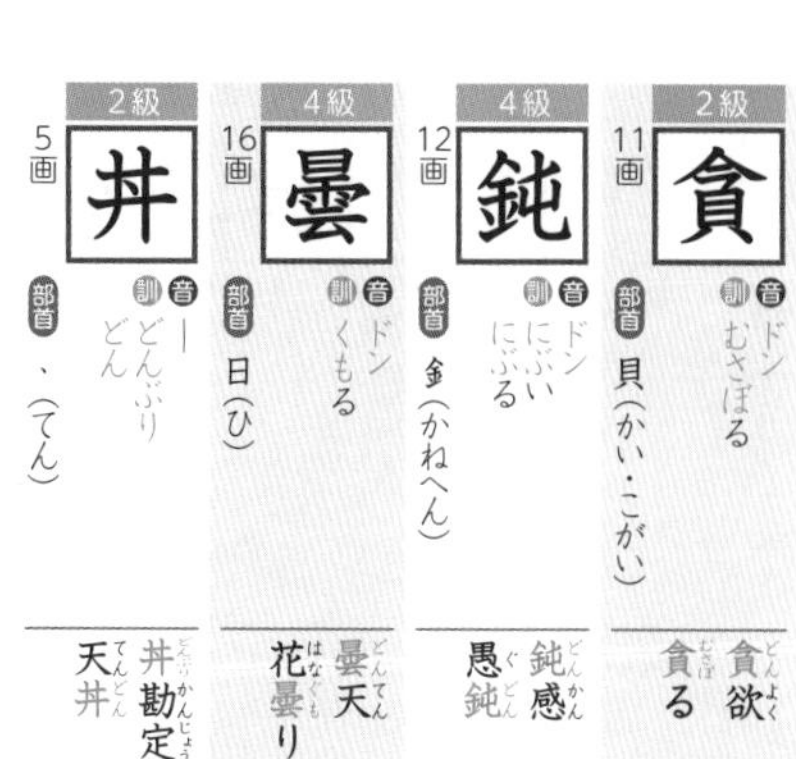

- **貪**（2級・11画）音：ドン　訓：むさぼる　部首：貝（かい・こがい）　用例：貪欲（どんよく）・貪る（むさぼる）
- **鈍**（4級・12画）音：ドン　訓：にぶい・にぶる　部首：金（かねへん）　用例：鈍感（どんかん）・愚鈍（ぐどん）
- **曇**（4級・16画）音：ドン　訓：くもる　部首：日（ひ）　用例：曇天（どんてん）・花曇り（はなぐもり）
- **丼**（2級・5画）音：―　訓：どんぶり・どん　部首：丶（てん）　用例：丼勘定（どんぶりかんじょう）・天丼（てんどん）

ナ行

那（2級）7画
音：ナ　訓：—
部首：阝（おおざと）
用例：刹那主義（せつなしゅぎ）、若旦那（わかだんな）

謎（※2級）17画
音：—　訓：なぞ
部首：言（ごんべん）
用例：謎謎（なぞなぞ）、謎めく（なぞめく）

鍋（2級）17画
音：—　訓：なべ
部首：金（かねへん）
用例：鍋料理（なべりょうり）、割れ鍋（われなべ）

軟（準2級）11画
音：ナン　訓：やわらか、やわらかい
部首：車（くるまへん）
用例：軟弱（なんじゃく）、柔軟（じゅうなん）

尼（準2級）5画
音：（二）　訓：あま
部首：尸（かばね・しかばね）
用例：尼（あま）、尼寺（あまでら）

弐（4級）6画
音：ニ　訓：—
部首：弋（しきがまえ）
用例：弐万円（にまんえん）

匂（2級）4画
音：—　訓：におう
部首：勹（つつみがまえ）
用例：匂う（におう）、匂い袋（においぶくろ）

虹（2級）9画
音：—　訓：にじ
部首：虫（むしへん）
用例：虹色（にじいろ）

尿（3級）7画
音：ニョウ　訓：—
部首：尸（かばね・しかばね）
用例：尿検査（にょうけんさ）、利尿（りにょう）

妊（準2級）7画
音：ニン　訓：—
部首：女（おんなへん）
用例：妊娠（にんしん）、懐妊（かいにん）

忍（準2級）7画
音：ニン　訓：しのぶ、しのばせる
部首：心（こころ）
用例：忍耐（にんたい）、忍び足（しのびあし）

寧（準2級）14画
音：ネイ　訓：—
部首：宀（うかんむり）
用例：安寧（あんねい）、丁寧（ていねい）

捻（2級）11画
音：ネン　訓：—
部首：扌（てへん）
用例：捻挫（ねんざ）、捻出（ねんしゅつ）

粘（3級）11画
音：ネン　訓：ねばる
部首：米（こめへん）
用例：粘土（ねんど）、粘り強い（ねばりづよい）

悩（4級）10画
音：ノウ　訓：なやむ、なやます
部首：忄（りっしんべん）
用例：苦悩（くのう）、子煩悩（こぼんのう）

濃（4級）16画
音：ノウ　訓：こい
部首：氵（さんずい）

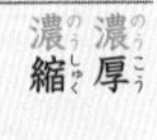

用例：濃厚（のうこう）、濃縮（のうしゅく）

※「謎」（16画）も可。

ハ行

漢字	級	画数	音	訓	部首	用例
把	準2級	7画	ハ	―	扌（てへん）	把握（はあく）、大雑把（おおざっぱ）
覇	準2級	19画	ハ	―	襾（おおいかんむり）	覇気（はき）、制覇（せいは）
婆	3級	11画	バ	―	女（おんな）	塔婆（とうば）、老婆心（ろうばしん）
罵	2級	15画	バ	ののしる	罒（あみがしら・あみめ・よこめ）	罵声（ばせい）、罵倒（ばとう）
杯	4級	8画	ハイ	さかずき	木（きへん）	乾杯（かんぱい）、苦杯（くはい）
排	3級	11画	ハイ	―	扌（てへん）	排気（はいき）、排除（はいじょ）
廃	準2級	12画	ハイ	すたれる すたる	广（まだれ）	廃止（はいし）、荒廃（こうはい）
輩	4級	15画	ハイ	―	車（くるま）	輩出（はいしゅつ）、先輩（せんぱい）
培	準2級	11画	バイ	（つちかう）	土（つちへん）	培養（ばいよう）、栽培（さいばい）
陪	3級	11画	バイ	―	阝（こざとへん）	陪審員（ばいしんいん）、陪席（ばいせき）
媒	準2級	12画	バイ	―	女（おんなへん）	媒介（ばいかい）、触媒（しょくばい）
賠	準2級	15画	バイ	―	貝（かいへん）	賠償（ばいしょう）
伯	準2級	7画	ハク	―	亻（にんべん）	伯仲（はくちゅう）、画伯（がはく）
拍	4級	8画	ハク ヒョウ	―	扌（てへん）	拍手（はくしゅ）、拍子抜け（ひょうしぬけ）
泊	4級	8画	ハク	とまる とめる	氵（さんずい）	宿泊（しゅくはく）、漂泊（ひょうはく）
迫	4級	8画	ハク	せまる	辶（しんにょう・しんにゅう）	迫力（はくりょく）、圧迫（あっぱく）
剥	※2級	10画	ハク	はがす・はぐ はがれる・はげる	刂（りっとう）	剥製（はくせい）、剥奪（はくだつ）
舶	準2級	11画	ハク	―	舟（ふねへん）	舶来（はくらい）、船舶（せんぱく）
薄	4級	16画	ハク	うすい・うすめる うすまる・うすらぐ うすれる	艹（くさかんむり）	薄情（はくじょう）、薄着（うすぎ）
漠	準2級	13画	バク	―	氵（さんずい）	漠然（ばくぜん）、砂漠（さばく）
縛	3級	16画	バク	しばる	糸（いとへん）	束縛（そくばく）、金縛り（かなしばり）
爆	4級	19画	バク	―	火（ひへん）	爆笑（ばくしょう）、爆発（ばくはつ）
箸	※2級	15画	―	はし	⺮（たけかんむり）	菜箸（さいばし）、割り箸（わりばし）

※「剥」も可。　※「箸」（14画）も可。

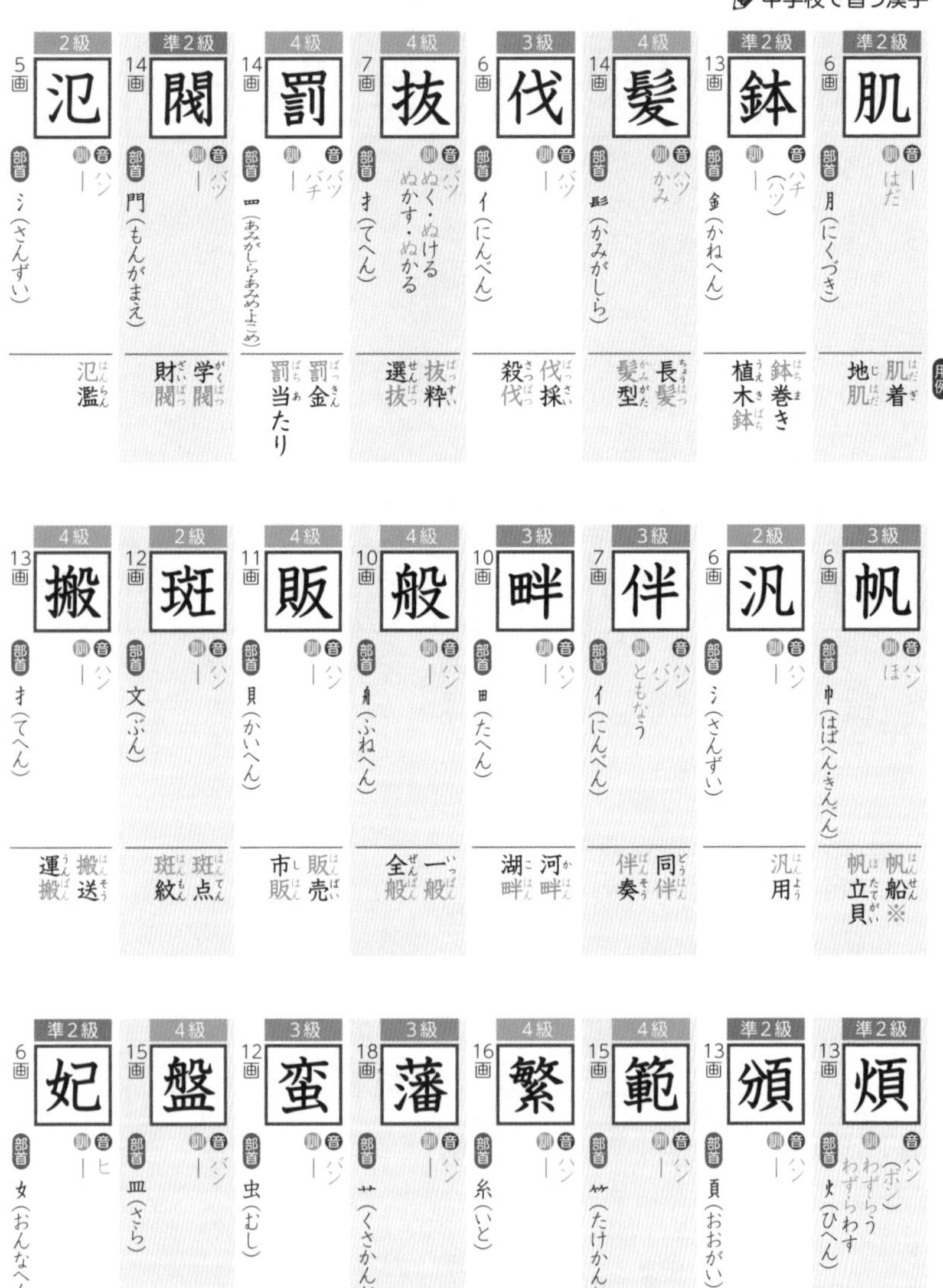

漢字	級	画数	音	訓	部首	用例
肌	準2級	6画	—	はだ	月（にくづき）	肌着（はだぎ）、地肌（じはだ）
鉢	準2級	13画	ハチ（ハツ）	—	金（かねへん）	鉢巻き（はちまき）、植木鉢（うえきばち）
髪	4級	14画	ハツ	かみ	髟（かみがしら）	長髪（ちょうはつ）、髪型（かみがた）
伐	3級	6画	バツ	—	亻（にんべん）	伐採（ばっさい）、殺伐（さつばつ）
抜	4級	7画	バツ	ぬく・ぬける・ぬかす・ぬかる	扌（てへん）	抜粋（ばっすい）、選抜（せんばつ）
罰	4級	14画	バツ・バチ	—	罒（あみがしら・あみめ・よこめ）	罰金（ばっきん）、罰当たり（ばちあたり）
閥	準2級	14画	バツ	—	門（もんがまえ）	学閥（がくばつ）、財閥（ざいばつ）
氾	2級	5画	ハン	—	氵（さんずい）	氾濫（はんらん）
帆	3級	6画	ハン	ほ	巾（はばへん・きんべん）	帆船（はんせん）※、帆立貝（ほたてがい）
汎	2級	6画	ハン	—	氵（さんずい）	汎用（はんよう）
伴	3級	7画	ハン・バン	ともなう	亻（にんべん）	同伴（どうはん）、伴奏（ばんそう）
畔	3級	10画	ハン	—	田（たへん）	河畔（かはん）、湖畔（こはん）
般	4級	10画	ハン	—	舟（ふねへん）	一般（いっぱん）、全般（ぜんぱん）
販	4級	11画	ハン	—	貝（かいへん）	販売（はんばい）、市販（しはん）
斑	2級	12画	ハン	—	文（ぶん）	斑点（はんてん）、斑紋（はんもん）
搬	4級	13画	ハン	—	扌（てへん）	搬送（はんそう）、運搬（うんぱん）
煩	準2級	13画	ハン（ボン）	わずらう・わずらわす	火（ひへん）	煩雑（はんざつ）、恋煩い（こいわずらい）
頒	準2級	13画	ハン	—	頁（おおがい）	頒価（はんか）、頒布（はんぷ）
範	4級	15画	ハン	—	⺮（たけかんむり）	範囲（はんい）、模範（もはん）
繁	4級	16画	ハン	—	糸（いと）	繁栄（はんえい）、頻繁（ひんぱん）
藩	3級	18画	ハン	—	艹（くさかんむり）	藩主（はんしゅ）、廃藩置県（はいはんちけん）
蛮	3級	12画	バン	—	虫（むし）	蛮行（ばんこう）、野蛮（やばん）
盤	4級	15画	バン	—	皿（さら）	基盤（きばん）、羅針盤（らしんばん）
妃	準2級	6画	ヒ	—	女（おんなへん）	妃殿下（ひでんか）、王妃（おうひ）

※「ほぶね」とも読む。

漢字	級	画数	音	訓	部首	用例
彼	4級	8画	ヒ	かれ かの	彳（ぎょうにんべん）	彼岸（ひがん） 彼女（かのじょ）
披	準2級	8画	ヒ	—	扌（てへん）	披露（ひろう） 披露宴（ひろうえん）
卑	3級	9画	ヒ	（いやしい） （いやしむ） （いやしめる）	十（じゅう）	卑屈（ひくつ） 卑下（ひげ）
疲	4級	10画	ヒ	つかれる	疒（やまいだれ）	疲労（ひろう） 気疲れ（きづかれ）
被	4級	10画	ヒ	こうむる	衤（ころもへん）	被害（ひがい） 被告（ひこく）
扉	準2級	12画	（ヒ）	とびら	戸（とだれ・とかんむり）	扉絵（とびらえ）
碑	3級	14画	ヒ	—	石（いしへん）	碑銘（ひめい） 記念碑（きねんひ）
罷	準2級	15画	ヒ	—	罒（あみがしら・あみめ・よこめ）	罷業（ひぎょう） 罷免（ひめん）
避	4級	16画	ヒ	さける	辶（しんにょう・しんにゅう）	避難（ひなん） 逃避（とうひ）
尾	4級	7画	ビ	お	尸（かばね・しかばね）	尾行（びこう） 首尾（しゅび）
眉	2級	9画	（ビ） ミ	まゆ	目（め）	眉間（みけん） 眉毛（まゆげ）
微	4級	13画	ビ	—	彳（ぎょうにんべん）	微力（びりょく） 機微（きび）
膝	2級	15画	—	ひざ	月（にくづき）	膝頭（ひざがしら） 膝元（ひざもと）
肘	2級	7画	—	ひじ	月（にくづき）	肘鉄砲（ひじでっぽう） 肩肘（かたひじ）
匹	4級	4画	ヒツ	ひき	匚（かくしがまえ）	匹敵（ひってき） 二匹（にひき）
泌	3級	8画	ヒツ （ヒ）	—	氵（さんずい）	分泌（ぶんぴつ）
姫	3級	10画	—	ひめ	女（おんなへん）	姫君（ひめぎみ） 乙姫（おとひめ）
漂	3級	14画	ヒョウ	ただよう	氵（さんずい）	漂白（ひょうはく） 漂流（ひょうりゅう）
苗	3級	8画	（ビョウ）	なえ なわ	艹（くさかんむり）	苗木（なえぎ） 苗代（なわしろ）
描	4級	11画	ビョウ	えがく かく	扌（てへん）	描写（びょうしゃ） 点描画（てんびょうが）
猫	準2級	11画	（ビョウ）	ねこ	犭（けものへん）	猫舌（ねこじた） 猫背（ねこぜ）
浜	4級	10画	ヒン	はま	氵（さんずい）	海浜（かいひん） 浜辺（はまべ）
賓	準2級	15画	ヒン	—	貝（かい・こがい）	迎賓館（げいひんかん） 来賓（らいひん）
頻	準2級	17画	ヒン	—	頁（おおがい）	頻度（ひんど） 頻繁（ひんぱん）

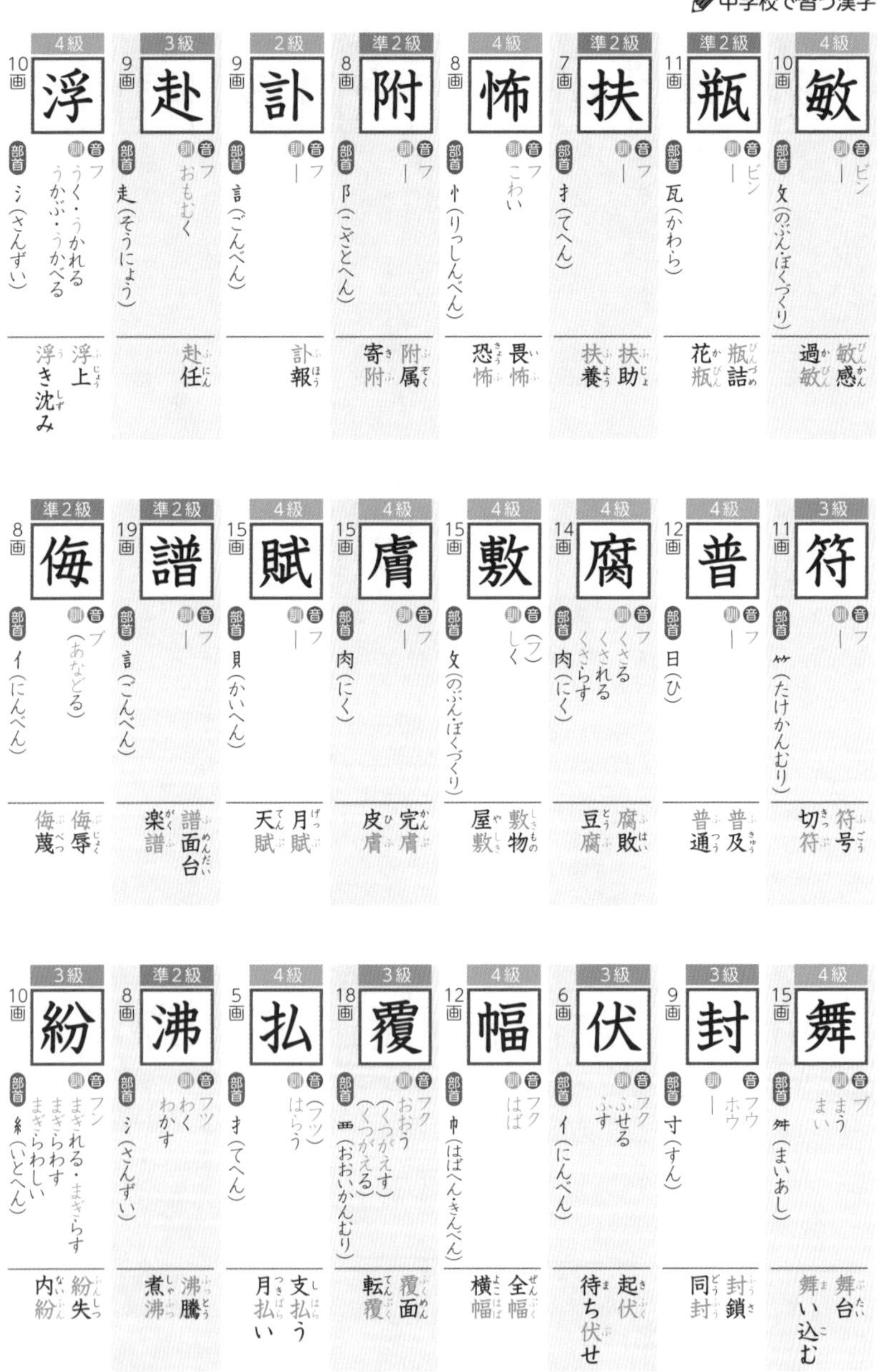

漢字	級	画数	音	訓	部首	用例
敏	4級	10画	ビン	―	攵（のぶん・ぼくづくり）	敏感（びんかん）　過敏（かびん）
瓶	準2級	11画	ビン	―	瓦（かわら）	瓶詰（びんづめ）　花瓶（かびん）
扶	準2級	7画	フ	―	扌（てへん）	扶助（ふじょ）　扶養（ふよう）
怖	4級	8画	フ	こわい	忄（りっしんべん）	畏怖（いふ）　恐怖（きょうふ）
附	準2級	8画	フ	―	阝（こざとへん）	附属（ふぞく）　寄附（きふ）
訃	2級	9画	フ	―	言（ごんべん）	訃報（ふほう）
赴	3級	9画	フ	おもむく	走（そうにょう）	赴任（ふにん）
浮	4級	10画	フ	うく・うかれる うかぶ・うかべる	氵（さんずい）	浮上（ふじょう）　浮き沈み（うきしずみ）
符	3級	11画	フ	―	⺮（たけかんむり）	符号（ふごう）　切符（きっぷ）
普	4級	12画	フ	―	日（ひ）	普及（ふきゅう）　普通（ふつう）
腐	4級	14画	フ	くさる くされる くさらす	肉（にく）	腐敗（ふはい）　豆腐（とうふ）
敷	4級	15画	（フ）	しく	攵（のぶん・ぼくづくり）	敷物（しきもの）　屋敷（やしき）
膚	4級	15画	フ	―	肉（にく）	完膚（かんぷ）　皮膚（ひふ）
賦	4級	15画	フ	―	貝（かいへん）	月賦（げっぷ）　天賦（てんぷ）
譜	準2級	19画	フ	―	言（ごんべん）	譜面台（ふめんだい）　楽譜（がくふ）
侮	準2級	8画	ブ	（あなどる）	亻（にんべん）	侮辱（ぶじょく）　侮蔑（ぶべつ）
舞	4級	15画	ブ	まう まい	舛（まいあし）	舞台（ぶたい）　舞い込む（まいこむ）
封	3級	9画	フウ ホウ	―	寸（すん）	封鎖（ふうさ）　同封（どうふう）
伏	3級	6画	フク	ふせる ふす	亻（にんべん）	起伏（きふく）　待ち伏せ（まちぶせ）
幅	4級	12画	フク	はば	巾（はばへん・きんべん）	全幅（ぜんぷく）　横幅（よこはば）
覆	3級	18画	フク	おおう （くつがえす） （くつがえる）	覀（おおいかんむり）	覆面（ふくめん）　転覆（てんぷく）
払	4級	5画	（フツ）	はらう	扌（てへん）	支払う（しはらう）　月払い（つきばらい）
沸	準2級	8画	フツ	わく わかす	氵（さんずい）	沸騰（ふっとう）　煮沸（しゃふつ）
紛	3級	10画	フン	まぎれる・まぎらす まぎらわす まぎらわしい	糸（いとへん）	紛失（ふんしつ）　内紛（ないふん）

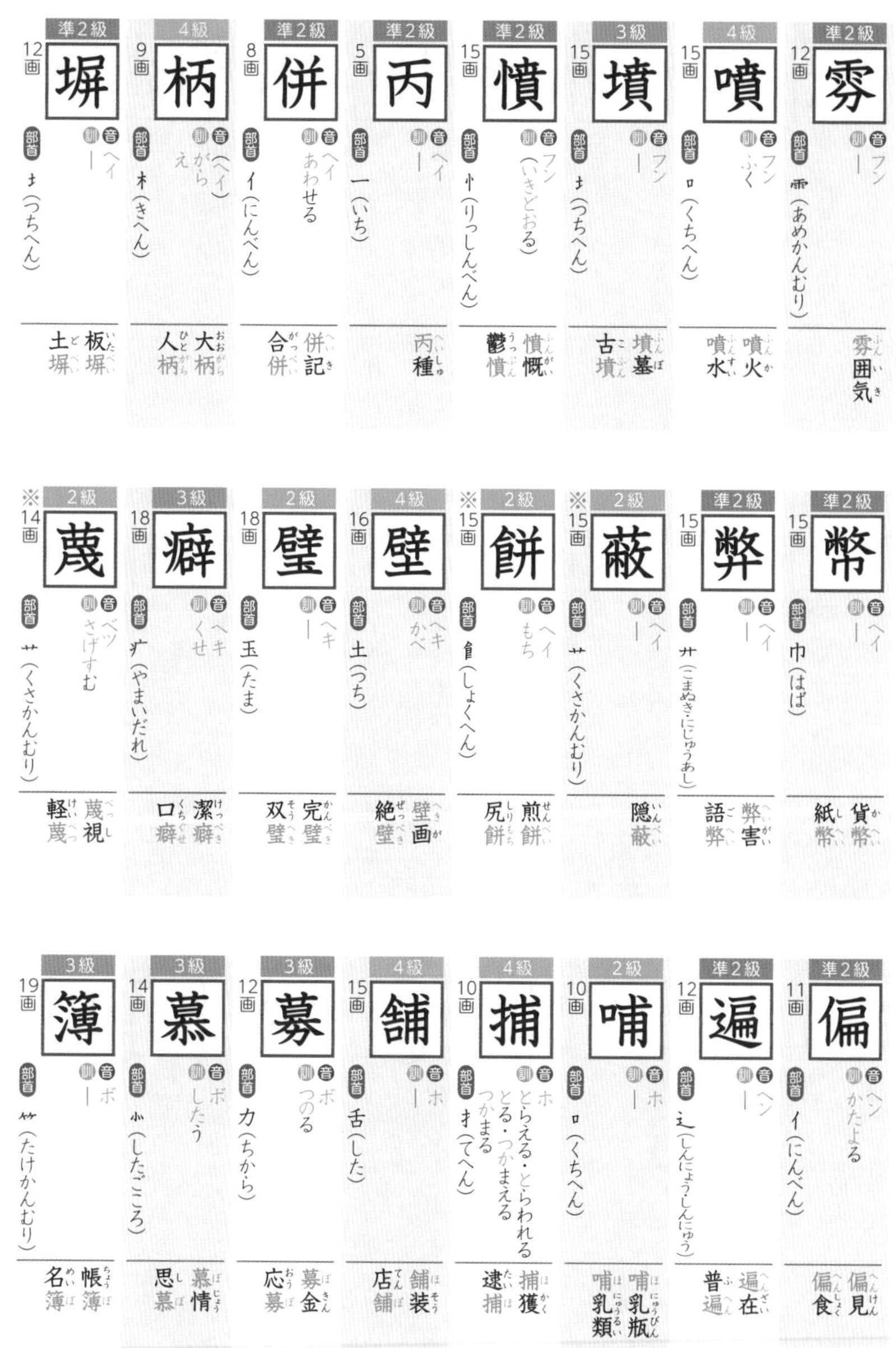

漢字	級	画数	音	訓	部首	用例
雰	準2級	12画	フン	—	雨（あめかんむり）	雰囲気（ふんいき）
噴	4級	15画	フン	ふく	口（くちへん）	噴火（ふんか）、噴水（ふんすい）
墳	3級	15画	フン	—	土（つちへん）	墳墓（ふんぼ）、古墳（こふん）
憤	準2級	15画	フン	いきどおる	忄（りっしんべん）	憤慨（ふんがい）、鬱憤（うっぷん）
丙	準2級	5画	ヘイ	—	一（いち）	丙種（へいしゅ）
併	準2級	8画	ヘイ	あわせる	亻（にんべん）	併記（へいき）、合併（がっぺい）
柄	4級	9画	（ヘイ）	がら、え	木（きへん）	大柄（おおがら）、人柄（ひとがら）
塀	準2級	12画	ヘイ	—	土（つちへん）	板塀（いたべい）、土塀（どべい）
幣	準2級	15画	ヘイ	—	巾（はば）	貨幣（かへい）、紙幣（しへい）
弊	準2級	15画	ヘイ	—	廾（こまぬき・にじゅうあし）	弊害（へいがい）、語弊（ごへい）
蔽	※2級	15画	ヘイ	—	艹（くさかんむり）	隠蔽（いんぺい）
餅	※2級	15画	ヘイ	もち	飠（しょくへん）	煎餅（せんべい）、尻餅（しりもち）
壁	4級	16画	ヘキ	かべ	土（つち）	壁画（へきが）、絶壁（ぜっぺき）
璧	2級	18画	ヘキ	—	玉（たま）	完璧（かんぺき）、双璧（そうへき）
癖	3級	18画	ヘキ	くせ	疒（やまいだれ）	潔癖（けっぺき）、口癖（くちぐせ）
蔑	※2級	14画	ベツ	さげすむ	艹（くさかんむり）	蔑視（べっし）、軽蔑（けいべつ）
偏	準2級	11画	ヘン	かたよる	亻（にんべん）	偏見（へんけん）、偏食（へんしょく）
遍	準2級	12画	ヘン	—	辶（しんにょう・しんにゅう）	遍在（へんざい）、普遍（ふへん）
哺	2級	10画	ホ	—	口（くちへん）	哺乳瓶（ほにゅうびん）、哺乳類（ほにゅうるい）
捕	4級	10画	ホ	とらえる・とらわれる・とる・つかまえる・つかまる	扌（てへん）	捕獲（ほかく）、逮捕（たいほ）
舗	4級	15画	ホ	—	舌（した）	舗装（ほそう）、店舗（てんぽ）
募	3級	12画	ボ	つのる	力（ちから）	募金（ぼきん）、応募（おうぼ）
慕	3級	14画	ボ	したう	㣺（したごころ）	慕情（ぼじょう）、思慕（しぼ）
簿	3級	19画	ボ	—	⺮（たけかんむり）	帳簿（ちょうぼ）、名簿（めいぼ）

※「蔽」も可。　※「餅」（14画）も可。　※「蔑」も可。

漢字	級	画数	音	訓	部首	用例
芳	3級	7画	ホウ	(かんばしい)	艹(くさかんむり)	芳香剤(ほうこうざい)、芳名(ほうめい)
邦	3級	7画	ホウ	―	阝(おおざと)	邦人(ほうじん)、連邦(れんぽう)
奉	3級	8画	ホウ、ブ	(たてまつる)	大(だい)	奉仕(ほうし)、奉行(ぶぎょう)
抱	4級	8画	ホウ	だく、いだく、かかえる	扌(てへん)	抱負(ほうふ)、辛抱(しんぼう)
泡	準2級	8画	ホウ	あわ	氵(さんずい)	気泡(きほう)、水泡(すいほう)
胞	3級	9画	ホウ	―	月(にくづき)	胞子(ほうし)、細胞(さいぼう)
俸	準2級	10画	ホウ	―	亻(にんべん)	俸給(ほうきゅう)、年俸(ねんぽう)
倣	3級	10画	ホウ	(ならう)	亻(にんべん)	模倣(もほう)
峰	4級	10画	ホウ	みね	山(やまへん)	連峰(れんぽう)、最高峰(さいこうほう)
砲	4級	10画	ホウ	―	石(いしへん)	砲丸(ほうがん)、大砲(たいほう)
崩	3級	11画	ホウ	くずれる、くずす	山(やま)	崩壊(ほうかい)、値崩れ(ねくずれ)
蜂	2級	13画	ホウ	はち	虫(むしへん)	養蜂業(ようほうぎょう)、蜂蜜(はちみつ)
飽	3級	13画	ホウ	あきる、あかす	食(しょくへん)	飽和(ほうわ)、飽き飽き(あきあき)
褒	準2級	15画	(ホウ)	ほめる	衣(ころも)	褒(ほ)めちぎる、べた褒(ぼ)め
縫	3級	16画	ホウ	ぬう	糸(いとへん)	縫合(ほうごう)、裁縫(さいほう)
乏	3級	4画	ボウ	とぼしい	丿(の・はらいぼう)	欠乏(けつぼう)、貧乏(びんぼう)
忙	4級	6画	ボウ	いそがしい	忄(りっしんべん)	忙殺(ぼうさつ)、多忙(たぼう)
坊	4級	7画	ボウ、ボッ	―	土(つちへん)	朝寝坊(あさねぼう)、坊(ぼっ)ちゃん
妨	3級	7画	ボウ	さまたげる	女(おんなへん)	妨害(ぼうがい)、妨(さまた)げ
房	3級	8画	ボウ	ふさ	戸(とだれ・とかんむり)	暖房(だんぼう)、乳房(ちぶさ)※
肪	4級	8画	ボウ	―	月(にくづき)	脂肪(しぼう)、体脂肪率(たいしぼうりつ)
某	3級	9画	ボウ	―	木(き)	某氏(ぼうし)、某所(ぼうしょ)
冒	4級	9画	ボウ	おかす	曰(ひらび・いわく)	冒険(ぼうけん)、冒頭(ぼうとう)
剖	準2級	10画	ボウ	―	刂(りっとう)	解剖(かいぼう)

※「にゅうぼう」とも読む。

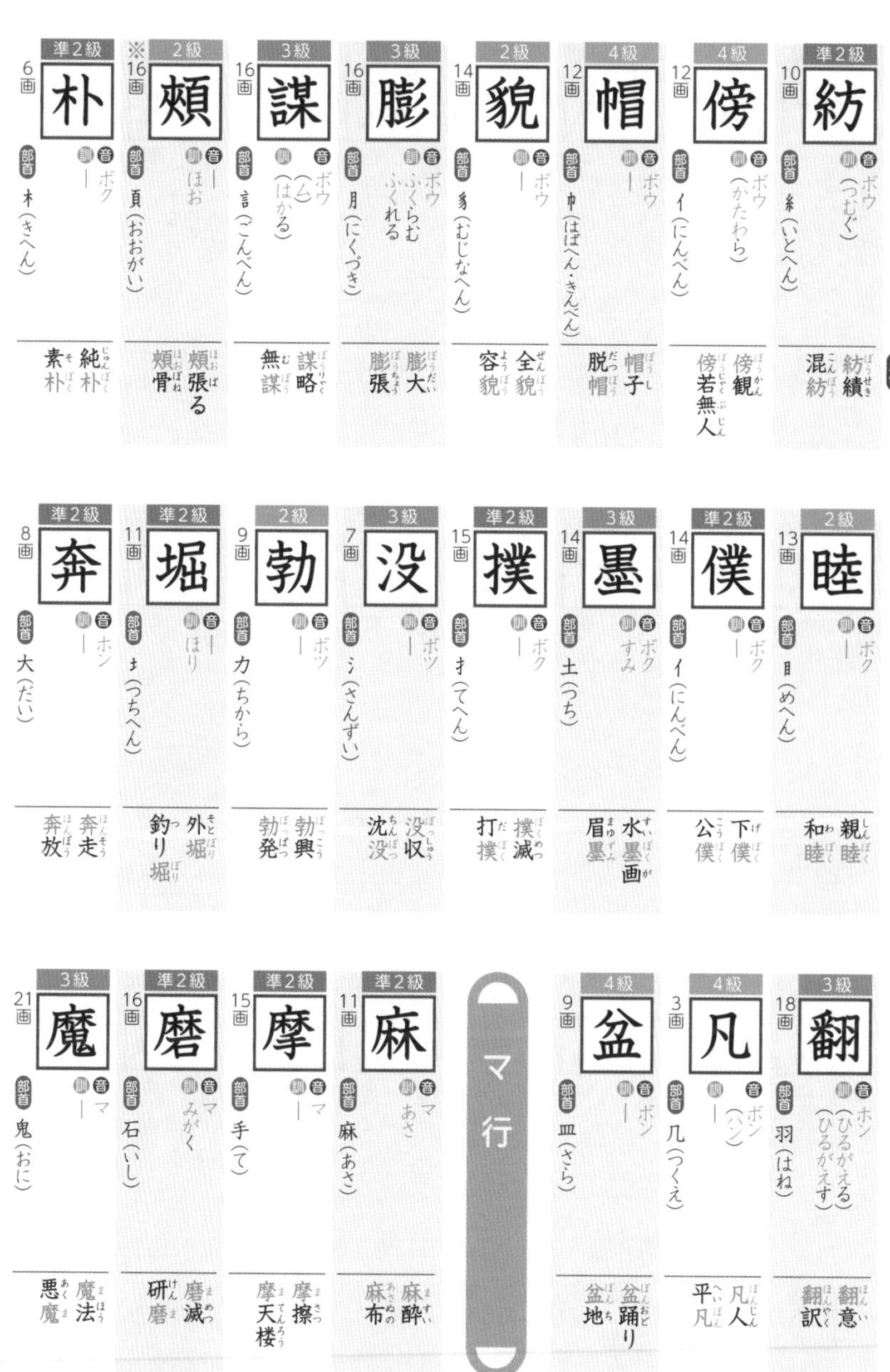

漢字	級	画数	音	訓	部首	用例
紡	準2級	10画	ボウ	(つむぐ)	糸(いとへん)	紡績(ぼうせき)　混紡(こんぼう)
傍	4級	12画	ボウ	(かたわら)	亻(にんべん)	傍観(ぼうかん)　傍若無人(ぼうじゃくぶじん)
帽	4級	12画	ボウ	―	巾(はばへん・きんべん)	帽子(ぼうし)　脱帽(だつぼう)
貌	2級	14画	ボウ	―	豸(むじなへん)	全貌(ぜんぼう)　容貌(ようぼう)
膨	3級	16画	ボウ	ふくらむ ふくれる	月(にくづき)	膨大(ぼうだい)　膨張(ぼうちょう)
謀	3級	16画	ボウ (ム)	(はかる)	言(ごんべん)	謀略(ぼうりゃく)　無謀(むぼう)
頰	※2級	16画	―	ほお	頁(おおがい)	頰張る(ほおばる)　頰骨(ほおぼね)
朴	準2級	6画	ボク	―	木(きへん)	純朴(じゅんぼく)　素朴(そぼく)
睦	2級	13画	ボク	―	目(めへん)	親睦(しんぼく)　和睦(わぼく)
僕	準2級	14画	ボク	―	亻(にんべん)	下僕(げぼく)　公僕(こうぼく)
墨	3級	14画	ボク	すみ	土(つち)	水墨画(すいぼくが)　眉墨(まゆずみ)
撲	準2級	15画	ボク	―	扌(てへん)	撲滅(ぼくめつ)　打撲(だぼく)
没	3級	7画	ボツ	―	氵(さんずい)	没収(ぼっしゅう)　沈没(ちんぼつ)
勃	2級	9画	ボツ	―	力(ちから)	勃興(ぼっこう)　勃発(ぼっぱつ)
堀	準2級	11画	―	ほり	土(つちへん)	外堀(そとぼり)　釣り堀(つりぼり)
奔	準2級	8画	ホン	―	大(だい)	奔走(ほんそう)　奔放(ほんぽう)
翻	3級	18画	ホン	(ひるがえる) (ひるがえす)	羽(はね)	翻意(ほんい)　翻訳(ほんやく)
凡	4級	3画	ボン (ハン)	―	几(つくえ)	凡人(ぼんじん)　平凡(へいぼん)
盆	4級	9画	ボン	―	皿(さら)	盆踊り(ぼんおどり)　盆地(ぼんち)

マ行

漢字	級	画数	音	訓	部首	用例
麻	準2級	11画	マ	あさ	麻(あさ)	麻酔(ますい)　麻布(あさぬの)
摩	準2級	15画	マ	―	手(て)	摩擦(まさつ)　摩天楼(まてんろう)
磨	準2級	16画	マ	みがく	石(いし)	磨滅(まめつ)　研磨(けんま)
魔	3級	21画	マ	―	鬼(おに)	魔法(まほう)　悪魔(あくま)

※「頬」(15画)も可。

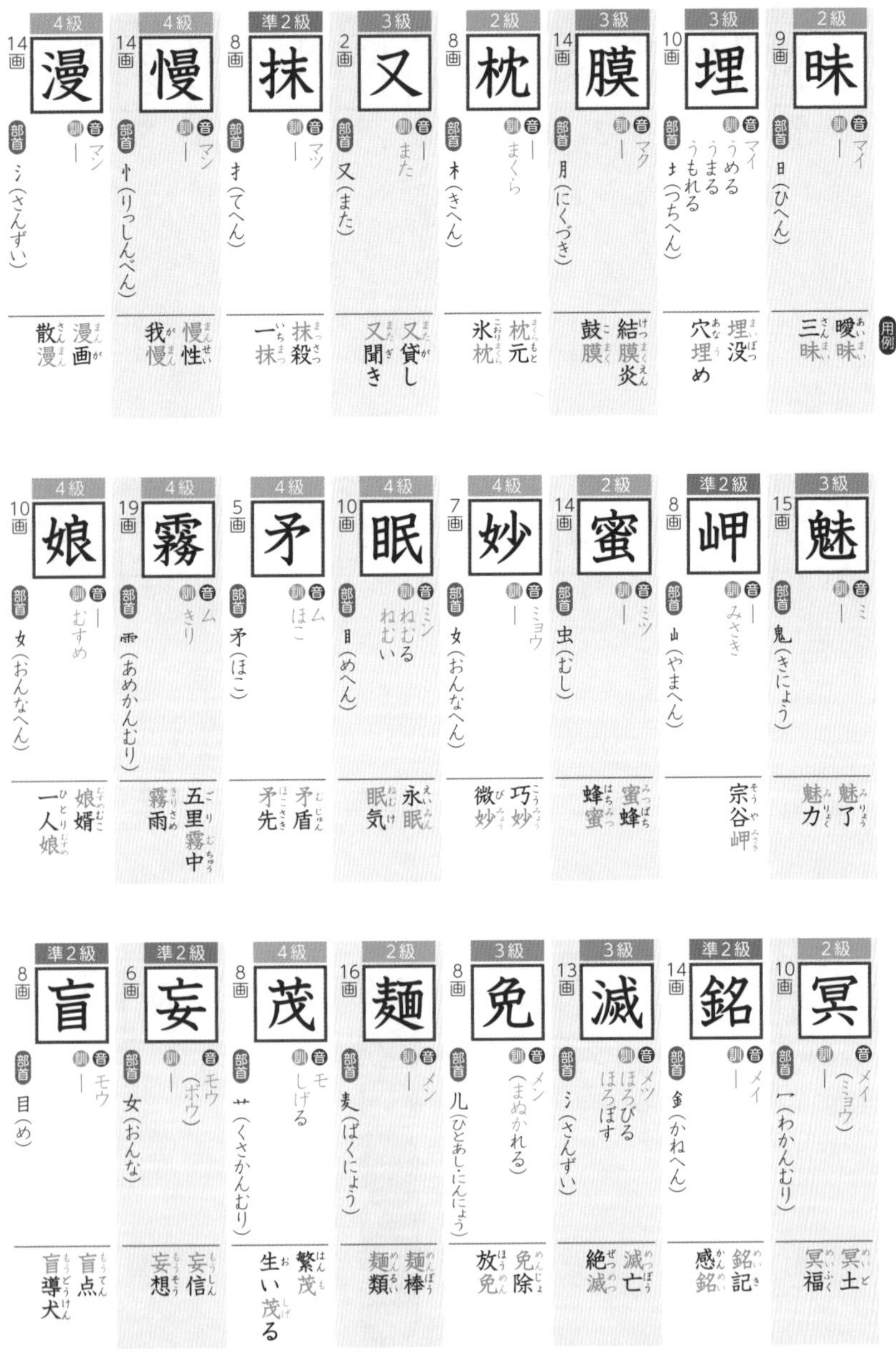

漢字	級	画数	音	訓	部首	用例
昧	2級	9画	マイ	―	日(ひへん)	曖昧(あいまい)、三昧(さんまい)
埋	3級	10画	マイ	うめる、うまる、うもれる	土(つちへん)	埋没(まいぼつ)、穴埋め(あなうめ)
膜	3級	14画	マク	―	月(にくづき)	結膜炎(けつまくえん)、鼓膜(こまく)
枕	2級	8画	―	まくら	木(きへん)	枕元(まくらもと)、氷枕(こおりまくら)
又	3級	2画	―	また	又(また)	又貸し(またがし)、又聞き(またぎき)
抹	準2級	8画	マツ	―	扌(てへん)	抹殺(まっさつ)、一抹(いちまつ)
慢	4級	14画	マン	―	忄(りっしんべん)	慢性(まんせい)、我慢(がまん)
漫	4級	14画	マン	―	氵(さんずい)	漫画(まんが)、散漫(さんまん)
魅	3級	15画	ミ	―	鬼(きにょう)	魅了(みりょう)、魅力(みりょく)
岬	準2級	8画	―	みさき	山(やまへん)	宗谷岬(そうやみさき)
蜜	2級	14画	ミツ	―	虫(むし)	蜜蜂(みつばち)、蜂蜜(はちみつ)
妙	4級	7画	ミョウ	―	女(おんなへん)	巧妙(こうみょう)、微妙(びみょう)
眠	4級	10画	ミン	ねむる、ねむい	目(めへん)	永眠(えいみん)、眠気(ねむけ)
矛	4級	5画	ム	ほこ	矛(ほこ)	矛盾(むじゅん)、矛先(ほこさき)
霧	4級	19画	ム	きり	雨(あめかんむり)	五里霧中(ごりむちゅう)、霧雨(きりさめ)
娘	4級	10画	―	むすめ	女(おんなへん)	娘婿(むすめむこ)、一人娘(ひとりむすめ)
冥	2級	10画	メイ、(ミョウ)	―	冖(わかんむり)	冥土(めいど)、冥福(めいふく)
銘	準2級	14画	メイ	―	金(かねへん)	銘記(めいき)、感銘(かんめい)
滅	3級	13画	メツ	ほろびる、ほろぼす	氵(さんずい)	滅亡(めつぼう)、絶滅(ぜつめつ)
免	3級	8画	メン	(まぬかれる)	儿(ひとあし・にんにょう)	免除(めんじょ)、放免(ほうめん)
麺	2級	16画	メン	―	麦(ばくにょう)	麺棒(めんぼう)、麺類(めんるい)
茂	4級	8画	モ	しげる	艹(くさかんむり)	繁茂(はんも)、生い茂る(おいしげる)
妄	準2級	6画	モウ、(ボウ)	―	女(おんな)	妄信(もうしん)、妄想(もうそう)
盲	準2級	8画	モウ	―	目(め)	盲点(もうてん)、盲導犬(もうどうけん)

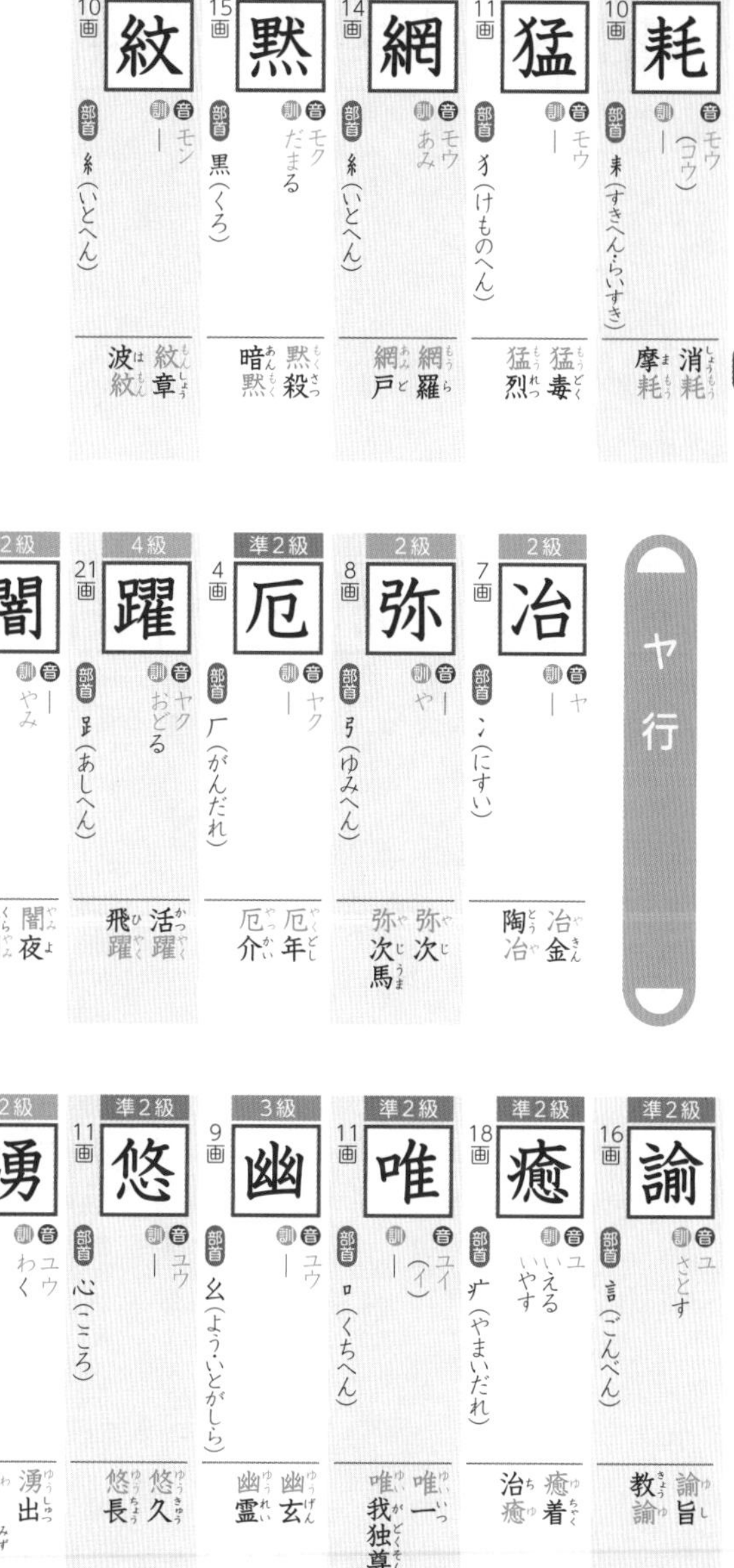

漢字	級	画数	音	訓	部首	用例
耗	準2級	10画	モウ（コウ）	—	耒（すきへん・らいすき）	消耗（しょうもう）、摩耗（まもう）
猛	4級	11画	モウ	—	犭（けものへん）	猛毒（もうどく）、猛烈（もうれつ）
網	4級	14画	モウ	あみ	糸（いとへん）	網羅（もうら）、網戸（あみど）
黙	4級	15画	モク	だまる	黒（くろ）	黙殺（もくさつ）、暗黙（あんもく）
紋	4級	10画	モン	—	糸（いとへん）	紋章（もんしょう）、波紋（はもん）

ヤ行

漢字	級	画数	音	訓	部首	用例
冶	2級	7画	ヤ	—	冫（にすい）	冶金（やきん）、陶冶（とうや）
弥	2級	8画	—	や	弓（ゆみへん）	弥次（やじ）、弥次馬（やじうま）
厄	準2級	4画	ヤク	—	厂（がんだれ）	厄年（やくどし）、厄介（やっかい）
躍	4級	21画	ヤク	おどる	𧾷（あしへん）	活躍（かつやく）、飛躍（ひやく）
闇	2級	17画	—	やみ	門（もんがまえ）	闇夜（やみよ）、暗闇（くらやみ）
喩	※2級	12画	ユ	—	口（くちへん）	直喩（ちょくゆ）、比喩（ひゆ）
愉	準2級	12画	ユ	—	忄（りっしんべん）	愉悦（ゆえつ）、愉快（ゆかい）
諭	準2級	16画	ユ	さとす	言（ごんべん）	諭旨（ゆし）、教諭（きょうゆ）
癒	準2級	18画	ユ	いえる、いやす	疒（やまいだれ）	癒着（ゆちゃく）、治癒（ちゆ）
唯	準2級	11画	ユイ（イ）	—	口（くちへん）	唯一（ゆいいつ）、唯我独尊（ゆいがどくそん）
幽	3級	9画	ユウ	—	幺（よう・いとがしら）	幽玄（ゆうげん）、幽霊（ゆうれい）
悠	準2級	11画	ユウ	—	心（こころ）	悠久（ゆうきゅう）、悠長（ゆうちょう）
湧	2級	12画	ユウ	わく	氵（さんずい）	湧出（ゆうしゅつ）、湧き水（わきみず）
猶	準2級	12画	ユウ	—	犭（けものへん）	猶予（ゆうよ）、執行猶予（しっこうゆうよ）
裕	準2級	12画	ユウ	—	衤（ころもへん）	裕福（ゆうふく）、余裕（よゆう）

※「喻」も可。

漢字	級	画数	音	訓	部首	用例
雄	4級	12画	ユウ	お おす	隹(ふるとり)	英雄(えいゆう) 雄雄(おお)しい
誘	3級	14画	ユウ	さそう	言(ごんべん)	誘導(ゆうどう) 勧誘(かんゆう)
憂	3級	15画	ユウ	うれえる うれい (うい)	心(こころ)	憂鬱(ゆううつ) 一喜一憂(いっきいちゆう)
融	準2級	16画	ユウ	—	虫(むし)	融合(ゆうごう) 金融(きんゆう)
与	4級	3画	ヨ	あたえる	一(いち)	与党(よとう) 給与(きゅうよ)
誉	4級	13画	ヨ	ほまれ	言(げん)	栄誉(えいよ) 名誉(めいよ)
妖	2級	7画	ヨウ	あやしい	女(おんなへん)	妖怪(ようかい) 妖精(ようせい)
庸	準2級	11画	ヨウ	—	广(まだれ)	中庸(ちゅうよう) 凡庸(ぼんよう)
揚	3級	12画	ヨウ	あげる あがる	扌(てへん)	抑揚(よくよう) 揚(あ)げ物(もの)
揺	3級	12画	ヨウ	ゆれる・ゆる・ゆらぐ ゆるぐ・ゆする ゆさぶる・ゆすぶる	扌(てへん)	動揺(どうよう) 揺(ゆ)り籠(かご)
溶	4級	13画	ヨウ	とける とかす とく	氵(さんずい)	溶岩(ようがん) 水溶液(すいようえき)
腰	4級	13画	(ヨウ)	こし	月(にくづき)	本腰(ほんごし) 物腰(ものごし)
瘍	2級	14画	ヨウ	—	疒(やまいだれ)	潰瘍(かいよう) 腫瘍(しゅよう)
踊	4級	14画	ヨウ	おどる おどり	𧾷(あしへん)	舞踊(ぶよう) 踊(おど)り場(ば)
窯	準2級	15画	(ヨウ)	かま	穴(あなかんむり)	窯元(かまもと)
擁	3級	16画	ヨウ	—	扌(てへん)	擁護(ようご) 抱擁(ほうよう)

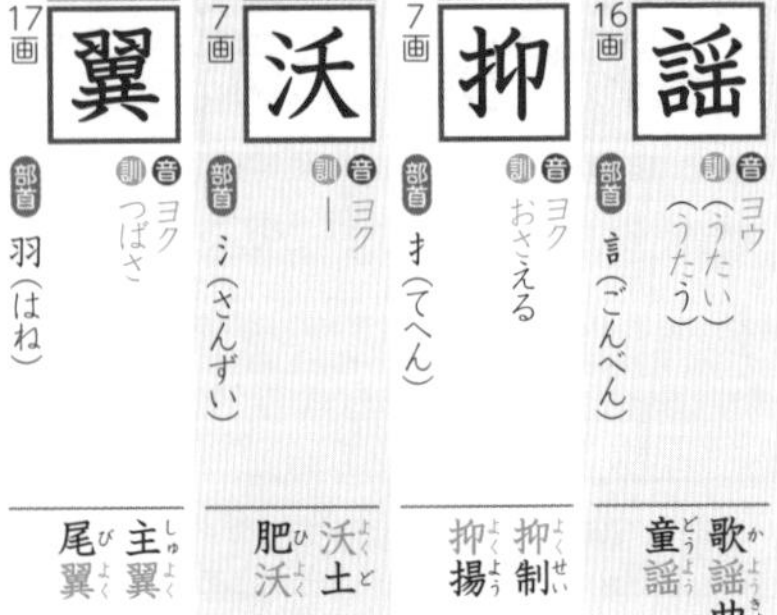

漢字	級	画数	音	訓	部首	用例
謡	4級	16画	ヨウ	(うたい) (うたう)	言(ごんべん)	歌謡曲(かようきょく) 童謡(どうよう)
抑	3級	7画	ヨク	おさえる	扌(てへん)	抑制(よくせい) 抑揚(よくよう)
沃	2級	7画	ヨク	—	氵(さんずい)	沃土(よくど) 肥沃(ひよく)
翼	4級	17画	ヨク	つばさ	羽(はね)	主翼(しゅよく) 尾翼(びよく)

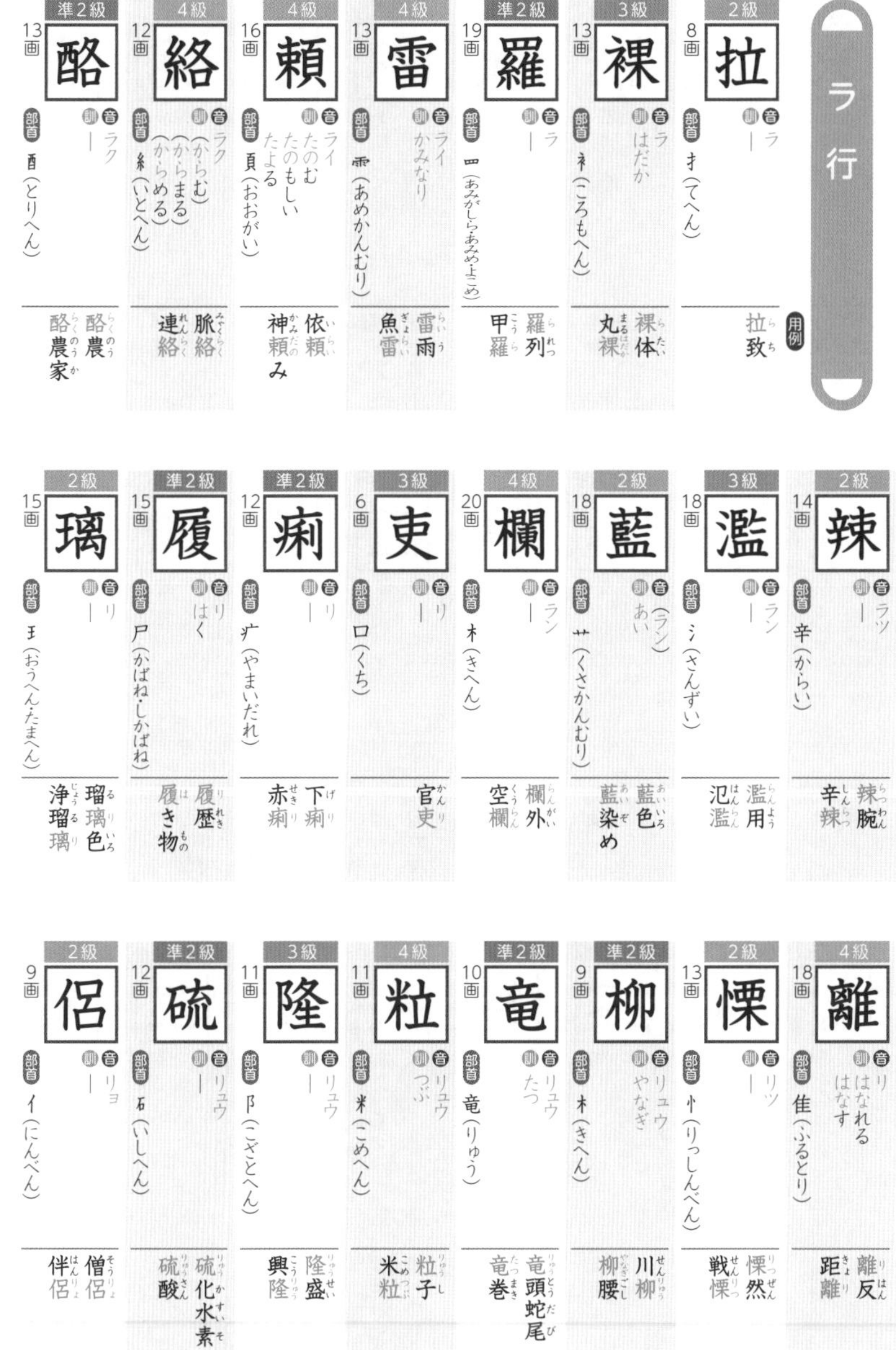

ラ行

漢字	級	画数	音	訓	部首	用例
拉	2級	8画	ラ	—	扌（てへん）	拉致（らち）
裸	3級	13画	ラ	はだか	衤（ころもへん）	裸体（らたい）、丸裸（まるはだか）
羅	準2級	19画	ラ	—	罒（あみがしら・あみめ・よこめ）	羅列（られつ）、甲羅（こうら）
雷	4級	13画	ライ	かみなり	雨（あめかんむり）	雷雨（らいう）、魚雷（ぎょらい）
頼	4級	16画	ライ	たのむ、たのもしい、たよる	頁（おおがい）	依頼（いらい）、神頼み（かみだのみ）
絡	4級	12画	ラク	（からむ）、（からまる）、（からめる）	糸（いとへん）	脈絡（みゃくらく）、連絡（れんらく）
酪	準2級	13画	ラク	—	酉（とりへん）	酪農（らくのう）、酪農家（らくのうか）
辣	2級	14画	ラツ	—	辛（からい）	辣腕（らつわん）、辛辣（しんらつ）
濫	3級	18画	ラン	—	氵（さんずい）	濫用（らんよう）、氾濫（はんらん）
藍	2級	18画	（ラン）	あい	艹（くさかんむり）	藍色（あいいろ）、藍染め（あいぞめ）
欄	4級	20画	ラン	—	木（きへん）	欄外（らんがい）、空欄（くうらん）
吏	3級	6画	リ	—	口（くち）	官吏（かんり）
痢	準2級	12画	リ	—	疒（やまいだれ）	下痢（げり）、赤痢（せきり）
履	準2級	15画	リ	はく	尸（かばね・しかばね）	履歴（りれき）、履き物（はきもの）
璃	2級	15画	リ	—	王（おうへん・たまへん）	瑠璃色（るりいろ）、浄瑠璃（じょうるり）
離	4級	18画	リ	はなれる、はなす	隹（ふるとり）	離反（りはん）、距離（きょり）
慄	2級	13画	リツ	—	忄（りっしんべん）	慄然（りつぜん）、戦慄（せんりつ）
柳	準2級	9画	リュウ	やなぎ	木（きへん）	川柳（せんりゅう）、柳腰（やなぎごし）
竜	準2級	10画	リュウ	たつ	竜（りゅう）	竜頭蛇尾（りゅうとうだび）、竜巻（たつまき）
粒	4級	11画	リュウ	つぶ	米（こめへん）	粒子（りゅうし）、米粒（こめつぶ）
隆	3級	11画	リュウ	—	阝（こざとへん）	隆盛（りゅうせい）、興隆（こうりゅう）
硫	準2級	12画	リュウ	—	石（いしへん）	硫化水素（りゅうかすいそ）、硫酸（りゅうさん）
侶	2級	9画	リョ	—	亻（にんべん）	僧侶（そうりょ）、伴侶（はんりょ）

漢字	級	画数	音	訓	部首	用例
虜	準2級	13画	リョ	—	虍（とらがしら・とらかんむり）	虜囚（りょしゅう）、捕虜（ほりょ）
慮	4級	15画	リョ	—	心（こころ）	遠慮（えんりょ）、考慮（こうりょ）
了	3級	2画	リョウ	—	亅（はねぼう）	了解（りょうかい）、終了（しゅうりょう）
涼	準2級	11画	リョウ	すずしい、すずむ	氵（さんずい）	清涼剤（せいりょうざい）、夕涼み（ゆうすずみ）
猟	3級	11画	リョウ	—	犭（けものへん）	猟師（りょうし）、狩猟（しゅりょう）
陵	3級	11画	リョウ	（みささぎ）	阝（こざとへん）	陵墓（りょうぼ）、丘陵（きゅうりょう）
僚	準2級	14画	リョウ	—	亻（にんべん）	官僚（かんりょう）、同僚（どうりょう）
寮	準2級	15画	リョウ	—	宀（うかんむり）	寮生（りょうせい）、学生寮（がくせいりょう）
療	4級	17画	リョウ	—	疒（やまいだれ）	医療（いりょう）、治療（ちりょう）
瞭	2級	17画	リョウ	—	目（めへん）	明瞭（めいりょう）、一目瞭然（いちもくりょうぜん）
糧	3級	18画	リョウ、（ロウ）	（かて）	米（こめへん）	糧米（りょうまい）、食糧（しょくりょう）
厘	3級	9画	リン	—	厂（がんだれ）	一厘（いちりん）、九分九厘（くぶくりん）
倫	準2級	10画	リン	—	亻（にんべん）	倫理（りんり）、人倫（じんりん）
隣	4級	16画	リン	となる、となり	阝（こざとへん）	隣接（りんせつ）、近隣（きんりん）
瑠	2級	14画	ル	—	王（おうへん・たまへん）	瑠璃色（るりいろ）、浄瑠璃（じょうるり）
涙	4級	10画	ルイ	なみだ	氵（さんずい）	感涙（かんるい）、涙声（なみだごえ）
累	準2級	11画	ルイ	—	糸（いと）	累積（るいせき）、係累（けいるい）
塁	準2級	12画	ルイ	—	土（つち）	土塁（どるい）、満塁（まんるい）
励	3級	7画	レイ	はげむ、はげます	力（ちから）	激励（げきれい）、奨励（しょうれい）
戻	準2級	7画	（レイ）	もどす、もどる	戸（とだれ・とかんむり）	後戻り（あともどり）、差し戻し（さしもどし）
鈴	準2級	13画	レイ、リン	すず	金（かねへん）	予鈴（よれい）、風鈴（ふうりん）
零	3級	13画	レイ	—	雨（あめかんむり）	零下（れいか）、零細（れいさい）
霊	3級	15画	レイ、（リョウ）	（たま）	雨（あめかんむり）	霊感（れいかん）、霊長類（れいちょうるい）
隷	4級	16画	レイ	—	隶（れいづくり）	隷属（れいぞく）、奴隷（どれい）

級	漢字	画数	音	訓	部首	用例
4級	齢	17画	レイ	―	歯(はへん)	高齢者(こうれいしゃ)、年齢(ねんれい)
4級	麗	19画	レイ	(うるわしい)	鹿(しか)	華麗(かれい)、端麗(たんれい)
4級	暦	14画	レキ	こよみ	日(ひ)	還暦(かんれき)、西暦(せいれき)
4級	劣	6画	レツ	おとる	力(ちから)	劣等感(れっとうかん)、優劣(ゆうれつ)
4級	烈	10画	レツ	―	灬(れんが・れっか)	烈火(れっか)、強烈(きょうれつ)
3級	裂	12画	レツ	さく、さける	衣(ころも)	破裂(はれつ)、分裂(ぶんれつ)
4級	恋	10画	レン	こう、こい、こいしい	心(こころ)	恋愛(れんあい)、初恋(はつこい)
3級	廉	13画	レン	―	广(まだれ)	廉価(れんか)、清廉潔白(せいれんけっぱく)
3級	錬	16画	レン	―	金(かねへん)	錬金術(れんきんじゅつ)、精錬(せいれん)
2級	呂	7画	ロ	―	口(くち)	語呂(ごろ)、風呂(ふろ)
3級	炉	8画	ロ	―	火(ひへん)	炉端(ろばた)、焼却炉(しょうきゃくろ)
2級	賂	13画	ロ	―	貝(かいへん)	賄賂(わいろ)
4級	露	21画	ロ、ロウ	つゆ	雨(あめかんむり)	露出(ろしゅつ)、夜露(よつゆ)
2級	弄	7画	ロウ	もてあそぶ	廾(こまぬき・にじゅうあし)	愚弄(ぐろう)、翻弄(ほんろう)
4級	郎	9画	ロウ	―	阝(おおざと)	郎党(ろうとう)、新郎(しんろう)
3級	浪	10画	ロウ	―	氵(さんずい)	浪費(ろうひ)、放浪(ほうろう)
3級	廊	12画	ロウ	―	广(まだれ)	廊下(ろうか)、画廊(がろう)
3級	楼	13画	ロウ	―	木(きへん)	楼閣(ろうかく)、鐘楼(しょうろう)
3級	漏	14画	ロウ	もる、もれる、もらす	氵(さんずい)	漏電(ろうでん)、雨漏り(あまもり)
2級	籠	22画	(ロウ)	かご、こもる	⺮(たけかんむり)	鳥籠(とりかご)、冬籠もり(ふゆごもり)
2級	麓	19画	ロク	ふもと	木(き)	山麓(さんろく)

ワ行

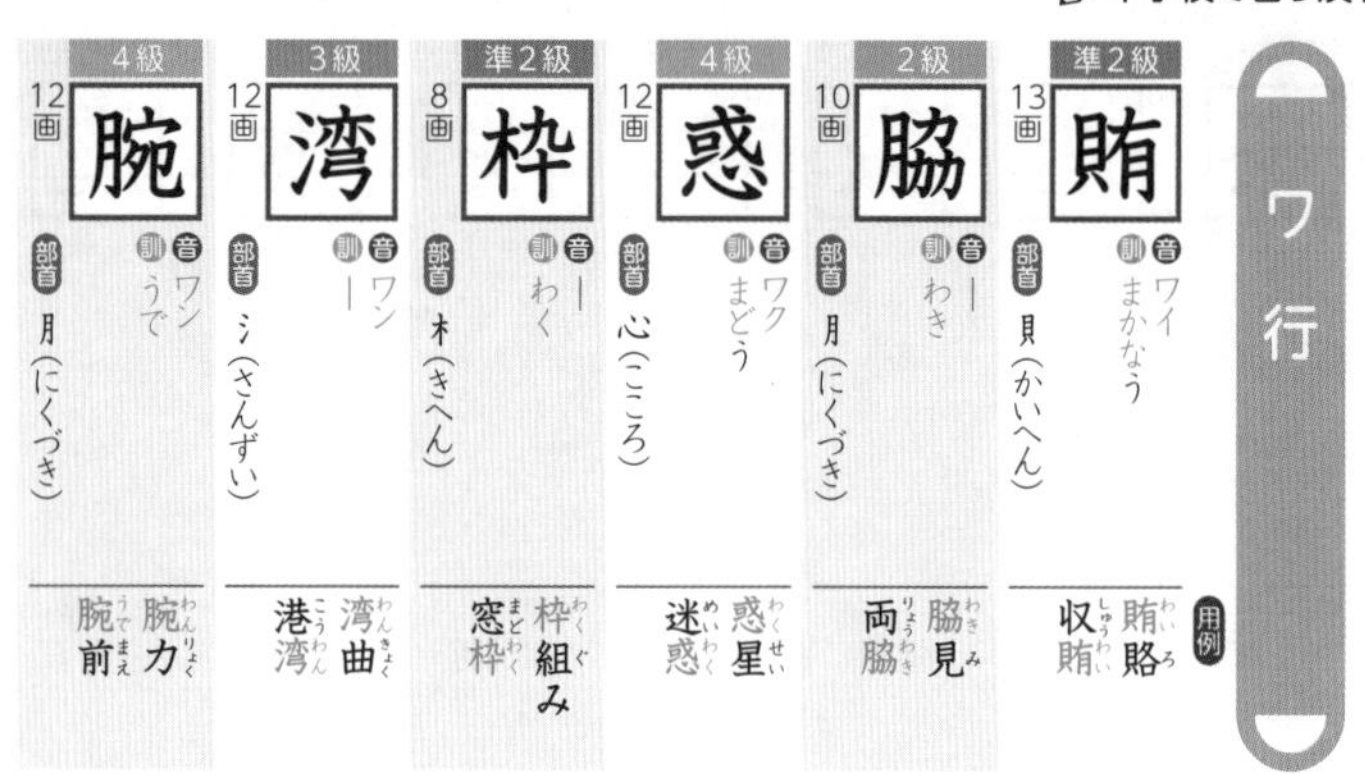

漢字	級	画数	音	訓	部首	用例
賄	準2級	13画	ワイ	まかなう	貝（かいへん）	賄賂（わいろ）、収賄（しゅうわい）
脇	2級	10画	―	わき	月（にくづき）	脇見（わきみ）、両脇（りょうわき）
惑	4級	12画	ワク	まどう	心（こころ）	惑星（わくせい）、迷惑（めいわく）
枠	準2級	8画	―	わく	木（きへん）	枠組み（わくぐみ）、窓枠（まどわく）
湾	3級	12画	ワン	―	氵（さんずい）	湾曲（わんきょく）、港湾（こうわん）
腕	4級	12画	ワン	うで	月（にくづき）	腕力（わんりょく）、腕前（うでまえ）

さくいん

さくいん

★見出し語と本文中の重要用語を50音順に掲載しています。
★見出し語は太字で、本文中の重要用語は細い文字で示しています。
★マークの意味　漢＝漢字編、読＝読解編、古＝古典編、史＝文学史編、文＝文法編、語＝語句編　です。

あ

う

え

き

さ

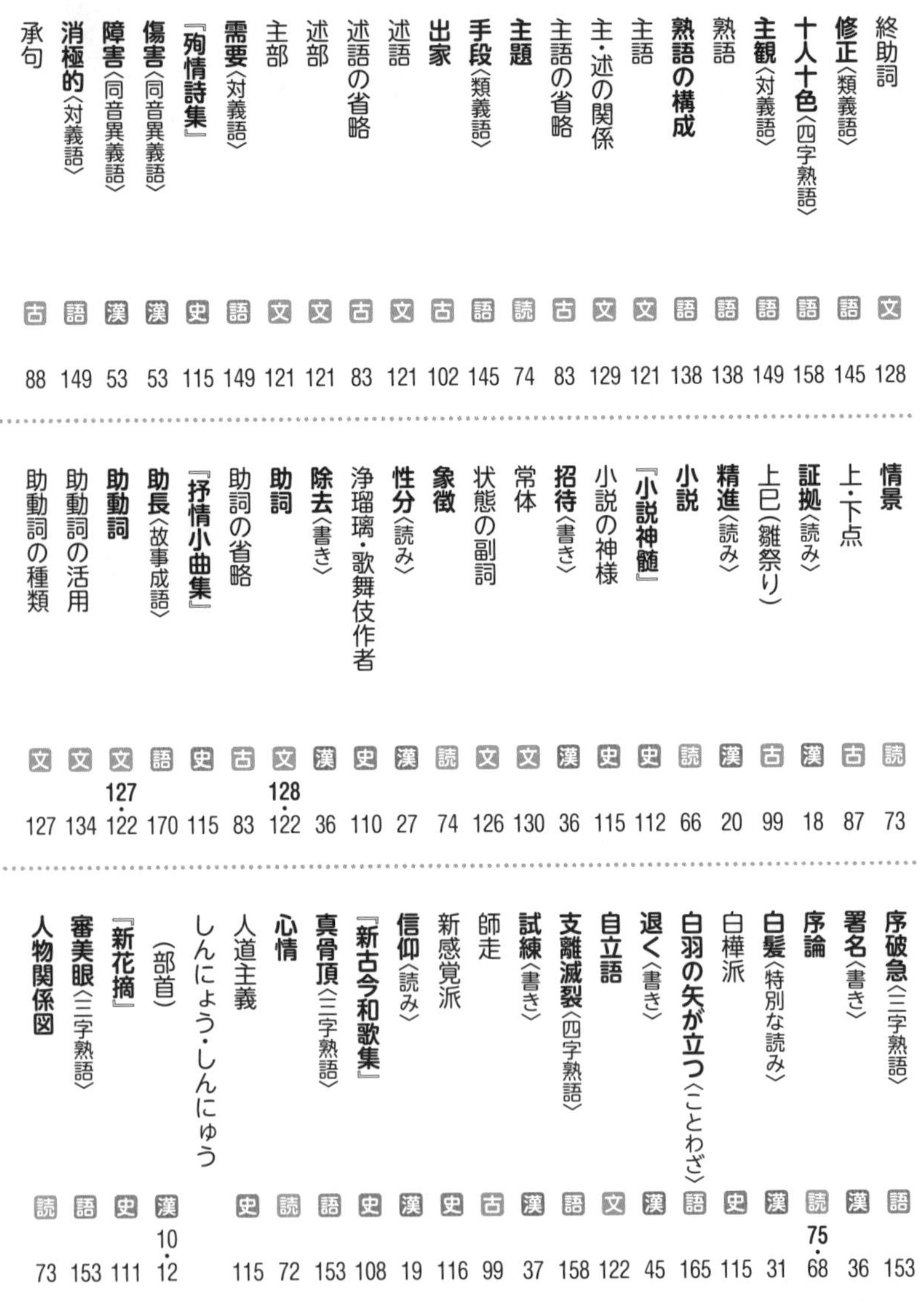

へ

ほ

ま

編集協力	鈴木瑞穂，坪井俊弘，株式会社エイティエイト，(有) バンティアン， 田中裕子，曽雌和子，遠藤理恵，内海佳子，高江貞夫
カバーイラスト	坂木浩子
イラスト	なかのまいこ
DTP	(株) 明昌堂
表紙デザイン	山口秀昭（StudioFlavor）

この本は下記のように環境に配慮して製作しました。
・製版フィルムを使用しない CTP 方式で印刷しました。
・環境に配慮した紙を使用しています。

中学国語の基礎知識をひとつひとつわかりやすく。改訂版

② データ管理コード：21-1772-3918（CC2020）